# 中國學術思想 研究輯刊

十四編

林慶彰 主編

## 第14冊

魏晉士人之悲情意識研究（上）

黃雅淳 著

花木蘭文化出版社

國家圖書館出版品預行編目資料

魏晉士人之悲情意識研究(上)／黃雅淳 著 — 初版 — 新北市：
花木蘭文化出版社，2012〔民 101〕
目 6+188 面；19×26 公分
（中國學術思想研究輯刊 十四編：第 14 冊）
ISBN：978-986-322-024-4（精裝）
1. 魏晉南北朝哲學 2. 知識分子
030.8                                                    101015380

ISBN-978-986-322-024-4

中國學術思想研究輯刊
十四編 第十四冊                          ISBN：978-986-322-024-4

**魏晉士人之悲情意識研究（上）**

| | | |
|---|---|---|
| 作　　者 | 黃雅淳 |
| 主　　編 | 林慶彰 |
| 總 編 輯 | 杜潔祥 |
| 出　　版 | 花木蘭文化出版社 |
| 發 行 所 | 花木蘭文化出版社 |
| 發 行 人 | 高小娟 |
| 聯絡地址 | 新北市永和區中正路五九五號七樓 |
| | 電話：02-2923-1455／傳真：02-2923-1452 |
| 網　　址 | http://www.huamulan.tw 信箱 sut81518@gmail.com |
| 印　　刷 | 普羅文化出版廣告事業 |
| 封面設計 | 劉開工作室 |
| 初　　版 | 2012 年 9 月 |
| 定　　價 | 十四編 34 冊（精裝）新台幣 56,000 元 |

# 魏晉士人之悲情意識研究（上）

黃雅淳　著

## 作者簡介

黃雅淳，臺灣台中人。國立高雄師範大學國文研究所博士，現任國立台東大學兒童文學研究所副教授，曾任弘光科技大學文化事業發展系系主任兼副教授，講授中國奇幻文學、兒童文學與文化產業等課程。主持多項文化創意、人文藝術、兒童文化產業、地方文化產業創新等計畫，並發表多篇相關論文，著有《人文精神》（合著）、《中國歷代寓言》（合著）等書。

## 提　　要

　　中國文化自春秋戰國時代二千多年來，士人在歷史文化中擔負著知識傳播與文化思想承傳的使命，故當他們面對生死、名利、出處等重大人生問題時，有比眾生更深的思考與表達。他們的言行為社會上的群眾提供處世的方式與準則，在精神及思想上影響民族的思考方式、心理反應及性格氣質，以及一種源遠流長的文化傳統，故若能了解士人處世的心態、人格的追求與生命意識的內涵，便是開啟中國文化深層結構的鑰匙。

　　而在中國漫長的文化史上，魏晉士人的生命意志與人生歷練是最令人心折動容的。他們處在混亂無序的歷史黑暗中，戰亂不絕，政權更迭頻繁，禮教的鬆弛變質，使文士們「以天下為己任」的人生抱負與推行教化的文化使命感皆無從實現，艱難的生存境況，亦使其個性與人格受到嚴重的壓抑扭曲，不論入仕或隱居，均在不同的處境與程度上，受到心靈或形體上的打擊。故內心多是矛盾、痛苦而充滿悲情。

　　本論文試著以魏晉士人的悲情意識作為切入點，從天道觀及儒家思想分析其悲情意識形成的文化淵源及外緣內因，探求其悲情意識的基調與呈現方式；其中以重要詩人曹植、阮籍、嵇康、陶淵明作為論述的重點，因此四位詩人的生命情調呈現了魏晉士人對待現實人生的變化過程。他們苦苦掙扎於其間，或逍遙遊仙，放浪山水，或寄情縱酒，托意詩文以力圖超越，構成魏晉時期文化的獨特風采。透過魏晉士人之詩文以探求他們的精神人格和身處其間所呈現的悲情意識，以及力求解脫的途徑，對於今日身在兩岸三地的歷史轉折處的中國知識份子，當能提供一些安身立命的省思與力量！

## 目次

**上 冊**

第一章 緒 論 ……………………………………………………… 1

　第一節 研究動機 …………………………………………… 1

　第二節 悲情意識的研究意義 …………………………… 3

　第三節 研究方法 …………………………………………… 4

　　一、魏晉文化學的闡釋 ………………………………… 4

　　二、研究方法與論文架構 ……………………………… 6

第二章 魏晉士人悲情意識之文化淵源（上）…………… 13

　第一節 天道觀與悲情意識 ……………………………… 14

　　一、生命悲情 …………………………………………… 17

　　　（一）惜時傷逝 ……………………………………… 17

　　　（二）憂生畏死 ……………………………………… 20

　　二、自然悲情 …………………………………………… 24

　　　（一）悲秋主題 ……………………………………… 24

　　　（二）傷春主題 ……………………………………… 28

　　三、歷史之悲 …………………………………………… 30

　　　（一）亡國之哀 ……………………………………… 30

　　　（二）盛世之憂 ……………………………………… 32

　第二節 儒家思想與悲情意識 …………………………… 34

　　一、君棄之怨 …………………………………………… 36

　　二、思鄉之愁 …………………………………………… 39

第三章 魏晉士人悲情意識之文化淵源（下）──

　　　　──屈原與悲情意識 ……………………………… 43

　第一節 屈原與「士」人格的建立 ……………………… 43

　第二節 屈原「忠奸之爭」的政治悲情 ………………… 49

　第三節 屈原悲情意識的呈現方式 ……………………… 52

　　一、美人不得之苦 ……………………………………… 53

　　二、爲君所棄之怨 ……………………………………… 55

　　三、歸鄉不能之哀 ……………………………………… 57

　第四節 屈原悲情意識的文化意義 ……………………… 60

　第五節 魏晉士人對屈原的解讀及其意義 ……………… 64

　　一、視屈原爲「以才立身」之士人代表 …………… 64

　　二、引屈原之「任情率性」「狷介直行」爲同

　　　　調 ……………………………………………………… 66

第四章　魏晉士人悲情意識形成之內緣外因 ……… 69

第一節　天下多故 —— 政治因素 ……… 70

一、政治環境 ……… 70

（一）英主絕少 ……… 71

（二）政風敗壞 ……… 72

（三）屠殺成風 ……… 77

二、戰亂相尋 ……… 82

（一）漢魏之際 —— 群雄征戰 ……… 82

（二）魏晉之際 —— 奪權之爭 ……… 85

（三）晉宋之際 —— 內外交戰 ……… 86

第二節　人倫衰朽 —— 社會因素 ……… 89

一、天災人禍頻仍 ……… 90

（一）災疫流行 ……… 90

（二）民生凋敝 ……… 94

二、政教中心破壞 ……… 95

三、禮法變質敗壞 ……… 97

（一）競尚奢靡 ……… 98

（二）淫佚荒誕 ……… 101

（三）名教淪落 ……… 102

第三節　人心思變 —— 學術因素 ……… 104

一、儒學變質 ……… 105

二、人性覺醒 ……… 109

（一）思想的新舊衝突 ……… 110

（二）文士心靈的重負 ……… 112

三、玄風搧起 ……… 115

（一）玄學的興起 ……… 115

（二）玄學的發展 ……… 117

（三）自然與名教的衝突 ……… 119

第五章　魏晉士人悲情意識的基調 ……… 141

第一節　悲情意識表現的主題 ……… 141

一、與天地獨往來 ……… 141

（一）人生的自我觀照 ……… 142

（二）人生無常的孤哀 ……… 147

二、易代亂世之憂 ……… 154

（一）身處險世之憂懼 ……… 154

（二）亡國入仕的孤苦 ……………………………… 158

（三）念亂憂生之悲憤 ……………………………… 161

（四）動盪歲月的飄零 ……………………………… 164

第二節　悲情意識表現的意象 ……………………………… 170

一、飛鳥失群，罹網之懼 ……………………………… 170

二、孤臣棄婦，幽怨傷別 ……………………………… 178

三、遊子遷流，思鄉念故 ……………………………… 183

## 下　冊

第六章　魏晉士人悲情意識之呈現（一）

　　　　── 曹植的飄泊轉蓬 ……………………………… 189

第一節　吁嗟此轉蓬，居世何獨然

　　　　── 曹植一生的悲劇 ……………………………… 190

第二節　願欲一輕濟，惜哉無方舟

　　　　── 曹植悲情的形成 ……………………………… 197

一、思想性情與曹氏集團的政風不合 …………………… 197

二、與曹丕的爭立太子 ……………………………… 201

第三節　曹植的政治抱負與人格追求 …………………… 203

一、願得展功勤，輸力於明君

　　　── 曹植的政治抱負 ……………………………… 203

二、子臧讓千乘，季札慕其賢

　　　── 曹植的人格追求 ……………………………… 204

第七章　魏晉士人悲情意識之呈現（二）

　　　　── 嵇康的幽憤孤哀 ……………………………… 209

第一節　家世與精神追求 ……………………………… 209

一、嗟余薄祜，少遭不造 ── 嵇康的身世 … 209

二、抗心希古，任其所尚 ── 嵇康的精神

　　　追求 ……………………………… 213

第二節　「剛腸疾惡，輕肆直言」的性格 ……………… 218

第三節　嵇康的幽憤孤哀 ……………………………… 222

一、轗軻丁悔吝，雅志不得施

　　　── 理想與現實的割裂 …………………………… 222

（一）自然與名教的執著對立 …………………… 222

（二）人間與仙境的雙雙失落 …………………… 225

二、恨自用身拙，任意多永思

　　　── 情感與理智的衝突 …………………………… 228

第四節　玄學人生觀的悲情本質 ………………………… 232

第八章　魏晉士人悲情意識之呈現（三）
　　　　——阮籍的苦悶沈憂 ……………………… 237

第一節　家世與思想追求 ……………………………… 237

　一、惟生民兮艱危，於孤寡兮常悲
　　　——阮籍的家世 …………………………… 237

　二、從容與道化同逅，逍遙與日月並流
　　　——阮籍的思想追求 …………………… 240

第二節　「至性過人，與物無傷」的壓抑性格 …… 242

第三節　終身履薄冰，誰知我心焦
　　　——《詠懷》中的苦悶沈憂 ………………… 246

　一、一爲黃雀哀，涕下誰能禁
　　　——曹魏敗亡的感慨 …………………… 248

　二、殷憂令志結，怵惕常若驚
　　　——易代之際的憂憤 …………………… 255

　三、下學而上達，忽忽將如何
　　　——身與願違的掙扎 …………………… 262

第四節　嵇、阮共同的悲情 ………………………… 267

第九章　魏晉士人悲情意識之呈現形態（四）——
　　　　陶潛之遠累避禍 ………………………… 271

第一節　陶潛的平生境遇與人生態度 …………… 272

　一、少時壯且厲，委懷在琴書 —— 少壯時期 272

　二、疇昔苦長飢，投耒去學仕 —— 遊宦時期 274

　三、守拙歸園田，叩門拙言辭 —— 歸隱時期 276

第二節　陶潛之悲情 ………………………………… 280

　一、徘徊無定止，夜夜聲轉悲（一心處兩端）
　　　——仕與隱的掙扎 …………………… 281

　二、傾壺絕餘瀝，窺灶不見煙
　　　——貧困煎熬與時運相逼 …………… 286

　三、撫己有深懷，履運增慨然
　　　——易代之際的人事感傷 …………… 291

第十章　魏晉士人悲情意識的消解 ……………… 301

第一節　遺物棄鄙累，逍遙游太和 —— 遊仙 … 301

　一、徘徊九天上，與爾長相須 —— 曹植 … 304

　二、長與俗人別，誰能睹其縱 —— 嵇康、
　　　阮籍 ……………………………………… 308

　　　三、朱門何足榮，未若托蓬萊 ── 郭璞 …… 312
　　第二節　非必絲與竹，山水有清音 ── 田園山水 317
　　　一、自然山水意識的覺醒 ……………………… 319
　　　二、隱逸與山水田園合流 ……………………… 324
　　　　（一）西晉以前，以隱避禍 ……………… 326
　　　　（二）西晉之隱，俯仰山水 ……………… 327
　　　　（三）東晉之隱，悠遊吟詠 ……………… 330
　　　三、山水清音的怡情解憂 ……………………… 331
　　第三節　泛此忘憂物，遠我遺世情 ── 縱酒 337
　　　一、建安之醉，以樂解憂 ……………………… 337
　　　二、竹林之飲，以醉避禍 ……………………… 339
　　　三、陶潛之酣，詩酒自娛 ……………………… 343
　　第四節　豈惜終憔悴，詠言著斯章 ── 文藝 346
　　　一、「發憤以抒情」的理論緣起 ……………… 347
　　　二、「長歌當哭」至「蚌病成珠」…………… 350
　　　三、音樂的怡志養神之效 ……………………… 353
第十一章　結　論 …………………………………… 357
　　第一節　悲情意識的正面價值 …………………… 358
　　　一、困境中的反思覺醒 ………………………… 358
　　　二、生命意識的選擇 …………………………… 360
　　第二節　探索魏晉士人悲情意識的時代意義 …… 361
附　　錄 ……………………………………………… 365
　　附錄一：魏晉大事年表及學術年表 …………… 365
　　附錄二：魏晉士人生卒年及卒因簡表 ………… 368
主要參考書目 ………………………………………… 373
後　　記 ……………………………………………… 389
附　　表
　　附表一：魏晉時期昏君一覽表 ………………… 71
　　附表二：魏晉時期大屠殺簡表 ………………… 77
　　附表三：東晉北伐表 …………………………… 87
　　附表四：漢末至兩晉災疫簡表 ………………… 90

# 第一章　緒　論

## 第一節　研究動機

　　中國古代，自春秋末戰國以後，所謂「士」者，即今稱之爲「知識份子」。古代士階層的興起，在孔子開講學風氣之後。孔子於春秋末開講學之風，傳播《易》、《詩》、《書》、《禮》、《樂》等殷周以來的古代文化典籍，又因魯史而修《春秋》，廣收弟子，有教無類，於是官守之學散於私家，至戰國時，百家爭鳴，士階層因而興起，戰國諸子都是所謂「士」。二千多年來，士人在中國歷史上發揮著極其重要的作用。其中傑出者，常能輔佐君主，治國安民，成爲良相；而當國家民族遭受危難之時，有志之士常挺身而出，保衛國族，誓死不屈；若朝政腐敗之時，士人則起而伸張正義，針砭弊政，以澄清天下爲己任。至於在文化上承先啓後，在宗教、哲學、史學、文學、藝術、科學技術等各方面之卓越貢獻，則更是無待詳說。

　　但是，在對古代知識份子的研討中，學者們更多關注的是他們的思想、學說、著作、經歷與政績，而較少對他們的心靈感受、處世心態作探討。這無疑是歷史文化中的一段空白，因爲歷史文化從某種意義而言，可說是人類的心靈史。人，是文化的創造者、體現者、承啓者。在世世代代的文化長流中，一些文化使人性更加完善，一些文化使人心異化變質。人在各種文化的衝擊下，省思或呈現出與之對應的人生態度和生命意識，而透過文學形式折射出來。因此，文學亦是人學，古往今來的文學創作無不是通過作者的情態意識去呈現。故欲深刻地了解文學作品與文化現象，就必須對文化與文學的

主體——人，其豐富而真實的心靈世界去探尋。

現代心理學認為人有本我、自我與超我等不同的心理層次，故人的行為和心理往往無法一致。於是，以文論人，或以人論文並不能真正了解士人的生命底蘊。而這其中文格與人格不能相應的現象，往往是士人處世時內心矛盾的呈現。士人在歷史文化中擔負著知識傳播與文化思想承傳的使命，故當他們面對生死、名利、出處等重大人生問題時，有比眾生更深的思考與表達。他們的言行為社會上的群眾提供處世的方式與準則，在精神及思想上影響民族的思考方式、心理反應及性格氣質，以及一種源遠流長的文化傳統，故若能了解士人處世的心態、人格的追求與生命意識的內涵，便是開啟中國古典文學深層結構的鑰匙。

而值得注意的文化現象是，儘管二千多年來中國優秀的知識份子對國家民族有如此重要的貢獻，可是他們的生活命運卻常是坎坷悲涼的，心靈也常充滿沈憂積憤，這其中的原因何在？他們發抒在文學作品中的悲傷苦痛，其背後有著怎樣曲折隱微的心理煎熬？而他們又是如何面對現實人生的挫折？如何調適理想與現實的矛盾？而面對所處的時代，又是抱持怎樣的應世態度？因此，本論文試著以中國知識份子的悲情作為一個切入點，以了解中國文化發展中的這道伏流。但是每個朝代的知識份子有著不同的悲情成因與內容，故筆者先以斷代的探究作為起步。而在中國漫長的文化史上，魏晉士人的生命意志與人生歷練是最令人心折動容的。他們處在混亂無序的歷史黑暗中，戰亂不絕，政權更迭頻繁，禮教的鬆弛變質，使他們處世艱難，不論入仕或隱居，均在不同的處境與程度上，受到心靈或形體上的打擊，因此造成他們在錯綜的現實環境中產生種種複雜的心情，而這些心情往往透過詩文隱微曲折地表現出來。

時代的命運，使這時期的士人有著普遍的悲情意識。在古代，一個真正受傳統儒教薰陶的士人，其內心不僅有高卓的志向追求，對美好的事物，也有異常的敏感與執著，因此待人處世往往十分理想化。這樣的性格，一旦涉足官場，即難免陷入理想與現實的衝突中，不僅對政治中無處不在的權力角逐、明爭暗鬥難以忍受，內心也為自己身在政治黑暗之中而掙扎苦痛。再加上名士性格的文人露才揚己，易招嫉妒，又總是不善應付政治中的權力鬥爭，對外來的迫害，更無力自保，故魏晉時期之士人多死於非命。〔註1〕尤其是從

---

〔註1〕 大陸學者景蜀慧在《魏晉士人與政治》，頁7中，根據魏晉時（包括建安時期）

漢末到晉宋的二百年間，政治上發生了漢魏、魏晉和晉宋三次禪代，經歷了八王之亂、永嘉之亂等多次巨變，政爭激烈、局勢險惡、危機四伏。黑暗的政治使文士們「以天下為己任」的人生抱負與推行教化的文化使命感皆無從實現，艱難的生存境況，亦使其個性與人格受到嚴重的壓抑扭曲，故內心多是矛盾、痛苦而充滿悲情。因此魏晉時期士人的處境與心境，頗令人感慨與沈思，故探求他們的精神人格和身處其間所呈現的悲情意識，以及力求解脫的途徑，對於今日身在兩岸三地的歷史轉折處的中國知識份子，當能提供一些安身立命的省思與力量！

## 第二節　悲情意識的研究意義

悲情意識是伴隨著人類社會的演進，與人的自我意識增強後，開始為人們所自覺和思考。故悲情意識是對現實困境或悲哀際遇的一種反映，也是文化意識中的一部分。《詩經》的「心之憂矣，我歌且謠」〔註2〕、曹植〈雜詩〉中：「烈士多悲心，小人偷自閒」至魯迅說：「多傷感情調，乃知識份子之常，我亦大有此病，或此生終不能改。」〔註3〕等，均可知悲情意識於中華文化中的起萌甚早，影響甚深。此言悲示雅的背後是對人生的一種正視和追求，一種不甘庸碌無為的覺醒，它具體呈現為文學藝術。劉鶚在《老殘遊記·自序》〔註4〕中言：

> 《離騷》為屈大夫之哭泣，《莊子》為蒙叟之哭泣，《草堂詩集》為杜工部之哭泣，李後主以詞哭，八大山人以畫哭，王實甫寄哭泣於《西廂》，曹雪芹寄哭泣於《紅樓夢》。王之言曰：『別恨離愁滿肺腑，難陶洩，除紙筆，代喉舌，我千種相思向誰說？』曹之言：『滿紙荒唐言，一把辛酸淚；都云作者癡，誰解其中意！』……吾人生今之時，有身世之感情，有家國之感情，有社會之感情，有種教之感情。其感情愈深者，其哭泣愈痛，此洪都百鍊生所以有《老殘遊記》之作也。

比較著名且史書中記載生平較為詳備的五十多位詩人的遭遇統計而簡列生卒年及卒因表，其中約有 60% 死於非命。而在史書中不見記載的死於某些間接、隱蔽的加害因素的士人，其數更多。台北，文津出版社，民國81年11月版。

〔註2〕 《詩經·魏風·園有桃》。

〔註3〕 見《魯迅書信集》〈致曹聚仁〉，張效民編，四川辭書出版社，1992年8月版。

〔註4〕 見劉鶚著《老殘遊記》，台北：聯經出版社，1991年10月第4次印行。

可知文化中悲情意識的載體主要是文學藝術。然而現實的困境並不一定會隨之產生悲情意識。因人們在面臨現實的困境時，往往會以宗教或哲學的超越性來轉化或消解悲情，使人在困境中保持一種超然和寧靜。只有放下宗教的超然或哲學的理性把握，直接面對嚴酷殘忍的現實，感受對困境的無能為力，才有可能產生悲情意識。

作為知識份子，面對現實人生的困境，總希望能以一種理性的思維來分析化解。但人生的悲境卻常是理性把握不了的，它在時代和歷史的影響下，暴露出時代的難題。身處其間，的確難識其真面目，愈是想去理清思考，卻愈理不清問題所在時，悲情意識便產生了。而文學藝術以其既非理性哲學的邏輯所能窮盡，又非宗教信仰的寄托所能容括的特性，恰成為悲情意識的呈現方式。

就某種意義上而言，悲情意識與宗教滿足情感寄託及哲學解決人生困惑的功能一樣，對文化的省思和發展，均有其正面的意義和價值。因悲情意識既反映了現實的困境，使人們對現實產生懷疑與詢問，但回應此意識所產生的行動與思考，卻因而使人們對困境產生一種韌性的承受力，也因而促進了文化的發展。如司馬遷在《史記‧太史公自序》中言「此人皆意有所鬱結，不得通其道也，故述往事，思來者。」所謂「鬱結」，即是陷入困境。而創作的完成，正是通過痛苦和恐懼的激發而達到情感的淨化與消解，如鍾嶸《詩品序》中言「使窮賤易安，幽居靡悶，莫尚於詩也。」也正是就悲情意識對困境的彌合及對文化的促進功能而言。保羅‧韋納在《概念化史學》〔註5〕中言：

> 分析一種心態就是分析一種集體性，一種心態不僅是指眾多個人在想同樣的東西這一現象，在他們中的每一個人身上，這種思想都以不同的方式打有『其他人也在想同樣的東西』這樣一種印記。

故本文對魏晉時期士人們普遍存在的悲情意識作探究，以有助於更深刻地了解中國文化的本質。

# 第三節　研究方法

## 一、魏晉文化學的闡釋

魏晉美學乃至魏晉文化是現代中國知識份子所苦苦求索的一個中心問

---

〔註5〕見《新史學》，頁97，姚蒙編譯，上海譯文出版社，1989年版。

題。〔註6〕不同的學者往往試圖從不同的方面去契入魏晉文化的內在本質，力圖給予魏晉文化以新的闡釋。宗教的、歷史的、政治的、文學的、風俗的、藝術的、哲學的眼光共同構成了對魏晉文化的立體觀照。如魯迅從藥、酒入手，將文學與當時的社會風俗聯繫在一起，不僅從特殊層面上看到魏晉文化對士人人格精神的消極影響，而且從整體意義上把握了魏晉風度的狂狷特質。因此，魯迅特別重視嵇康在魏晉文化史上的特殊意義。〔註7〕從魯迅的描述中，我們不僅可以體味魏晉士人談玄論理，服藥飲酒，交游宴飲的風俗，而且可以體味魏晉士人為逃避專制、反抗名教、抗拒俗世、追求高潔的人格精神所進行的內心掙扎。魯迅更注重後者的闡發，力圖給予混亂動蕩時代的中國人以心靈的啟示。湯用彤偏重佛禪玄理來闡發魏晉精神，陳寅恪則偏重於歷史來弘揚魏晉風度及其人格精神；馮友蘭、牟宗三則偏重於從哲學來解釋魏晉風度，對才性與玄理在中國哲學史上的作用予以充分重視。宗白華、方東美、李澤厚則偏重於從美學方面來體悟魏晉精神，他們所作的富有詩性的審美發揮把魏晉風度提升為中國知識份子的一種人格精神和審美自由追

〔註6〕 縱觀中國文化的發展，先秦文化是一種多元並存的格局，儒家偏重於仁和禮，道家偏重於道和游，墨家偏重於非樂，法家偏重權術政治，陰陽家偏重於術數神秘。其中，儒道二家是最能體現中國文化精神的。魏晉文化思想雖以老莊哲學為主導，但又容納了禪宗精神，與儒家的狂狷人格並不矛盾，且它對風神氣骨的追求、對情感的推重乃至對玄理的闡發完全不同於其後的宋明理學。魏晉偏重於道玄，而宋明偏重於義理，尤其在「群己關係」中，魏晉偏重於個體精神的關注，而宋明則偏重於群體德性的思考。宋明時的主導精神是儒家，而魏晉則以道家玄理為本，以情感體驗為據，使儒道融合在玄禪之思中。因此對魏晉文化的思考才顯得重要，因這是儒道思想分化的關鍵期。後來的論者大都從道玄游心的角度去解釋魏晉文化，把魏晉風度想像成個體情性的覺醒。事實上，魏晉士人在追求外在通脫的同時，內心卻背負著沈重的負擔。魏晉風度既不是生命抒情的極致，亦非無邊的黑暗與壓抑。魏晉士人從時代的黑暗壓抑中尋求個人放達之路是有其矛盾與掙扎的，因而，魏晉風度其實是中國士人不得已而選擇的一種生存態度。

〔註7〕 魯迅對嵇康的賞愛，或許與他自己生命氣質與追求有關。魯迅一生的行跡追求的是抗爭與獨立，而他對嵇康的評價也著重在他性格上的獨立與抗爭。在魯迅看來，所謂「思想通脫」，便是「廢除固執」，「充分容納異端與外來思想」，為了堅持思想的獨立性，甚至不惜冒著生命的危險「非湯武而薄周孔」。又說「嵇康的論文，比阮籍更好，思想新穎，往往與舊說反對」。（見《魏晉風度與文章及藥與酒的關係》，《魯迅全集》第三卷，頁511，北京人民出版社，1981年版）。他認為嵇康的文章之所以「析理綿密」，與其「思想新穎」有關；之所以能「思想新穎」，與其不願依傍司馬氏更是不可分離，故他始終能保持一種獨立不羈的姿態。此應當也是魯迅對自我處亂世中身為新時代知識份子的期許與堅持。

求。王瑤的《中古文學史論》、羅宗強著《玄學與魏晉士人心態》、李清筠《魏晉名士人格研究》、景蜀慧著《魏晉士人與政治》、高華平的《魏晉玄學人格美研究》、吳冠宏《魏晉玄論與士風新探──以「情」為綰合及詮釋路線》、蔡忠道《魏晉儒道互補之研究》、李玲珠《魏晉自然思潮之研究》等，加之眾多關於魏晉文化的學術論文，實質上已形成了魏晉文化研究的盛況。在如此廣泛的魏晉文化探索中，要想發掘出魏晉文化的新義，殊屬不易。

目前研究魏晉文化的兩個主要方法是：（一）從宏觀把握上梳理魏晉文化，給予宏觀的描述。此種方法雖也涉及具體的作家作品，但由於體系過於龐大，有時反而不能呈現個別作家在同一時代的限制下的不同文化思考，如吳功正的《六朝美學史》、李健中的《心哉美矣──漢魏六朝文心流變史》。（二）從具體的作家作品出發，重新建構其思想體系，使之獲得當代意義。如對建安七子、正始名士的文學或思想的闡釋，這種研究從具體入微處入手，有時並不能呈現整個時代的文化風貌。

而本文試以「悲情意識」為主題，從心理層面切入，透過對魏晉士人集體生命意識的分析與探討，乃是以小觀大，一方面期望呈現魏晉時期士人們在玄學思潮與自然思潮之下，隱微曲折的低吟；同時也希望能對目前文化失序的台灣社會以及現代知識份子處其間的安身立命之道，甚且是個人對待福禍相倚、悲欣交集的人生歷程，提供一些仰望的文化視野。

## 二、研究方法與論文架構

本文研究魏晉士人的悲情意識所涉及的範疇甚廣，不同學門的綜合運用皆有所涉獵，如社會文化學、哲學、史學、美學、心理學……等，雖無法一一深入，但借助前人對魏晉文化的研究成果與結論，將能提供本文更寬廣的觀點。

在資料的援引上，是以魏晉詩文為主，兼及魏晉史籍、玄學資料，並參照近人的相關著作。中國的詩文受到傳統「詩言志」觀念的引導和「記言」、「記事」的歷史意識之影響，使它成為古代知識份子心理真實的寫照。且因為「發憤以抒情」是中國文化的傳統，它有理論作為憑藉，故能使我們藉詩文來透視魏晉時期士人的悲情。而且彼時，由於內有政治鬥爭、軍閥篡亂，外有異族入侵，以致禁網嚴密。各個易代之際，黑幕重重，統治集團之行為，更是不可告人。史家秉筆直書，每每得禍，因此對當時政治中的許多隱秘，故用曲筆，對統治者的惡行，也常有迴護之處。這種加工過的歷史資料流傳

下來，固然有助於後人對歷史脈絡梗概的了解，但又在一定的意義上，妨礙了我們探悉歷史的某些眞相。歷史的一些角落、斷面，確實是正史中看不到的。繆鉞先生在《治學補談》〔註8〕中言：

> 各種古書所記載的多是古人活動的表面事跡，至於古人內心深處的思想感情，在史書中是不易找到的，只有在文學作品中才能探尋出來。所以文學作品是心聲，一個歷史人物的文學作品是他一個人的心聲，一個時代的文學作品則是代表著這一個時代的心聲。

當代法國新史學派的主要人物勒高夫認爲：

> 人們應當鈎勒、解釋歷史的空白和沈默之處，使歷史既建立在它所經歷而又表現出來的實處，又建立在它所經過卻沒有表現出來的空白處之上。〔註9〕

從知識份子的作品爲出發點來深入了解社會歷史，所側重和期望的，正是中國古典詩文中潛在包含著正史中所不具備的歷史眞相，甚至有時詩文比正史透露出更多的社會深層心態。文人透過其詩文表現出來的深層心態，不僅反映了個人對政治的抱負、人生理想、在現實中的哀樂悲歡等思想感情，也有助於我們去深刻時代的精神特徵。

換言之，透過詩文的感慨詠嘆和抒寫描述，參之以相應相關的文史資料，我們便能進入中國知識份子的心靈世界。在此，哲學思想已不再是超然於生活現實之上的觀念體系，人格理想也不再是游離於現實情感和生活個性之外的抽象事物。詩文與社會政治現實和知識份子的人生實踐結合爲一體，並且呈現出「兼濟」與「獨善」的人生理念相互制約下，所形成複雜多變的處世方式；因此，我們將發現，生與死的衝突，如何一方面被協調爲生命智慧，而同時又化爲士人的生活與藝術的美學觀；情緒與道德的自覺，人生的需求與人格的完善，曾經如何的整合與衝突，……。因此，對於詩文中心理的分析和心理現實的描述，或許比由哲學觀念所闡發的人格理想複雜而眞實的多。因此本文對魏晉士人「悲情意識」的研討，將以士人的詩文作品作爲透視他們心靈世界的主要窗口。

在論述第二章〈魏晉士人悲情意識的文化淵源〉上與第五章〈悲情意識呈現的基調〉時，乃採用主題式的探索。主題（Theme）本是西方文學理論中

---

〔註8〕載《文史哲》1983年第三期。
〔註9〕見《新史學》，頁37，姚蒙編譯，上海譯文出版社，1989年版。

的概念術語，近似我國古老文論中的「意」、「立意」。〔註10〕《比較文學與文學理論》書中論及：

> 主題就是個人對世界獨特的態度。一個詩人心目中主題的範圍就是一份目錄表，這份目錄表說明了他對自己生活的特定環境的典型反應。主題屬於主觀的範圍，是一個心理學的常量，是詩人天生就有的。〔註11〕

作者認爲文學的意義是詩人個人體驗的結果，他按這種經驗形成的模式在創作過程中捕捉與之相對應的題材，因此創作主體的想像力就產生了藝術。

特別是在第二章〈悲情意識的文化淵源〉中，乃借用西方文學理論的術語——「母題」（Motif）的概念。此語的通常解釋是「與主題相關的某種特別的情境或特別的觀點」，〔註12〕即指文學作品中反覆出現的人類的精神現象和基本行爲。母題的涵蓋範圍很廣，一些反覆出現的詞語、觀念或意象都能構成之，其主要是指在具體作品中的藝術手法而言。母題的出現，使得作品

〔註10〕 中國文學的分類，乃可溯至最早的文學總集《昭明文選》始。然而因選錄者既要兼顧思想主旨，又欲留心作品的表現形式，故類分的標準並不一致。唐代以後，純文學藝術形式的愈臻成熟，作品類分展示了更爲敏銳的藝術感受力與思維分辨力，如白居易在概括詩歌的類別時言：「予歷覽古今詩歌，自《風》、《騷》之後，蘇李以還，次及鮑、謝徒，迄於李、杜輩，其間詞人聞知者累百，詩章流傳者鉅萬，觀其所自，多因讒冤譴逐，征戍行旅，凍餒病老，存歿別離，情發於中，文形於外，故憤憂傷怨之作，通計今古，什八九焉，世所謂「文士多數奇，詩人尤命薄」，於斯見矣。」（見《序洛詩序》，見《全唐文》，中華書局，1983 年版，頁 6897。）此已突破了單純類分作品的範圍，而由藝術與現實關係上深入探究主體的創作動機。對此元稹亦明確敘及：「每公私感憤，道義激揚，朋友切磨，古今成敗，日月遷逝，光景慘舒，山川勝勢，風雲景色，當花對酒，樂罷哀餘，通滯屈伸，至於疾恙窮身，悼懷惜逝，凡所對遇異於常者，則欲賦詩。」（同上，頁 6634，《敘詩寄樂天書》）。至清代時，頗具美學眼光的葉燮，承前舉元白之說，由現實情境之於創作主體心態關係入手，其評論杜甫：「詩隨所遇之人之境之事之物，無處不發其思君王、憂禍亂、悲時日、念友朋、弔古人、懷遠道，凡歡愉、幽愁、離合，今昔之感，一一觸類而起，因遇得題，因題達情，因情敷句，皆因甫有其胸襟以爲基。」（見《原詩·內篇》卷一，《清詩話》第 572 頁。上海古籍出版社，1978 年版。）葉燮此論由創作主題審美心態中不同的情感取向來考察創作動機。此與西方文論中，從心理學的角度來理解「主題」，認爲「主題」可視爲表明創作主體的主觀態度相似。

〔註11〕 （美）烏爾利希·韋斯坦因《比較文學與文學理論》，劉象愚譯，遼寧人民出版社，1987 年版，頁 122。

〔註12〕 （加）《約克文學術語及詞源辭典》，約克出版社，1976 年版。

的主題在未經作者點明的情況下奇妙地展露出來，並顯現了不同作家的主觀性。

　　這種主題，是幾乎所有古代文學抒情之作中不可或缺的成分。〔註 13〕現實社會中的人，不管在主觀上如何超脫各種關係，他仍然必須存活在人與自然、人與社會、人與他人、人與自我的四種關係中生存。而中國自《詩經》、《楚辭》以來的文學作品中，似乎存在著一些反覆出現的悲情內容，如憂生畏死、惜時傷逝、憂時憫亂、悲秋傷春、遊子思鄉、棄婦遠別等等的悲情主題。這些主題其實是沿著人在文化思想中長期累積沈澱所形成的內在情感，代代傳承，因此有著較爲穩定的意象、題材與詠嘆模式。〔註 14〕而中國因爲農業社會的生活內容，故一向重視自然與歷史相應、天與人合一的觀念。這種思想對悲情意識的直接影響，是它給了人們悲情存在的合理性。四季的輪替中，蕭瑟的秋景，成了自然之悲的呈現；而歷史盛衰的循環中，國家民族的衰亡亦呈現了歷史的悲哀。因此第二章第一節便是探討中國文化思想中的天道觀對悲情意識形成的內在關聯。

　　再者，從歷史延伸角度上看，文學中亦存在著一種「根文學」，它是主題存在的美學基礎與內在聯繫。根文學有力地規定、誘發著文學與人審美指向的形成、更移與發展。中國則由於儒家文化較早的歷史化、倫理化，因此壓抑扭曲了神話原型的正常流播。因此中國文學的原型輻射大多來自《詩》、《騷》的「根文學」。人心之四個基本指向（人與自然、人與社會、人與他人、人與自我）的投射，也必然在這種文化機制的左右之下。現實社會中的人，多是在一定的關係中生存。〔註 15〕因而，儒家思想既是著重於妥善解決人際關係

---

〔註13〕中國文學中的作品主題往往具有恆久性，因此易揀選出舉舉大者。主題一語，緣此也就既可指具體、個別作品的中心意旨，又可指一類作品的共同性思想傾向，有時便具有母題的那些歷史延續性和應用普遍性的特點。母題一般都具有相當成分的象徵意義，正是借重了這種象徵性之後，作品才得以含蓄地表現較爲明確與深刻的主題。

〔註14〕這些主題不同於作品的具體內容本身，後者更有著隨機性與偶然性。所謂文學的繼承性主要即表現在這種「主題」構成的內在情感線索中，文學的創新又主要體現在這些主題內部變異、重組所形成的重心更移上。這種恆久性主題系統中的諸多個體，其重要的特質性是不局限於一時一事，即孤立的個別的情、事、物上，而是主題自身的文化染色體遍佈於範圍內的作品之中。

〔註15〕早自漢代，人對外界的關係就被倫理教化價值觀如此強調：「人性有男女之情、妒忌之別，爲制婚姻之理；有交接長幼之序，爲制鄉飲之禮；有衰死思遠之情，爲制喪祭之禮；有尊尊敬上之心，爲制朝覲之禮……。」(《漢書·

的倫理型文化，必然對個體本能需求有所匡範；而它對綱常倫理的提倡，遂造成了中國文學中人的本能衝動受到擠壓後的種種變形表現。而且作為入世的人生哲學，儒家又指引出一條內聖外王的人生道路，於內是正心、修身，向外是齊家、治國、平天下。將重視人格道德修養的內聖追求導入外王的王道政治之中，因此忠君報國成為深受儒家思想薰陶的知識份子們唯一的人生準則。但是當一個人執著於追求理想時往往也暗示了他可能的挫敗，因此在第二章論〈悲情意識的文化淵源〉上時，特立〈儒家思想與悲情意識〉一節來討論儒家思想給予知識份子追求與失落的可能。

第三章將屈原獨立出來討論，因屈原可說是中國文化中悲情精神的象徵。他的人格特質、精神氣質、內心衝突與生命困境，影響了歷代的知識份子，幾乎成為一種共同的文化人格。故了解屈原的內心曲折是探究中國知識份子的悲情意識，所無法迴避的課題。而且相較於漢代知識份子對屈原忠貞執著的景仰來看，魏晉知識份子們更看重的是屈原的高自標舉、怨憤深憂、狂狷急切的情感表現，他們由於自身的傷感，故對屈原作品中的憂傷、掙扎有所共鳴，他們深刻地了解到屈原在忠貞高潔的行為之下，那深入靈魂的自我考問與困惑掙扎的心靈。

特別是屈原自沈的悲劇在文化上的意義並不僅在於他是「舍生取義」，而是他通過死亡把個人生存的意義提升到較為深刻的思考，那就是對活出個人價值的堅持以及對現實環境的拒絕妥協。這種現實世界容不下我，我也容不下現實世界的巨大否定力量，對中國文化中的生死主題有深遠的影響。

第四章分析魏晉士人們悲情意識形成的內緣外因，就知人論世的觀點來說，魏晉知識份子們普遍的悲情與魏晉時期是中國史上戰亂不絕、政權不斷易手的亂世有密不可分的關連。思想上崇尚濟世理想而內心又敏感豐富的文人士大夫，在目睹亂世中百姓轉死流亡的悲慘命運，並且面臨理想破滅、道義淪喪，人的生命自由和精神都受到摧殘的遭遇時，他們的個性人格都受到嚴重的壓抑和扭曲。於是人生價值從兼濟天下轉為獨善其身之時，也將個人的志趣轉移到廣泛的文化方面，以作為精神寄託和逃避的方法。這是魏晉時期文化繁榮背後的痛苦本質。

第五章〈悲情意識呈現的基調〉的論述中，亦採主題學的概念，因魏晉士人的作品中具有同創作主體「立意」與這種「意」在慣常題材上表達的一種普

禮樂志》）。

遍性。人對自然、社會、他人、自我這四個基本指向（關係）決定了詠嘆與描
述題材的選擇，而作爲文化人又對某些特定題材不斷賦予特定的「意」。原生義
與衍生義，從而構成了某些題材愈發契合某些主題。〔註16〕故本章討論悲情意
識的基調時，是歸納魏晉時期的知識份子們透過詩歌表達出來的內心悲慨，以
及將他們在詩文中所呈顯出來的悲情主題標舉出來，再歸納出他們在表現悲情
主題中，慣常使用的如飛鳥失群、孤臣棄婦和遊子流盪的意象。

　　吳功正先生在《六朝美學史》中言：

　　　　切入某一具體的美學家和詩人、作家的美學風貌與風格，首先要對

　　　　他們的全人加以把握和描述。〔註17〕

　　本論文亦採此知人論世的方式入手，除了第三章論〈魏晉士人的文化淵
源〉（下）乃藉由屈原來探究悲情文化的象徵及影響外；第六章至第九章論〈魏
晉士人悲情意識的呈現形態〉，選擇了曹植、阮籍、嵇康和陶淵明四位作爲論
述的重點。其原因，一方面限於個人時間和學力而不能全面涉及其他的知識
份子，更主要的是，此四位詩人的生活時代雖不同，捲入政治的程度也不同，
但是爲人處世的基本態度卻有許多相近之處。他們處在儒學衰微、理想淪亡
的亂世裡，其作品卻能表現出對黑暗勢力的抨擊和對美好理想的堅持，而處
世亦能保有知識份子作爲社會良心的道德操守；在政治上，也往往堅持一種
不以當權者的是非爲是非的獨立不羈態度。但正因如此，也使他們在所處的
時代和社會裏感受比別人更強烈的內在痛苦。這四章中所分析的雖然只是這
些詩人的一部分作品，但詩人在作品中表露出來的那些苦悶、哀傷、憂懼、
感憤的複雜情感，確實反映了這一時期廣大知識分子的心聲。

　　而且他們的作品中，記載著古代知識份子自我實現的歷程與心靈躍動的
曲線。他們的適性任達與時風的激蕩，傳統精神與現實形勢的交織，理想人
格與人生實踐的撞擊，道德規範與情感個性的衝突，共同構成一種複雜的悲
情意識。他們人格的自覺與精神的超越，人生的抗爭與人性的扭曲，還有對
生命的養怡、志趣的陶冶，乃至事業的成敗等，無不體現著哲學思想與政治
體制、道德理想與禮教規範、人生智慧與宗教寄託之間複雜而微妙的關係。

　　爲了解脫精神上的孤獨與悲苦，以及尋找思想上的逃避現實之方，許多

〔註16〕關於「主題」的觀念，乃參考王立著《中國古代文學十大主題 —— 原型與流
　　　　變》，頁1～25，台北，文史哲出版社，民國83年7月版。
〔註17〕見《六朝美學史》，頁15，江蘇美術出版社，1994年12月版。

士人在原有的政治理想無法實現，人生的價值取向從兼濟轉為獨善之際，將個人的志趣也調整到廣泛的文化方面，或精研玄理，清談空無；或宗仰天師，流連釋典；或文學，或史學，或藝術，創造了魏晉時期文化的繁榮景象。在生活上，充滿悲情性格的士人們，除了以詩作為抒發鬱懣的方式外，更在酒樂、山水之中尋求暫時的麻醉與寧靜。內心追求思想自由與外界所加的政治迫害相互激盪，因而形成一種放誕不羈、瀟洒飄逸、曠達超遠、嘯傲人生的魏晉風度。因此第十章〈魏晉士人悲情的消解因素〉則是以縱向的分析，將反映在魏晉文化思潮的遊仙隱逸、山水怡情與日常生活中的縱酒任達、詩樂自娛的風氣，作為詩人尋找生命出口的途徑來分析。以見出何以在政治最黑暗、社會最混亂的時局中，卻激盪出最富藝術精神的文人風采。

綜言之，本論文所採取的研究方法乃欲結合宏觀的把握和微觀的分析。既有理論的概括和綜合，又以詩證史，以原典作分析和比較。藉王弼在《周易注》的哲言：「不大通，何由得大有」來說，「大通」是本文希望的寫作視野，「大有」則是期待達成的目標。將前賢對魏晉文化史、社會史的研究成果導入文學史，重視士人的心態，避免以排比事例、羅列材料來代替對作者靈魂的追索與剖析。探求魏晉士人以堅韌的意志對自身理想所作的不懈追求，了解他們在如此追求中所留下的心靈足跡，或許可以使我們更加清明，從而了解中國民族的文化命脈何在，而中國現代知識份子的歷史使命何在。

# 第二章　魏晉士人悲情意識之文化
## 淵源（上）

　　「故哀樂之心感，而歌詠之聲發」（《漢書·藝文志》），班固簡單的兩句話，道出了深刻的道理：作家的情感（哀樂之心）是創作發生的心理動力。從西漢司馬遷提出「發憤著書」，到南朝蕭梁鍾嶸的「長歌騁情」，從漢魏以來，一脈相承的基本文藝創作思想，就是班固的「哀樂之心感，歌詠之聲發」（亦即陸機的「詩緣情而綺靡」或劉勰的「爲情而造文」）；而作爲創作產生之心理動因的「哀樂」之情，又以「哀」（亦即悲怨、憂鬱）爲主要特徵。

　　和先秦兩漢文學相比，魏晉時期文學之抒情性增強，不再被當作「經夫婦、成孝敬、美教化、移風俗」之工具，而是標榜「吟詠風謠，流連哀思」、「情靈搖蕩」，並且情感抒發以悲爲主。錢鍾書《管錐篇》探討漢魏的審美意識，得出「奏樂以生悲爲善音，聽樂以能悲爲知音。漢魏六朝，風尚如斯」〔註1〕的結論。於是學界乃引伸發揮，認爲魏晉南北朝之際「以悲怨爲美」的審美風尚，乃是先秦兩漢以來的文化傳統。〔註2〕其萌芽表現在《詩經》、《楚辭》、《史記》、漢賦、樂府、《古詩十九首》〔註3〕中。誠然，這些作品中，呈現了懷才不遇、

〔註1〕　《管錐篇》第三冊，頁946。北京中華書局，1979年2月。
〔註2〕　參見張高評先生〈建安詩人與悲情意識——以三曹七子詩歌爲例〉一文。見《第三屆中國詩學會議論文集》，頁184。
〔註3〕　葉嘉瑩女士在《漢魏六朝詩講錄》上冊（台北，桂冠圖書公司，2000年2月）頁104~106中指出，《古詩十九首》中所寫的感情基本上有三類：離別的感情、失意的感情、憂慮人生無常的感情。而這三類感情都是人類最基本的感情，或者也可以稱爲人類感情的「基型」或「共相」。因爲，古往今來的每個人都會有生離死別的經歷：有因物質或精神上的不滿足而感到失意；也都對人生的無常懷有恐懼和憂慮之心。葉女士引晚清詩學評論家陳祚明在《采菽堂古詩選》中

生不逢辰、憂時閔亂、歲月飄忽、生死衝突、婚姻不幸、親情失落、遊子思鄉、知音難遇、棄婦遠別等悲情主題，對魏晉時期的悲情意識，皆有先導啓示的作用。然而似未能由此見出此一悲情傳統的文化背景與淵源。故本章乃欲就中國文化中，形成悲情傳統的文化意識，以主題的方式加以探討。

緒論中曾提及，悲情意識的重要功能是促進文化的自覺與成長，故文化的性質也決定了悲情意識的形態。而中國文化是建立在農業社會和血緣宗族制度上，人們的生活內容決定了其對宇宙生命的理解，因此講究自然與歷史相應、天人合一的天道觀，也影響了人們對自身生命、對自然與歷史的看法；而重人世的儒家思想是中國文化中的主流，其倫理中心是以家爲基礎，以禮法制度爲規範，並且由家至國皆受此禮法的約束，此亦影響了人們對政治和日常處事的態度。而另外，戰國時代的屈原如同孔子與莊子一樣，是中國文化的一種象徵，他象徵的便是中國文化的悲情精神，故本文欲從天道觀與儒家思想及屈原對中國文人思想的影響來探究《詩經》、《楚辭》以來的悲情傳統，與魏晉士人悲情意識的形成淵源。

## 第一節　天道觀與悲情意識

中國文化中的天道思想是經由先民長期「仰則觀象於天，俯則觀法於地」的仰觀俯察，整理思考出既與自然現象相應，又與人的歷史社會制度基本相合的思想，所謂「古今之變」、「天人之際」。其特點在於由人道至天道，由政治社會而自然宇宙；由人的內在（情、感、欲）陶冶至追求人與自然宇宙的同構，即自然與歷史合一與天人合一的整體性觀點。

就自然與歷史合一的觀點而言，處在長期農業社會中的哲人們發現，日出而作，日入而息，晝夜交替，一天是一個循環。春種夏忙，秋收冬藏，一

---

的一段評論加以說明：「『十九首』所以爲至文者，以能言人同有之情也。人情莫不思得志，而得志者有幾？雖處富貴，慊慊猶有不足，況貧賤乎？志不可得而年命如流，誰不感慨？人情於所愛，莫不欲終身相守，然誰不有別離？以我之懷思，猜彼之見棄，亦其常也。夫終身相守者，不知有愁，亦復不知其樂，乍一別離，則此愁難已。逐臣棄妻與朋友闊絕，皆同此旨。故『十九首』雖此二意，而低迴反覆，人人讀之皆若傷我心者，此詩所以爲性情之物，而同有之情，人人各具，則人人本自有詩也。但人人有情而不能言，即能言而言不能盡，故特推『十九首』以爲至極。」由此，本文在論及悲情意識的文化淵源時，亦引《古詩十九首》爲證。

年是一個循環。仰望天空，日往則月來，月往則日來，是周期性的循環。人類的幼青壯老衰，代代不已，是人生的循環。是以哲人們將自然的循環現象，抽象爲宇宙的規律，並運用於歷史觀中。以天干地支紀年，六十年一個甲子，一個循環。前進的歷史時間轉化爲循環之圓，歷史的發展，三皇五帝，夏商周，代代有初盛中晚；天下大事，合久必分，分久必合，呈現爲不斷重複的循環。歷史和時間本是一條進化的直線，但在中國的天道觀中被轉化爲一條循環向前之線。這對中國文化的穩定性具有重要意義。

就天人合一的觀點而言，人是合天的，天也是合人的，彼此息息相通。在宇宙之內、歷史之中的個人對自然和歷史的思考，實際上也是對自身的思考。先哲們認爲，人源於自然，本質上和自然是一樣的。宇宙的根本是氣，氣化流行，衍生萬物，氣凝聚而成實體，實體之氣散而物亡又復歸於宇宙流行之氣。天上的日月星辰，地上的山河草木，飛禽走獸，悠悠萬物，皆由氣生。人爲萬物之靈，亦爲集天地之氣以生。茫茫宇宙，無非一氣。〔註4〕氣的統一性決定了人和自然的統一性。

孟子講氣，首先提出將個人的道德人格、精神超越與大自然及整個宇宙聯繫統一起來，即所謂「其爲氣也，至大至剛，以直養而無害，則塞於天地之間」（〈公孫丑上〉）。這種「集義而生」的「浩然之氣」，便可以與天地宇宙相通，而達到「天人同一」。此也是宋代文天祥《正氣歌》裏開宗明義所解釋的「天地有正氣，雜然賦流形，下則爲河嶽，上則爲日星，於人曰浩然，沛乎塞蒼冥」。孟子在〈盡心上〉中言「存其心、養其性，所以事天也」；「夫君子所過者化，所存者神，上下與天地同流」等，均是指出個體所具有的感性生命力量可以與天地宇宙交流、相通，即由人而天，由道德至生命而天人同構。

人在自然中成長，和自然是同態對應的。在此，人可以以其情感、思想、氣勢與宇宙萬物相呼應，人的身心作爲一切規律和形式，也正是和自然界的

---

〔註4〕 李澤厚先生在《華夏美學》中指出「氣」是中國文化中最爲重要的其本範疇。中醫講「氣」，至今有氣功；占卜講「氣」；輿地、命數講「氣」；哲學講「氣」；文學也講「氣」，如曹丕在《典論·論文》中言：「文以氣爲主」；而藝術也講「氣」，如謝赫在《古畫品錄》中以「氣韻生動」爲六朝繪畫的第一標準。歸結爲「氣」是身兼道德與生命、物質與精神的雙重特點。而孟子在《孟子·公孫丑上》中所言：「我善養吾浩然之氣……，其爲氣也，至大至剛，以直養而無害，則塞於天地之間。其爲氣也，配義與道，無是餒也。是集義所生者，非義襲而取之也。行有不慊於心，則餒矣。」是首先提出「氣」是一種凝聚理性而可以釋放出能量來的感性生命力量。

宇宙規律與形式呼應。故在《易經》中，乾不但為天也為君、為父、為首；而坤不但為地亦為母、為眾、為腹。在五行學說中，人的五官、五臟、六腑、五志、五津與四季、四方、顏色、氣味、牲畜、穀物、蟲豸、音樂、星辰、神帝均有功能上的對應關係。人應效法自然，在變化運行中去不斷建功立業，求取生成及發展。即《易·乾卦》所言：「天行健，君子以自強不息」。

人在宇宙中，既是主動的，追求與天道（自然規律）相一致，又是被動的，為宇宙的整體性所規定、制約。在天人合一的整體性中，人的自我意識同時就是一種自然的天道意識。漢代董仲舒即指出自然現象的變化同人的情感的變化有一種相等同、相類似、相互感通、相互對應的關係：

> 天亦有喜怒之氣，哀樂之心，與人相副，以類合之，天、人一也。（《春秋繁露·陰陽義》）

> 夫喜怒哀樂之發，與清暖寒暑，其實一貫也。喜氣為暖而當春，怒氣為清而當秋，樂氣為太陽而當夏，哀氣為太陰而當冬。（《春秋繁露·陰陽尊卑》）

> 人生有喜怒哀樂之答，春秋冬夏之類也。喜，春之答也；怒，秋之答也；樂，夏之答也，哀，冬之答也。天人副在乎人，人之性情由天者矣。（《春秋繁露·為人者天》）

這種「天人感應」（自然、季候、政治、人體、社會、情感等等的與天比類共感）的思想對悲情意識的直接影響，是它給「悲感」的存在予以合理性。它肯定「悲感」是人的基本情感之一。人有悲歡離合，月有陰晴圓缺，自古而然。不但人有悲，可以歌詠其悲，天亦有悲，自然界陰陽慘舒，秋，就成了天道自然之悲的承擔者。歷史盛衰興亡不斷循環，也有悲，亡國之悲。悲，是人的基本情感之一；秋，是自然界的基本季節之一；亡，是歷史循環的基本階段之一，三者在性質上是相通互感的。中國文化中的天道觀讓人生於世的悲情在一年一度的秋色裡和周期出現的亡國境遇中得到集中的抒發和沉思。是以悲秋和亡國之悲便成了中國文化中重要的悲情意識。

然而人生在世，有太多的困境並不一定與自然之秋和歷史之亡在時間上對應。自然和歷史的循環有嚴格的時間節奏，人的困境卻是偶發的。人的情感有遇事而發的特點及託物抒情的偏好，如《文心雕龍·明詩》中言：

> 人稟七情，應物斯感，感物吟志，莫非自然。

而〈物色〉篇中亦言：

> 春秋代序，陰陽慘舒，物色之動，心亦搖焉。蓋陽氣萌而玄駒步，
> 陰律凝而丹鳥羞，微蟲猶或入感，四時之動物深矣。若夫珪璋挺其
> 惠心，黃華秀其清氣，物色相召，人誰獲安！是以獻歲發春，悅豫
> 之情暢；滔滔孟夏，鬱陶之心凝；天高氣清，陰沉而志遠；霰雪無
> 垠，矜肅之慮深。歲有其物，物有其容，情以物遷，辭以情發。

因此，傷春和盛世之悲亦成為中國悲情意識的主題。

　　從天道觀的角度來探討中國民族的文化心理，因重視人在宇宙自然中的位置，形成了「天人合一」的普遍觀念；因重視人在社會生活中的遭際，形成了以人為本位，以天命為形式的實際立身行事原則。盛極衰至、物有盡時的自然規律，也使得士人們體悟到自身生命的有限。但是，作為生命個體，士人又常常對人生之短暫與宇宙之永恆間所形成的巨大落差有敏銳的覺察與焦慮。於是，對生之眷戀、對死之畏懼、對永恆宇宙之敬羨成為士人經常性的意識內容。

　　古代士人常用榮時憂枯、枯時悼榮之慨審視自然萬物；在傷春悲秋、由物及我的情感線索中建立生命化的自然與自然化的人生間之聯繫；用聚時憂分，別時憶見之痛對待人事交往，在傷離惜別、由人觀己的倫理程序中強化親友與自身間的情感；用盛時慮哀、衰時思盛之憂直對社會風雲，在傷時憫亂或憤世嫉俗中安排自我與社會的關係。故從天道觀看中國文化中的悲情意識，人把自身的悲情、對時光流逝的焦慮投射到自然與歷史之中，轉為自然與歷史的悲情，由此站在一個更廣的範圍、更高的視點、更深的程度上咀嚼和沉思自身的悲情。於生命有惜時傷逝、憂生畏死的憂患；於自然有悲秋及傷春主題；於歷史則有亡國之悲與盛世之悲，以下分述之。

## 一、生命悲情

### （一）惜時傷逝

　　在探究士人的悲情意識時，所有的悲感憂思其實最直接的源頭是生命意識。自然物候下萬物榮枯的感慨，時事顛沛下親朋別離的惜嘆，不見遇於君、不見知於世的鬱悶憤激，基點都在於一種不願庸庸碌碌度過有限人生的惜時傷逝之慨。往不可見，來不可測，每個古往今來的人都在時間的長河中生長衰亡。客觀時間的永恆對照出人生的短促；在強大的自然規律前，人是何等渺小與無能為力。孔子觀於川流，即有「逝者如斯，不捨晝夜」的惜憾。正是因為意識到生命的短暫與無常使人深感苦悶憂傷，也因而對個人生命，對

社會人生有深刻宏觀的考察與反思，力求在其中尋找擺脫苦悶憂傷的途徑與方法，以及冀望能在有限的生命中有所作爲。然則在時代歷史與現實人生中，絕大多數的士人並不能在其生命中有所成就。於是，以人、人生爲中心的惜時嘆老主題很早便在中國文學中發端，只是這份惜時傷逝之感最初是透過對外界的體察而逐漸萌生。如《詩經‧曹風‧蜉蝣》：

> 蜉蝣之羽，衣裳楚楚。心之憂矣，於我歸處。蜉蝣之翼，采采衣服。
> 心之憂矣，於我歸息。蜉蝣掘閱，麻衣如雪。心之憂矣，於我歸說。

從蜉蝣的朝生暮死中聯想到人生的短暫，人與蜉蝣等眾生的生命雖久暫有別，可是最終共同的歸宿仍是走向死亡，一種對生命有限的無奈之感油然而生。而《唐風‧蟋蟀》也是一首感時之作，因歲暮將至而聯想到人生之秋，生命之暮也將倏忽即至，故言：「今我不樂，日月其除」。在內心深沈憂患情緒外射的同時，也產生一種不願虛擲光陰、苟且度日的緊迫感。

《詩經》時期，先民對人生的有限短促，大多表現出無可奈何的情緒。至《楚辭》時代則對時間的緊迫感受更強烈，對這份無奈表現出極大痛苦情緒。〈離騷〉中：「汨余若將不及兮，恐年歲之不吾與」；「及年歲之未晏兮，時亦猶其未央，恐鵜鴂之先鳴兮，使夫百草爲之不芳」，時間關係著理想是否能實現。詩人注目著時光飛逝，擔心時機錯過：「恐美人之遲暮」，「恐天時之代序」（〈遠遊〉），恨不得讓日輪駐足，白晝永昶。〈思美人〉中言：

> 廣遂前畫兮，未改此度也；命則處憂吾將罷兮，願及白日之未暮也。

在己，是「榮華未落」、「年歲未晏」，正值濟世興邦的盛時良辰；而客觀外界，卻是「將暮」，「歲曶曶其若頹兮，時亦冉冉而將至」（〈悲回風〉）。〔註5〕時光如流，催動著詩人急切求索。惜時傷逝之感在此超越了對個人生命的悲嘆，而充溢著崇高的社會使命感。刻不容緩的惜時與美政實現的熱望息息相連。

就惜時的主題發展而言，《詩經》的憂生惜時，實是祈願安穩度過有限的人生；而《楚辭》則表現出竭誠盡智，在惜時之中，躍動著詩人追求美政、完善人格的拳拳之心。

---

〔註5〕 前文所引之〈遠遊〉、〈思美人〉、〈悲回風〉等篇章，南宋的魏了翁開始疑爲僞作，非屈原所寫。此後學者相繼提出懷疑的理由（見馬茂元主編之《楚辭注釋》）。但筆者以爲此作者或作品年代的爭論乃是個別問題，就士人心態與文化進程而言似無關宏旨。不少僞作早爲古人信而不疑，或接受認同，不去細究或許更尊重歷史事實，而且此應不妨礙我們對士人悲情意識的探索。

　　此後至東漢時期，戰亂頻仍，蒿目時艱，文人自身命途多舛，淵源有自的惜時憂生心理與現實感受撞擊，詩人備感人生之艱與生命之促。此時惜時傷逝的意識高峰──漢代樂府與《古詩十九首》便眞實地反應了士人「懼乎時之過矣」的憂患與由此產生珍重有限人生、及時行樂的思想：〔註6〕

　　　　生年不滿百，常懷千歲憂。晝短苦夜長，何不秉燭遊。爲樂當及時，
　　　　何能待來茲？（《古詩十九首・生年不滿百》）

　　生命短促，誠然可哀。加之東漢末年，士人處於黑暗昏庸的社會政治之中，遭排擠，受打擊，命運坎坷乖違，在此前途無望、人生無著之際，遂以及時行樂爲排解之方，由此見出詩人內心深處的時代苦悶。

　　　　人生天地間，忽如遠行客。斗酒相娛樂，聊厚不爲薄。（《古詩十九首・青青陵上陌》）

　　生命短促，猶如旅客來去匆匆，只好以酒消憂。於是友朋互相邀會以求暫得寬慰，斗酒亦不以爲薄了。

　　　　浩浩陰陽移，年命如朝露。人生忽如寄，壽無金石固。萬歲更相送，
　　　　聖賢莫能度。不如飲美酒，被服紈與素。（〈驅車上東門〉）

　　人，代復一代地生而至死，卻死不得復生，即如聖賢也不免歸宿荒丘。清代劉光蕡在《煙霞草堂遺書》中言此詩：「此慨年命之促而無可奈何，不如隨時任運，自盡其所得爲也。」〔註7〕在物候盛衰規律中突顯及時的觀念，啓示人們及時行事，以免事過而悔，時逝徒傷。

　　　　迴風動地起，秋草萋已綠。四時更變化，歲暮一何速？晨風懷苦心，
　　　　蟋蟀傷局促。蕩滌放情志，何爲自結束？（〈東城高且長〉）

　　詩從四時的變化，聯想至人生的「歲暮」。歲月迫促如斯，故渴求縱情娛樂，以消除心中的鬱結憂愁。

　　故惜時之嘆是中國士人仕不論窮通的際遇中內在情感的土調。春風得

────────────────

〔註6〕　「及時行樂」的思想，在《詩經》中即曾出現，如《唐風・山有樞》中所言：
　　　　「子有酒食，何不日鼓瑟？且以喜樂，且以永日，宛其死矣，他人入室。」
　　　　在此，及時行樂的思想不應簡單視爲消極頹廢的態度。「樂」在此不單是個人
　　　　的食色享受，也包含個人在有限生命之中，盡己之能，即時生活，與有限光
　　　　陰爭奪時間的進取精神。而東漢末年，兩次「黨錮之禍」造成大量士人被殺
　　　　或入獄免官，士人身處其間，深覺朝不保夕，人生無常，因而許多士人在徬
　　　　徨苦悶之際，便選擇遊戲人生，追求及時行樂。故若能從身處末世的士人之
　　　　思想感情加以體會，便能對此人生態度有更深的同情理解。
〔註7〕　見王強模《古詩十九首》注引，頁122，台北，建宏出版社，1996年3月。

意，躊躇滿志之際，惜時重在充實提高自我的價值，建立功業；失意困頓，潦倒無望之時，惜時則寄情於山水聲色，及時行樂。「賤尺璧而重寸陰」的價值觀念與「懼乎時之過也」的警醒，使得歷代中國士人在惜時之嘆中共鳴，伴隨著憂生憂世的感傷，使他們在面對人生與自然的盛衰興廢中產生蒼涼深邃之慨。欲惜時自重而苦不可得，對未來神往伴隨著對未來有限的惶恐，對理想追求凝結著追求不得的失落，於是外界沈重壓抑感與內心欲求衝擊下，士人焦慮、苦悶、悲憤而積澱生成民族的悲情意識。

## （二）憂生畏死

死亡是一個永恆的存在，恰如人的生命有限這個事實是永恆真理一樣。生與死給予中國文人無法回避的困惑、憂懼、思考與喟嘆，正因如此，有識之士才得以對死亡此一人生宇宙的規律事實有更深的思考與解悟。生死之謎，深遠地影響了詩人的情緒心態，也豐富了中國文學的內蘊。

與上文惜時傷逝的意識一般，憂生畏死的心態亦是以人對自身生命的珍重、對死亡的惶恐為基質。只是，惜時意識集注於人如何在有限的生命中實現價值於塵世，甚且思考於人如何突破肉體生命及時空限制以達到理想與精神的超越；而憂生畏死的心態則是對人生命本體意義的洞察與嗟嘆，反映了人對生命的深思反省。

人類最古老而最熱烈的願望，乃是對不死的追求。在上古神話中，時時可見對「不死藥」的尋求，如《博物志》中有：

員丘山上有不死樹，食之乃壽，有赤泉，飲之不老。〔註8〕

而早如《詩經》即表現出對生的愛戀和對死的無可奈何，並在無奈中痴迷地祈求永生，此多在祭祀和宴祝中表達，如《小雅‧楚茨》中：

祀事孔明，先祖是皇。神保是饗，孝孫有慶。報以介福，萬壽無疆。

或如《小雅‧信南山》中言：

疆場翼翼，黍稷彧彧，曾孫之穡，以為酒食。畀我尸賓，壽考萬年。……

中田有廬，疆場有瓜，是剝是菹，獻之皇祖。曾孫壽考，受天之祜。

《小雅‧南山有臺》中：

---

〔註8〕 又如《山海經‧海外南經》的「不死民」、《海內經》的「不死之山」、《大荒南經》的「不死之國」、《海內西經》的「不死樹」以及《淮南子‧墜形訓》的「不死之草」、《覽冥訓》的「不死之藥」等等。可以說，中國文化中的神秘思想及志怪小說的發展原因，乃大多出於對生死命題的尋思上。

南山有臺，北山有萊。樂止君子，邦家之基。樂止君子，萬壽無期。

及《小雅・瞻彼洛矣》中：

君子至止，福祿既同。君子萬年，保其家邦。

等等皆是呈現出在先民的觀念中，最大的福——「介福」，即是「萬壽無疆」。對生命永恆無界的期求，凝結在對神靈祖宗的祝禱中，於是有時便直呼爲：「綏我眉壽，介（助）以繁祉（多福）」（《周頌・雝》）及「以介眉壽，永言保之」（《周頌・載見》）了。生命的延續是爲了享有人世之福，故對未來的注目期待便反映在對現時的珍重，《詩經》諸篇中即不同程度地反映了此類死生之慮。

先秦時期，理性與文化精神增強，生死之思乃有別於《詩經》時單純率直地感受抒發。儒家之於生死，坦然中較看重生，故言：

未知生，焉知死？（《論語・先進》）

倡導「以理節情」，將人面對死亡時的惶懼焦慮以理性道德轉化，故謂：

朝聞道，夕死可矣！（《論語，里仁》）

志士仁人，無求生以害仁，有殺身以成仁。（《論語・衛靈公》）

此雖是平靜、勇敢而無畏懼地面對死亡，然而此種道德理念也壓抑了士人們面臨或選擇死亡時所必然產生的情緒思慮。

而道家之於生死，則是抱持著「死生如一」的觀點，人欲達到「道」的境界，則應超脫對死亡的憂慮，因爲死生問題，是不能隨主觀意志而改變客觀的必然性。故言：

死生命也，其有夜旦之常，天也。人之有所不得與，皆物之情也。（《莊子・大宗師》）

死生終始將爲晝夜，而莫之能滑，而況得喪禍福之所介乎！（《莊子・齊物論》）

莊子認爲宇宙一切事物的自然現象都是相對的關係，事有始必有終，有白天必有黑夜，不斷地循環，此皆是自然現象。人生亦復如此，生與死就如日夜交替，故生不足以爲喜，死亦不足爲悲。這是一種理想的人生態度，完全超脫了人世的計慮、苦擾與感情。但對心懷濟世安民、積極入世以及具有自我意識的士人而言，是很難到此境界。

屈原面對生死命題，則豐富了儒道的情感內涵。孔子「厚其生薄其死」（荀子《禮論》中語）對死避而不論；莊子則「生而不說，死而不禍」（〈秋水〉）超脫了對死的恐懼。而屈原拒絕保身全生的人生態度，則顯示了極爲眷戀人

生卻又爲了這眷戀而不得不死的終天之恨。他以死了生，認爲死亡是精神解脫、人性高揚、價值實現的途徑。故言：

> 知死之不可讓，願勿愛兮。（〈懷沙〉）

> 寧赴江流，葬於江魚之腹中，安能以皓皓之白而蒙世之塵埃乎？（〈漁夫〉）

> 既莫足與爲美政兮，吾將從彭咸之所居。（〈離騷〉）

屈原的死生之擇如此果斷，是一種理性的情感選擇和自我意識的充分呈現。他以其死亡的選擇來描述、想像、思索及抒發生命的豐富深刻，同時將是非、善惡、美醜不可並存的對立、衝突以及歷史人世的黑暗、荒謬顯現出來。

> 接輿髡首兮，桑扈嬴行。忠不必用兮，賢不必以。伍子逢殃兮，比干菹醢。與前世而皆然兮，吾又何怨乎今之人！（〈涉江〉）

> 晉申生之孝子兮，父信讒而不好。行婞直而不豫兮，鯀功用而不就。……矰弋機而在上兮，罻羅張而在下。設張辟以娛君兮，願側身而無所。（〈惜誦〉）

> 天命反側，何罰何佑？齊桓九會，卒然身殺。彼王紂之躬，孰使亂惑？何惡輔弼，讒諂是服？比干何逆，而抑沈之？雷開阿順，而賜封之？何聖人之一德，卒其異方？梅伯受醢，箕子詳狂？（〈天問〉）

人世是如此荒謬無理，故以死亡來抗衡。即以死亡來徹底否決醜惡的現實及表現對理想人生的眷戀憧憬。此抗衡是經過生死反思後的自我選擇。在這反思與選擇中，將人性的美好思想與情感，包括對生命的眷戀、執著和歡欣，對忠奸之爭、危亡形勢的切身經歷，皆凝聚積澱在此情感之中。故屈原跳脫了儒家「哀而不傷」的情感束縛，而表現出「愴怳難懷」、「忿懟不容」的眞情顯露，故令人感受到巨大的悲情力量。

至兩漢時期，憂生畏死的意識更是文人的情感流脈。西漢劉姓政權初定，功臣被殺、諸王貴戚被族滅所帶來的可怖感，至東漢災荒戰亂等繼踵而至，人生無常之悲感更深，所謂：「念人生之不再兮，悲六親之日遠」（《後漢書·馮衍傳》）之類的憂生之嗟連連不絕。漢樂府〈怨詩行〉：

> 天德悠且長，人命一何促！百年未幾時，奄若風吹燭。

等淒婉之音，伴隨著〈薤露〉、〈蒿里〉等挽歌，引起時人的普遍共鳴。

> 薤上露，何易晞！露兮明朝更復落，人死一去何時歸！（《漢樂府·

薤露》）

以朝露喻人生，道出人生的隱憂與哀傷。薤上之露一遇朝日，便煙消雲散，此本是自然之象。但由薤露之易乾，進而感到人生之短促，從自然之象引出人生之感。且薤露雖易乾，但明日還復落，人死卻如死灰不可復燃，人比朝露更不堪，故使人愈覺生命的短暫不可重複之悲。又如：

> 蒿里誰家地？聚斂魂魄無賢愚！鬼伯一何相催促，人命不得少踟
> 躕。（《漢樂府·蒿里》）

人不論生前富貴貧賤、賢明愚昧，終將無可避免的走向死亡。

> 人生寄一世，奄忽若飆塵。何不策高足，先據要路津？（《古詩十九
> 首·今日良宴會》）

生命短促，猶如塵土瞬間即落，身不由己，令人悲慨。但詩人亦不願如庸碌之徒般爭名於朝、爭利於世，只祈有生之年能有所建樹。

> 所遇無故物，焉得不速老？盛衰各有時，立身苦不早。人生非金石，
> 豈能長壽考？奄忽隨物化，榮名以為寶。（《古詩十九首·回車駕言
> 邁》）

自然之力無法抗禦，新陳代謝之急迫無法逆轉，這不僅造成了大自然的定時盛衰，對人生也是無情的巨大威脅，因而省悟到人生的短促，生命的匆忙。人非金石，不能長壽，「立身」、「榮名」都將「奄忽隨物化」。詩人在說理之際，抒發對「速老」的惶恐，對「豈能長壽考」的哀嘆，對「奄忽隨物化」的絕望，對「立身」、「榮名」的反諷與否定。

此類對人生倏忽即滅的感慨萬端，更給予其後魏晉士人的生死之嗟直接的情感媒介，憂生畏死的意識至此又跳脫了孔子、莊子、屈原的生死哲思而回歸《詩經》時的對有限生命本身的關注。但此回歸並非重回起點，而是螺旋式地上升加重了文人對死亡的沈重悲哀。

從文人痛感於心的生死之慮中，可察知：每當朝政衰敗、士人才無所展之時，便常興起生命短暫、不如及時行樂的感傷。因為生死之念本質上是人生價值觀的思考。如能知君遇世，自我價值為外界肯定，則死得其所，死而無悔無憾；若碌碌平生、懷才不展，這種浪費生命的痛苦更夾雜著終將無所為地走向死亡的遺憾，而使士人心靈飽受折磨。由上述惜時傷逝、憂生畏死的意識延展中，可以深切地感受文人在仰觀宇宙規律中，反思現實人生的時促運蹇時，無可迴避的悲情。

## 二、自然悲情

　　中國文化天人合一的重要特徵之一就是人與自然間具有內在的深層對應，自然的變化可以引起人心情的變化。人在生活中經歷各種事件，形成許多情緒傷感，這些情緒傷感與自然景象的觸發相應，跟隨而來的便是整個情緒的抒發洩流。自然物候的盛衰變化與人的坎坷社會遭遇、人生愛情的悲歡離合，人的情感聚集在某種自然景象中，某種自然景象也成為某種情感的固定接受物，此即是文學藝術表現中「藉物起興」與「緣事而發」的特色。陳廷焯《白雨齋詩話》中云：

> 寫怨夫思女之懷，寓孽子孤臣之感。凡交情之冷淡，身世之飄零，皆可於一草一木發之。〔註9〕

此即是說明了文人將自我意識外化於自然而形諸文字的有意識創作，以下分述之：

　　（一）悲秋主題

　　面對不斷流逝的人、事、物、時間，士人聯想起自身在無法抗衡的宇宙規律下的必然歸宿，從而形成一種物我之間的對應性感悟。舉凡荒城、曠野、殘照、落葉、芳草、流水、哀鴻等等帶有由盛及衰、變遷流動的意象畫面，皆極易喚起士人的感悟聯想。而悲憂的特定情感與秋的自然物聯結便是我國文化中的特定模式。當然，自然界的生命脈搏為人所感，人們既可以欣然快慰，也可能酸楚傷神，但總歸有一個大致的指向。如《文心雕龍·物色》篇言：

> 物色相召，人誰獲安？是以獻歲發春，悅豫之情暢；滔滔孟夏，鬱陶之心凝；天高氣清，陰沈之志遠；霰雪無垠，矜肅之慮深；歲有其物，物有其容；情以物遷，辭以情發。

　　而最初悲秋者正是以自己的審美觀念，在秋的特質中穎悟了自身的某種本質，將悲緒向秋景融入，又從秋景中昇華憂思。主客對應，景情相契 —— 悲秋意識便油然頓生。

　　秋季中的客觀景象（如秋夜、秋山、秋水、秋月、秋雲、秋雨、秋風、秋樹、秋葉、秋雁、秋蟲、秋蟬等）之所以能成為人的悲情愁緒（如感傷故國、傷時閔亂、惜嘆年華、失意不遇、傷離惜別、懷舊思故）的對應物，應從四季物候的特質來看，秋在四季的遞遷中為人展示了一個自然界由生機勃

---

〔註9〕見《白語齋詞話》卷一。

勃、一片繁盛走向蕭索凋敝、滿目蒼涼的連續演變過程，人處其間，在身心上產生危機感，故易使人有諸多體驗聯想。如葉嘉瑩女士指出的：「是黃落的草木驀然顯示了自然的變化與天地的廣遠，是似水的新寒驀然喚起了人們自我的反省與內心的寂寞。」〔註10〕

　　早期的社會生活，亦構成了悲秋心理的集體意識。以農為主的生產方式決定了秋冬之際為農閒季節，此時多是要舉行征役、徭役、刑殺，特別是戰爭活動。《禮記・月令》言：

　　　　孟秋之月……涼風至，白露降，寒蟬鳴，鷹乃祭鳥，用始行戮。（卷
　　　　十六）

季節氣候帶來的外界景物與動植物的活動變化啓迪了人類活動，故：

　　　　凡舉大事，毋逆大數，必順其時。……天子乃命將帥，選士厲兵，
　　　　簡練桀俊，專任有功，以征不義，詰誅有慢，以明好惡，順彼遠方。
　　　　是月也，命有司脩法制，繕囹圄，具桎梏，禁止姦慎罪邪，……審
　　　　斷決獄，訟必端平，戮有罪，嚴斷刑。（同上）

於是掌管刑罰的官便被稱為「秋官」。征夫思婦亦悲嘆：

　　　　王事靡盬，繼嗣我日，日月陽（秋10月）止，女心傷止，征夫遑止。
　　　　（《詩經・小雅・杕杜》）

可見悲秋意識有著深刻的社會原因和廣闊的民俗背景，上述活動代代相沿，以故多難之秋使人益覺悲淒。所悲者，不僅是寫自然景物之悲，更主要是寫人生之秋、社會之秋、時代之秋、故國之秋，包含著前人對宇宙歷史人生的感悟。

　　中國文化的悲秋主題肇始於《詩經》、《楚辭》，但《詩經》之悲秋還僅僅是以秋景來起興，如《秦風・兼葭》：「兼葭蒼蒼，白露為霜」也只是為候人不遇的惆悵渲染淒清的氣氛；《小雅・四月》：「秋日淒淒，百卉具腓，亂離瘼矣，爰其適歸」，由秋的肅殺聯想到戰亂社會不可擺脫，感物傷世。而至《楚辭》始見情境相照，以秋景來言意抒情，《九歌・湘夫人》：

　　　　帝子降兮北渚，目眇眇兮愁予。裊裊兮秋風，洞庭波兮木葉下。

是以秋景入畫，以蕭索的秋景映照湘夫人的愁緒。直至宋玉的〈九辯〉：

　　　　悲哉！秋之為氣也，蕭瑟兮，草木搖落而變衰。憭慄兮，若在遠行，
　　　　登山臨水送將歸。

---

〔註10〕《迦陵論詞叢稿》，頁263，上海古籍出版社，1980年版。

更將愁情融入自然，吟起深沈而激越的悲秋詠嘆調。明人胡應麟《詩藪》言屈原《九歌・湘夫人》寫秋景入畫，宋玉〈九辯〉寫秋意入神，「皆千古言秋之祖，六代、唐人詩賦，靡不自此出者。」〔註11〕可知《九歌・湘夫人》與〈九辯〉是中國文學中悲秋意識的原型。但屈、宋愁的是政治失意，此後悲秋的主題內涵則拓廣，成為士人對社會、人生種種不順意處而抒發慨嘆的特有表現方式。

胡應麟所謂「寫秋意入神」之「神」，指出宋玉所悲者不僅是自然景物凋零之悲，更是指人生之秋、內心之秋。〈九辯〉中出現的草木搖落，天高氣清，收潦水清，露降夜長，秋月如水等自然意象與燕翔辭歸，蟬聲寂寞，大雁南游，雉雞悲鳴，蟋蟀悲泣等動物意象，皆顯示出時序的變化與蕭瑟的氣氛。登山臨水的送別之情，羈旅無友的寂寞之心，貧士去職的憤懣之怨。追求理想終不遂心的悲思煩緒；被君主遺棄，欲求重獲舊恩，但君門九重，阻礙甚多，難以通達的憂傷嘆息；壯志難酬，身不逢時的憤恨哀情……，其中出現的人生之悲情，構成了後世悲秋意識的基調，其中包含了時間意識、追求意識、時遇意識。

秋的來臨，年已過半，物色的顯著變化強烈地提醒人們，四季的輪替，由盛至衰循環不已，而個體生命卻是一去不返。天道的永恆與生命的有限對比，使「草木搖落」的悲秋具有了「人生苦短」的感傷：

> 歲忽忽而遒盡兮，恐餘壽之弗將。悼餘生之不時兮，逢此世之俇攘。
> 澹容與而獨倚兮，蟋蟀鳴此西堂，心怵惕而震盪兮，何所憂之多方。（〈九辯〉）

人在有限的生命中無法完成自我想要完成和應該完成的事，時光不停地流逝對宋玉來說就會產生無限感慨。面對滔滔江水，孔子說：「逝者如斯夫，不舍晝夜」之時，也包含著理想難成的惶恐與悲傷。〈九辯〉裡的悲秋顯示了個人生命的有限，同時也顯示了在有限生命中追求不得的悲傷：

> 悲憂窮戚兮獨處廓，有美一人兮心不繹……專思君兮不可化，君不知兮可奈何。蓄怨兮積思，心煩憺兮忘食事，願一見兮道余意，君之心兮與余異，車既駕兮朅而歸，不得見兮心傷悲，倚結軨兮長太息，涕潺湲兮下霑軾。

因追求不得而有一種時運感：「皇天平分四時兮，竊獨悲此凜秋！」在此已不

---

〔註11〕 胡應麟：《詩藪》內篇卷三，上海古籍出版社 1979 年版，第 49 頁。

僅是悲秋，更是悲人。在悲秋的意識中往往有這類追求不得與時光流逝的悲慨：時光的流逝不因個人的追求不得而停頓。人生本無一事可以重複，人追求不得，本可繼續努力，但卻又受到個人生命有限所制。求美人不得，求君王不遇，在時光的催逼下，一種深沈的時遇感（個人的不幸感）產生：

> 太公九十乃顯榮兮，誠未遇其匹合……君棄遠而不察兮，雖願忠其
> 焉得……獨悲愁其傷人兮，馮鬱鬱其何極！（宋玉〈九辯〉）

由時間意識和追求意識相織而成的這種時遇感、個人的被棄感便以悲秋的形式來呈現。

以〈九辯〉原型，我們可以看出中國文化中悲秋意識的特點：

第一，以時序變化的自然現象顯示出天道運行的循環性與人生之不可逆轉的直線性相對照，由此引發個人生命的有限與無常感。

第二，蕭瑟、凄冷、寂寥的自然意象引發人生曾有或正經歷的感傷經驗。將此感傷經驗與生命苦短的感慨結合，引發人在天道循環的運行中的被棄感而產生時遇不濟之悲。

可知失意的宋玉是悲秋意識的啓始者。由〈九辯〉「悲哉秋之爲氣兮，蕭瑟兮草木搖落而衰變」，中國文人才開始自覺地吟起深沈而激越的悲秋詠嘆調，並在其後匯起巨大的和聲與回響。漢樂府的〈古歌〉中有：

> 秋風蕭蕭愁殺人，出亦愁，入亦愁。座中何人，誰不懷憂？令我白
> 頭。胡地多飆風，樹木何修修。

詩中藉北方胡地狂風枯木等蕭疏的秋色、肅殺的秋氣來襯托思鄉之愁。而班昭〈怨歌行〉中：

> 常恐秋節至，涼飆奪炎熱，棄捐篋笥中，恩情中道絕。

則是以物喻人，藉扇子的悲秋來傳達被夫君所棄的擔憂。《古詩十九首·凜凜歲云暮》中也有：

> 凜凜歲云暮，螻蛄夕鳴悲。涼風率已厲，遊子寒無衣。

藉由歲末秋風凜冽、螻蛄悲鳴的凄清之夜，而觸景生情，引發相思之情。

綜上所述，可知悲秋意識是將士人在社會人生中的現實感受與自然類屬的意象群融合，以景結情，在蕭瑟凄涼的節令氣氛中，投注自身在人生事業上的際遇遭逢。因悲慨者多爲男子，〔註12〕仕以修齊治平爲理想的古代社會

---

〔註12〕春與秋，向來是陰陽對舉。《管子·形勢解》卷二十中言：「春者，陽氣始上，
故萬物生」；「秋者，陰氣始下，故萬物收。」《淮南子·謬稱訓》中：「春女

中，男子不自立於世，庸碌無爲則枉爲鬚眉，故悲秋意識的深層動因是建功立業的人生價值。每逢逆境，有志之士對自然之秋的關注其實是以之爲中介，旨歸在詠嘆人生之秋、故國之秋、時代之秋。故悲秋之慨也就成了「悲士不遇」的文化象徵，是中國文人自我意識的深化，是一種對人生的正視與追求，一種不甘生命庸碌無爲的覺醒。

（二）傷春主題

如同悲秋意識一般，中華民族處於溫帶地域的天然環境，四季變化顯著，因此對自然界的季節物候有了較深的感悟；在對自然界、社會與自我認識的歷程中，人們將直接的感性體驗昇華爲理性的思考，因此傷春意識也寄寓了歷代文人借觀物反思而表現出對社會人生的廣泛思索。

自然物候的特質是傷春主題賴以形成的客觀前提。《管子・形勢解》有：

　　春者，陽氣始上，故萬物生。

《毛詩正義》云：

　　人遇春暄，則四體舒泰。

春，是四季物候中最美麗，最宜人的時令，與之相關的美好意象，最易與人的自我感覺中最美好的特質聯結。而由此引出兩類傷春情境，一是面對初春、仲春美景所發生的怨春、恨春之情。見美景反生愁思，感傷自身沒有在人與人或人與社會的關係中得到應有的肯定，因而與外在自然景象產生一種對比；如《詩經・周南・桃夭》中即以「桃之夭夭，灼灼其華」來形容新嫁娘。新娘美如桃花，又如桃花般得時逢春開放。在此將春日中，東風送暖，百花盛開的繁榮綺麗與女子最寶貴的青春容顏與愛情之間取得一體化的美感聯結。

女子得時而嫁，在天人合一的文化中，是非常美好的事。但若春天已到，春心已發，卻未得其人，則其心轉悲。如《古詩十九首》中：

　　傷彼蕙蘭花，含英揚光輝；過時而不採，將隨秋草萎。（〈冉冉孤生竹〉）

思，秋士悲，而知物化也。」《毛詩正義》中的〈7月〉傳曾以性別劃分：「春則女悲，秋則士悲，感其萬物之化，故所以悲也。……言男女之志同而傷悲之節異也。」《三家詩義疏》釋〈7月〉詩曰：「春女多悲，有物斯感，此天機之自然。又仲春昏（婚）期，皆有失時之懼」因自然物候的特質不同，春季的溫潤、明麗如同女子的美貌年華，物之興衰可以周而復生，人卻盛年不再，故春多寄託女子韶華易逝之傷與懷春之情；而秋的蕭瑟、淒冷則常抒發男子讒怨、譴逐、征戍、行旅、凍餒、病老、存歿、別離等憤憂怨傷之慨。

蕙蘭鮮艷生輝、清香四溢，如同女子容貌當好、青春正盛之時。但紅顏不久，若「過時而不採」，則青春凋零、年華不再，無盡的愁怨油然襲來。正是這種由大自然的生命律動聯想到自我人生，進而把自然中生機勃勃的大好春光與人生最美好的青春愛情、事業理想作比照，而產生傷春情懷。陽春美景悅目宜人，而若觀照者自身卻因愛情失意，或事業受挫、壯志難酬。自身美好的特質被無情的現實否定或得不到應有的肯定，於是外在的觀照就強烈地撼動人的內心，使其哀痛、怨懟或省思，由對自然景物的欣賞對照，而轉化為對社會人生失意的感傷。如《詩經·小雅·采薇》：

> 昔我往矣，楊柳依依；今我來思，雨雪霏霏。

即是以楊柳的融合春意反襯離鄉遠戍者的悲思，以雨雪的淒清景象映照歸情，此正是「樂景寫哀」的表現方式。

而另一種傷春情境，則是面對暮春殘景發出的惜春、憫春之悲，痛惋花褪紅殘、好景不再，聯想到自身在現實中的被否定，如同春光難久，春去難歸。四季遞嬗的自然規律決定了春景同人的青春一樣要繼之以衰。人的生命意識在面對如此情境時，遂引發出一種光陰不再的惜時嘆逝感，或對人世遭逢中的機遇不再而惜憾。人生中許多美好事物的消逝如同花落般無可挽回，雖則天道是循環不已的，花落會再開，春去春又回，然而人生畢竟是一去不復返的，於是面對春暮花落，文人有更深的悵惘。

文學中的傷春主題最早見於《詩經》，如《小雅·杕杜》：

> 有杕之杜，其葉萋萋，王事靡盬，我心傷悲。卉木萋止，女心悲止，
> 征夫歸止。

思婦眼見春滿人間，而征夫猶未歸，故悲感頓起。又如《小雅·小弁》中：

> 菀彼柳斯，鳴蜩嘒嘒，有漼者淵，萑葦淠淠。譬彼舟流，不知所屆，
> 心之憂矣，不遑假寐。

寫的是被放逐者的痛楚。在一片柳綠蟬鳴的芳春美景中，自己獨被棄逐，如孤舟之流於水中，不知將至何處，故無心觀賞這繁華春景。《豳風·七月》：

> 春日載陽，有鳴倉庚。女執懿筐，遵彼微行，爰求柔桑。春日遲遲，
> 采蘩祁祁。女心傷悲，殆及公子同歸。

則被錢鍾書稱為最早的「傷春詩」，[註13] 用「春日遲遲，有鳴倉庚」聲情並茂的意境拓展「女心傷悲」的哀傷力度。

---

〔註13〕參見錢鍾書《管錐篇》第一冊，中華書局 1979 年版，第 130 頁。

　　傷春主題一開始就以女子的傷春之情爲基石，把女性個人美貌妙齡易失或已失去來比附男子的君臣不遇。〔註14〕女子韶華難留，男子也非盛年永在，故屈原以其藝術天才的卓越，確立了春恨的範式：「哀眾芳之蕪穢」（自然社會的挫敗），「美人之遲暮」（人生老大的失落）。將眞實的自我意識，投射於外在對象而將其內化。

　　漢末的戰亂顚沛，眾多有志之士得不到施展抱負的機會，又不甘心苟安鄉里，於是在外闖蕩。外鄉羈旅的愁怨與至親久別的痛楚，時時煎熬在外遊宦的士人。婦女更是這種「親戚隔絕，閨門分離」社會背景下的受害者，因此當春吐怨的相思閨怨之作在此期大量出現，如《古詩十九首》中

> 庭中有奇樹，綠葉發華滋；攀條折其榮，將以遺所思。馨香盈懷袖，
> 路遠莫致之；此物何足貴，但感別經時。（〈庭中有奇樹〉）

閨中思婦，面對繁茂盛開的鮮花，想起遠行的丈夫，欲折花寄懷。「馨香盈懷袖」的惜花憐花，何嘗不是對青春虛擲的自憐感傷。又如〈青青河畔草〉中的「蕩子婦」，在「青青河畔草，鬱鬱園中柳」的春景中顧影自憐，嗟嘆「空床難獨守」的寂寞孤清。

　　自然界的春天正如人生之青春，故對青春的珍惜化爲對春日的珍惜，對春暮、春盡、春歸的感傷，正是對青春易逝的感傷。且春去春又來，天道是一去無回的循環，但個人卻在此循環中漸漸地衰老，人生中許多美好的事物都如落花般飄落了。士人在面對芳春美景歸於紅消香落的景象時，一種光陰不再的惜時嘆逝感油然而生。在女子，是「望夫君兮咨嗟，橫涕淚兮怨春華」（李白〈惜餘春賦〉），寄託對青春、愛情短暫的無奈悵恨；在男子，則不免要援翰寫心：「凜然以金石自匹，猶不能忘情於春。則知春之所及遠矣，春之所感深矣，此僕所以撫窮賤而惜光陰，懷功名而悲歲月也。」（王勃〈春思賦〉）在此撫時嘆逝不僅是反省自我生命的存在，也是對人世遭逢中的際遇不再而惜憾。故傷春延展爲對整個人生及其生命不永的無窮之恨，成爲中國士人的深層意識。

## 三、歷史之悲

### （一）亡國之哀

　　前文提及天道觀的特點之一是自然和歷史的合一，將歷史的進化之線轉

---

〔註14〕田同之《西圃詞話》中指出傷春者，「多爲男子作閨音」。（見《詞話叢編》，此處轉引王立《中國古代文學十大主題》）。

入自然的循環之線。中國歷史就成了分與合、興與亡的不斷循環的歷史。因此「亡」是歷史循環中的必然。「亡」意味著一個朝代和一群人被天道所棄，被棄者的心中自是充滿悲情，《毛詩序》中言：「亡國之音哀以思，其民困」。處於亡國困境的人既有情感上的悲哀，也有哲學上的沈思，對自己、對故國、對歷史、對天道……。虞夏商周、春秋戰國、秦漢魏晉六朝、隋唐五代、宋元明清，王朝在歷史的循環之道中不斷地更替，中國文化中的悲情意識，亡國之痛成了主題。《詩經・王風・黍離》是亡國之悲的典型，在中國文學中，黍離之悲即指亡國之悲。

> 彼黍離離，彼稷之苗。行邁靡靡，中心搖搖。知我者謂我心憂，不
> 知我者謂我何求。悠悠蒼天，此何人哉！
> 彼黍離離，彼稷之穗。行邁靡靡，中心如醉。知我者謂我心憂，不
> 知我者謂我何求。悠悠蒼天，此何人哉！
> 彼黍離離，彼稷之實。行邁靡靡，中心如噎。知我者謂我心憂，不
> 知我者謂我何求。悠悠蒼天，此何人哉！

周幽王亂後，平王東遷，昔日繁華的西周都城鎬京殘破荒涼，已從大地上消失，只剩一片農作物無聲地長著。周大夫行役路過鎬京，看見此景，不勝淒涼。對他而言，舊王朝的恩澤，他在舊王朝中的地位，舊時的整個生活經驗都深印在心中。故國故君故人的失去，儘管是無可改變的事實，卻總有一種滄桑之感。在一片黍離之中，心頭浮現的是舊時的樓台、街道、笑語人聲……詩人的亡國之悲，懷舊之情以三段式的藝術形式表達出來。三段中句式不斷重複，正好與其情感波流的回環往復相對應。情感在回環往復中，中心搖搖，中心如醉，中心如噎，一步步加深。情感的深化又與眼前自然物的改變，由苗而穗而實，相一致。從藝術手法上，表現的是中國哲學心物同態的對應關係。對都城變為農野的感傷愈來愈深，如醉如噎，醉，思路恍惚；噎，卡阻不通。以至於有反覆的詢問：悠悠蒼天，此何人哉！對歷史的困惑必然會導致對蒼天的詢問。然而，對文化的認知，使其知天不可問，信與疑衝突激蕩的結果是，雖已呼出了天，又馬上轉換，不問天，而向天問人。中國人哪怕心中如醉如噎，也應自己承受歷史的困惑苦難。

從〈黍離〉中，可看出悲亡主題的意象模式。大約包含三種意象群：

1. 此地新物：如黍禾

這類意象在內涵上應包含兩層含意：在顯層上，它們是現在的事物；在

隱層上，它們暗指過去。在性質上，它們應與此地舊物有強烈的對比性。（黍禾和都城）而這類意象的功能在於：

> （1）驚訝產生想像，回到歷史的過去，浮顯出已消逝的與此地新物截然不同的此地舊物。
>
> （2）差異而對比，把直觀的眼前物與回憶中的過去物進行對照：繁華與冷落，富壯與蕭瑟。
>
> （3）對比而沈思，導向一種具有歷史人生哲學的興亡之嘆。

2. 此地舊物

這類意象的功能是引發感觸，追憶過去，把舊物的現在（衰敗、殘缺、荒蕪）與舊物的過去（盛繁、完整、美麗）進行對比，亦導向出具有歷史人生意味的興亡之嘆。

3. 永恆之物：如日月山水

它們曾經是此地過去場景的一部分，而今仍是現在場景的一部分。它們作為現在與過去的中介身，使人回到過去，產生過去與現在的對比。它們又作為永恆之物與此地舊物和新物對比，此地舊物和新物都會隨著興亡盛衰之道運行而顯出自身的有限性、時間性，而這類事物卻代表了無限而永恆的時間。它們的功能是導向有限與無限、時間性與超時間、歷史和天道的沈思。

這三種意象一起形成了自然超越歷史，時間超越事物，天道超越人道的結果。自然意象在此地新物中多以繁榮茂盛之態出現，在永恆事物中常以萬古常新之姿呈顯，文化意象則在此地舊物中衰敗零落。具有天人合一觀念的中國文化陷入亡國之悲的哀情與沈思時，一直萌發著天人之問的矛盾與疑惑。此種強烈的對比與問天的無解是此後悲亡主題的基調。

（二）盛世之憂

在亡國之悲中，人的被棄是由於國的被天道所棄。而在盛世中，國與時世都是被天道所肯定的，但正如國要為天所選擇一樣，人也要為國所選擇。國處盛世，人卻可能為世所棄。這種強烈的對比也產生一種悲情意識——盛世之悲。盛世之悲的產生，應符合兩個基本條件：

> （1）真正的盛世，或者說是中國文化中的最盛之世。
>
> （2）君王亦是雄才大略的君主，至少是史上的賢君。

如此才能突顯盛世之悲的深刻本質。

　　魏晉之前的漢朝，可謂中國歷史上的大朝代，由文景之治到漢武帝，達
到了史上有名的盛世。漢文帝是漢代由初至盛的一位賢明的帝王。賈誼是此
時的政治家，文學家，《史記・屈原賈生列傳》中言：

> 文帝召以爲博士。是時賈生年二十餘，最爲少，每詔令議下，諸老
> 先生不能言，賈生盡爲之對，人人各如其意所欲出。諸生於是乃以
> 爲能，不及也。

文帝原是重用賈誼的，初召爲博士，又升爲太中大夫，還欲升他爲公卿。他
積極提出了一系列使漢朝長治久安的重要國策，包括國家的象徵儀式等和更
定律令、使列侯就國等實際政策，皆令文帝欣賞肯定。但他的露才揚己卻引
起朝中元老重臣的嫉恨與詆毀，終使文帝疏遠了他：

> 絳、灌、東陽侯、馮敬之屬盡害之，乃短賈生曰：「雒陽之人，年少
> 初學，專欲擅權，紛亂諸事。」於是天子後而疏之，不用其議，乃
> 以賈生爲太傅。（同上）

賈誼以文學家的氣質從政，少年任氣，鋒芒畢露，有政治家的才能而無政客的
權術。不僅得罪朝中重臣周勃、灌嬰、張相如、馮敬等，又屢次公開譏刺文帝
寵愛的佞臣鄭通，從而在情感上得罪文帝。精於人君之術的文帝，一方面實行
了賈誼提出的措施，一方面又貶他於長沙。賈誼遭此打擊，深感宦海凶險，人
心叵側。即令像漢文帝如此賢明的天子，也難免聽信讒言。他在度湘水時，借
景生情，作〈弔屈原賦〉憑弔屈原，同時自傷身世，抒發憂憤的心情：

> 嗚呼哀哉，逢時不詳！鸞鳳伏竄兮，鴟梟翱翔。闒茸尊顯兮，讒諛
> 得志；賢聖逆曳兮，方正倒植。……彼尋常之汙瀆兮，豈能容吞舟
> 之魚！橫江海之鱣鯨兮，固將制於螻蟻。

賈誼通過屈原和自己的切身遭遇，深深感受到世俗社會是不能容忍俊傑之士
的。文帝後來又召見賈誼，卻大問鬼神之事，雖然自嘆才不及賈誼，可是始
終沒有重用他。賈誼後來又遭梁懷王墜馬而亡之事，自傷「爲傅無狀」，在鬱
鬱寡歡，孤獨悔罪的心境下早亡。漢人劉向評賈誼的命運說：

> 賈誼言三代與秦治亂之意，其論甚美，通達國體，雖古之伊、管未
> 能遠過也。使時見用，功化必盛。爲庸臣所害，甚爲悼痛。（《漢書・
> 賈誼傳》）

　　唐人王勃也言：「屈賈誼於長沙，非無聖主。」（〈滕王閣序〉）賈誼之悲，
實爲盛世之悲。

之後漢朝由文景之治到漢武帝，眞正達到中國歷史上值得驕傲的盛世。當其時，疆域的擴張，經濟的繁盛，軍力的強大，文化的興盛，各領域都湧現出許多著名的代表人物：大經學家、大政論家董仲舒、大史學家司馬遷、大文學家司馬相如、大軍事家衛青、霍去病、大探險家張騫、大音樂家李延年……而這個輝煌盛世的總代表，就是雄才大略的漢武帝。然而正是在漢武帝的時代，產生了司馬遷的盛世之悲。

司馬遷的盛世之悲主要來自個人的不幸遭遇，他深刻地體會了盛世猶暗世，明主猶庸主的一面。他生於史官世家，博學多才，一直有「太上立德、其次立言、其次立功」的大志，且其父司馬談臨終前囑咐他要完成史書的編纂，以揚名後世、榮顯父母。其後他繼任父職當了太史令，動手整理史料，開始撰寫《史記》。不料《史記》草創未就，禍從天降。武帝天漢二年（西元前 99 年）派李陵出塞擊匈奴，以寡擊眾，奮戰十餘日，終因糧盡援絕，被俘投降。武帝盛怒下，欲治李陵罪，司馬遷雖素與李陵無深交，但憑正直之心，深知李陵孤軍奮戰，救兵不至，士卒死傷如積的苦況，爲李陵辯護。豈料武帝遷怒司馬遷，竟立即治罪，慘遭宮刑。他一生事業，中道而廢，身虧體殘，無顏於世。但因念及父命未竟，文彩未表，功名未就，孝道未顯，故隱忍苟活，發憤著書，以一己之悲情，彈奏出歷史的悲音。

> 這次遭遇使司馬遷認識了明主殘暴的本質，與群臣的冷漠自私，使他對盛世之中的世道人心感到徹底的失望。也深刻體會自己在盛世之中不得通其道的鬱結，又由此體會到歷史上所有不得通其道的鬱結，在《史記·太史公自序》中列舉西伯、孔子、屈原、左丘、孫子、不韋、韓非、《詩》三百篇：「大抵聖賢發憤之所爲作也。此人皆意有鬱結，不得通其道，故述往事，思來者。」這種鬱結的共通性顯出了「盛世猶暗世」的盛世之悲。就中國文化中的士人遭際與心態而言，是興也悲，亡也悲，衰也悲，盛也悲。

## 第二節　儒家思想與悲情意識

重人世的儒家學說是中國文化的主導思想，其以孔子爲宗師，祖述文、武，崇尚「禮樂」和「仁義」，提倡推己及人，己所不欲，勿施於人的「忠恕」之道；重視家庭倫理，強調「老吾老以及人之老，幼吾幼以及人之幼」，以修

身、齊家為本，達到治國平天下的目的。

儒家作為入世的的人生哲學，將理想的人生分為內外兩個方面來追求：於內是正心、修身，於外可齊家、治國、平天下，即所謂「內聖外王」。「內聖」是屬於個人道德修養，是價值的建立與人格的追求；「外王」屬於社會政治上功業。二者之間實未必有必然的關聯，真正「內聖」之人，未必能建立政治上的實際功業，而史上能成王稱霸之人，也未必有很高的道德涵養與完善的人格。但儒家將二者視為一體，講求王道合一、政教合一的「王道」。將重視人格道德修養之「內聖」追求導入「外王」的王道政治之中。因此忠君報國成為深受儒家思想熏陶之中國歷代士人的人生準則與人生追求。

然而一個人執著地追求理想往往暗示著他可能的挫敗，文化上亦是如此。「誠意、正心、修身、齊家、治國、平天下」，是儒家給志士仁人設計的一條理想的人生道路。它經歷三個層面：（1）心身（2）家（3）國，天下（秦以後，二者可合為一）。幾乎涵蓋了中國人關心的所有層面，但也因此顯示了士人追求、失落、矛盾的可能。

儒家的修身是自我實現的基礎，其目的是個人的自我完善。主要的內容是德和藝。藝，周代有六藝：禮、樂、射、御、書、數。以後又有一些變化增刪。因「禮」包含儀式、禮器、服飾等安排以及左右周旋、進退俯仰等一套瑣細而嚴格的規定，熟悉禮儀需專業訓練，所以帶有技藝的性質；「樂」也有技能熟練掌握的技藝特點。孔子十分重視對「藝」的訓練，他在《論語‧泰伯》中指出仁人君子的成才之道：「興於詩，立於禮，成於樂」在其中學習知識，陶冶情操，使人自覺地接受和實行仁道。而德又比藝更需要躬行實踐的力量，孔子言：

　　人而不仁，如禮何？人而不仁，如樂何？（《論語‧八佾》）

德藝兼具可使士人具有外在才能，以及指揮此外在才能使之用於正義事業的力量。故身心修好了，便可施之於外，首先在家中發揮作用。齊家便是使家得到符合文化理想的治理，故對長輩（父母等）能孝順、恭敬；對同輩（妻室、兄弟、姐妹）友好、融洽；對晚輩（子女等）愛護、關心。如此父慈子孝、兄友弟恭、夫妻和順，各守本位，具有倫理秩序，充滿人倫溫情。使齊家成為自我的初步實現。之後參與政治，對君上忠，守禮依法；對同僚朋友講制度，重信義；對百姓恤愛，使「老者安之，朋友信之，少者懷之。」（《論語‧公冶長》）使國泰民安，四方太平，便是治國平天下，這是自我的完全實現。

　　故儒家的自我實現之路便是以一個完美的道德之身施之於家，建立一個充滿倫理溫情的家族秩序；又投身於政治，建立一個內懷倫理情感的政治秩序。這個理想的確立、宣傳和實際的運行，培養了中國文化中普遍而深厚的倫理情感。家與國是中國文人實踐自我的兩個主要層面，而二者是同質同構的，〔註15〕國是家的擴大形態。個人與國的關係是個人與家的關係的合理外推，在家孝父母，出仕忠君王，兩個層面都以倫理情感（禮法）一以貫之。以儒家為主體的中國文化沒有給人違抗父母與君王的權利。誠意、正心、修身的時候，就在內心塑成了孝父忠君的道德律令。因此當實現理想之時，遇到來自君王或父母的反對力量，悲情必然產生，〈孔雀東南飛〉及屈原的際遇即是典型的例子。

　　儒家理想教養了人深厚的家庭倫常情感，故有「父母在，不遠遊」之言。但個人的修齊是為了天下的治平，於是有「夫孝，始於事親，中於事君，終於立身」，「立身揚名，以顯父母，孝之終也」之言，鼓勵士人離家追求功名。但是，由家至國，既有地理上的距離，又有制度上的距離。除了士人自身的努力追求，也取決於朝廷的是否錄用，故家國的距離要經過一個「遊」的過程。「遊」，處於家國之間，它包含著兩種可能性，順利進入政治層或者進不去。儒家理想培養的對家的渾厚情感始終在遊子的心裡波盪，而儒家理想對士人的終極要求——以天下興亡為己任的政治抱負及推行教化的文化使命感。又使遊子的心魂欲歸難歸。這裡暗伏著產生多種悲情意識的可能，其中最重要的是陷入君臣關係困境、不能實現自我的政治悲情與欲進不得，欲退又不甘，留滯他鄉，飄泊天涯而滿腹羈旅之愁的宦遊之悲。下文分別以君棄、思鄉為探討之主題。

## 一、君棄之怨

　　中國文化的理想是和合，君臣之合，父子之合，夫婦之合，但其中卻隱含著不平衡的準則。即是君對臣、父對子、夫對婦的絕對權威和主導地位，且對

---

〔註15〕在儒家的理想結構中，「天下之本在國，國之本在家」，國與家是同質的，其
　　　　結構圖如下：

他（她）們有處置之權。而臣、子、婦，必須忠於君、父、夫，不論對方對自己的態度怎樣也必須堅持這種追求。甚至達到「君叫臣死，臣不死不忠；父叫子亡，子不亡不孝」的極端。在禮法的創立者和繼承發揚者看來，其中一巨大的功效是「小人學道而易使也」。臣、子、婦們可以任意聽其擺佈，甚至君王罷臣的官，夫無情地拋棄妻子，臣、妻也是無可奈何。對臣、妻而言，文化之禮不僅是「易使」的問題，同時也是「易悲」的情境。君夫對臣婦合禮而無理地拋棄，在中國文化中造出了深厚的怨棄悲情，其中主要是夫棄與君棄。

夫棄之怨最早在《詩經》中就已出現，其中《衛風‧氓》可以說定下了後來棄怨意識的基調：

> 氓之蚩蚩，抱布貿絲。匪來貿絲，來即我謀。送子涉淇，至於頓丘。
> 匪我愆期，子無良媒。將子無怒，秋以爲期。
> 乘彼垝垣，以望復關。不見復關，泣涕漣漣；既見復關，載笑載言。
> 爾卜爾筮，體無咎言。以爾車來，以我賄遷。
> 桑之未落，其葉沃若。于嗟鳩兮，無食桑葚！于嗟女兮，無與士耽！
> 士之耽兮，猶可說也；女之耽兮，不可說也！
> 桑之落矣，其黃而隕。自我徂爾，三歲食貧。淇水湯湯，漸車帷裳。
> 女也不爽，士貳其行。士也罔極，二三其德。
> 三歲爲婦，靡室勞矣。夙興夜寐，靡有朝矣。言既遂矣，至於暴矣。
> 兄弟不知，咥其笑矣。靜言思之，躬自悼矣。
> 及爾偕老，老使我怨。淇則有岸，濕則有泮。總角之宴，言笑晏晏，
> 信誓旦旦。不思其反。反是不思，亦已焉哉！

整個故事情緒可分爲三個部分：

 （1）妻子眞心奉獻，並竭盡自己的全力去幫助丈夫，使家庭漸漸富裕起
   來。

 （2）丈夫卻自私自利，一旦妻子色衰，就無情地拋棄。

 （3）遭受遺棄命運的女子，有很深的怨棄之情，卻不會有報復的行動。

中國文化要求和諧，要求克制忍受來維持制度的穩定和延續。因此，第三項「反是不思，亦已焉哉」怨而能受的韌忍情操，反而更令人感傷。

自漢以來，更多的詩人對此土題投以關注，寫出感人的棄婦心情。如〈上山采蘼蕪〉：

> 上山採蘼蕪，下山逢故夫。長跪問故夫：「新人復何如？」「新人雖

言好，未若故人姝。顏色類相似，手爪不相如。新人從門入，故人
從閣去。新人工織素。織縑日一匹，織素五丈餘。將縑來比素，新
人不如故。」

詩中的棄婦是一位勤勞善良的婦女，盡管因無子而被休棄，〔註 16〕回憶起當
時「新人從門入，故人從閣去」的不堪往事，即使心中充滿悽惶哀怨的心情，
但遇見前夫仍只能哀而不怒，卑微恭敬地「長跪問故夫：『新人復何如？』」。
深刻地呈現了舊時婦女卑下的地位與任人擺佈命運的悲哀。而故夫喜新厭舊
後，又厭新懷舊。在他眼中，女人只是為了滿足自己的情欲和嗜好。棄婦的
孤苦伶仃是可以想像的：她雖然被棄，可是依然舊情難忘，陷於不能自拔的
境地之中。

又如〈怨歌行〉中的女子，則借扇喻人：因扇有「動搖微風發」的用處，
因而有「出入君懷袖」的恩寵。一旦時過境遷就會「棄捐篋笥中」恩斷情絕、
被忘得一乾二淨。多像妻子依附丈夫，一旦年老色衰，則時時有被冷落、遭
遺棄的恐懼。

文人對婦女處境命運刻劃得如此「怨深文綺」（鍾嶸《詩品》），乃由於他
們對此主題的興趣，不僅是同情不幸的棄婦而已，而是有自我的投射在其中。
婦女們將一生的幸福與理想寄托在夫君身上，或終不得其愛，或愛而後被棄，
這是幸福與理想的失落，沈重的打擊。如同士人將自我實現的理想寄託在治
國平天下的使命上，或者入仕無門，或者進入政治層又被罷貶了出來，一身
抱負無由施展，這其中對自身命運不濟的遺棄感是相通的。但是雖則失意遭
棄，卻也不能有篡、亂、叛的逆行。

清人方玉潤在《詩經原始》中謂《陳風·月出》：

雖男女詞，而一種幽思牢愁之意，困結莫解。

認為此已發借相思詠君臣不遇之嚆矢。又李重華《貞一齋詩說》言：

天地間情莫深於男女：以故君臣朋友，不容直致者，多半借男女言
之。

而陳廷焯《白雨齋詞話》則明指：

---

〔註 16〕詩中未明言女子被棄的原因，但由題目及情節看來，此女子應是因無子而被
遣歸（因「蘼蕪」是古代香料，古人認為它可以治婦女的不孕症。）而無子
為古時女子「七出」之一。（參見陳友冰《兩漢南北朝樂府鑑賞》，台北，五
南圖書公司，民國 85 年 5 月，頁 239）。

　　　　寫怨夫思女之懷，寓孽子孤臣之感。

此皆說明情感豐富的中國文人借男女情愛之癡情與怨恚來寓意君臣不遇的鬱
憤。

　　中國文化的精神之家是安置在「修身、齊家、治國、平天下」的儒家理
想上，故政治上的懷才不遇，人生理想的飄泊無依，無法以父母妻子的家庭
溫暖來排解精神上的苦悶，亦不能以對君主的抗爭來實現濟世理想，只能雖
怨而受，將心中的苦悶，藉棄婦的哀怨曲折吟詠。

## 二、思鄉之愁

　　思鄉意識可謂是中國文人情感生活的重要組成部分，各種悲思愁緒如離
別、相思、失意、懷故等，皆可融入思鄉情懷中吐露。造成思鄉情感的外緣
因素大致有五：一為征戍徭役，二為求仕求學，三為戰亂（災荒）流離，四
為遷徒移民，五為經商遠行。思鄉的內容隨著歷史的改變有不同的情感指歸，
具有豐富多元的文化意涵，也是把握中國文化精神中，無法迴避的課題。

　　《詩經》作為思鄉意識的第一個高峰，所吟詠的基本為征戍徭役之苦。而
且一開始就突現出濃郁的血緣倫理觀念。只是，當時的文化背景，士人的離鄉，
多是外在的政治壓力，如被迫的戰爭行役與社會勞役。如《小雅·四牡》中：

　　　　王事靡盬，不遑將父。……豈不懷歸，是用作歌，將母來諗。

王事的永不止息，使得他無法歸鄉奉養父母，於是內心充滿思念及愧疚。又
如《唐風·鴇羽》：

　　　　肅肅鴇羽，集於苞栩。王事靡盬，不能藝稷黍。父母何怙？悠悠蒼
　　　　天，曷其有所？

及《小雅·北山》：

　　　　陟彼北山，言采其杞。偕偕士子，朝夕從事。王事靡盬，憂我父母。

都極言公役羈靡，而荒廢農耕，遠離了父母、家園，從而思歸之情頓生。

　　東漢至魏晉可為第二高峰，先為求仕學者眾，〔註17〕桓靈之世，統治者
賣官鬻爵，故誘使大批中下層知識份子離鄉背井，求取官職，造成風靡一時
的游宦現象；後因戰亂，瘟疫饑荒流離者多。〔註18〕如漢樂府中的〈巫山高〉：

〔註17〕班固〈東都賦〉稱「四海之內，學校如林」，僅順帝時京師太學校舍就有一千
　　　　八百多間，太學生三萬多人。
〔註18〕《全漢文》卷八獻帝〈令州郡罷兵詔〉：「今四民流移，托身他方，攜白首於山

巫山高，高以大。淮水深，深以逝。我欲東歸，害不為？我集無高

曳，水何湯湯回回。臨水遠望，泣下霑衣。遠道之心思歸，謂之何！

詩中遊子身處蜀地，藉山高、水深，來抒發思歸懷鄉之情。然而欲歸不得，只好臨水望遠，是戰亂使然？或窮困使然？或官府公事使然？詩中未說明，但從這些詩句描述中，折射出在那徭役征戍的漢代動亂社會中，百姓顛沛流離的愁緒。又如古詩中的〈步出城東門〉：

步出城東門，遙望江南路。前日風雪中，故人從此去。我欲渡河水，

河水深無梁。願為雙黃鵠，高飛還故鄉。

此詩描寫的亦是羈旅思歸之情。詩人的家鄉在南方，卻羈旅在北域，思歸之情使他坐立不安，不由得「步出城東門」，希望看一看歸鄉的江南路，藉以寬慰難以平靜的心情。又想起日前故人在氣候惡劣的風雪中，迫不及待地離開，而自己卻欲歸不能。客中送客的痛苦，益增其孤寂淒涼之感。詩人何以無法南歸，詩中以「深無梁」的河水，來表達不便言明的社會現實與不能排除的障礙。不幸的遭際往往是幻想的沃土。現實的環境，河水深、山梁高，阻礙重重，詩人只好在幻想中滿足願望，求得心理平衡：願自己能如黃鵠翱翔在廣闊的天宇中，與故人雙雙飛還故鄉。然而這個無法實現的美好幻想反跌出現實的孤獨淒涼之感來。

　　此後的思鄉意識，不斷得到增強及補充，士人們力圖以文學來達到對家鄉故人的靈魂上的復歸，故「離群托詩以怨」（鍾嶸《詩品·序》）。而其中，傳統文化精神中，孝的提倡〔註 19〕及安土重遷〔註 20〕的觀念與戀群念故〔註 21〕心

---

野，棄稚子於溝壑，顧故鄉而哀嘆，向阡陌而流涕。」《魏書·食貨志》載：「晉末天下大亂，生民道盡，或死於干戈，或死於饑饉，其幸而存者蓋十五焉。」

〔註 19〕漢趙岐注《孟子·離婁上》曾謂：「於禮有不孝者三事」，其中第二項便是「家窮親老，不為祿仕。」而若要得祿仕，便要離鄉遠求。故為實現孝行——離鄉——思鄉——盡孝，就如此循環往復，不斷凝結著人們的情感意念，集注為思鄉模式。

〔註 20〕中國山隔海阻的地理環境，小農經濟為主的生產方式，形成了安土重（難）遷的觀念。家，並不只是遮風蔽雨的建築，而是親族部落在內的土地整體。《孟子》〈萬章〉、〈盡心〉篇兩次提到孔子離開齊國時行動很快，而離開魯國時則說：「遲遲吾行也，去父母之國之道也。」

〔註 21〕人是社會動物，社會群體意識是人類精神特徵之一。但是社會群體意識感情上有親疏之別，思鄉所引發的正是一種親近的社會群體意識。其本質上是以孤獨心態為內在特徵的情感體驗方式。人在孤獨無依時，乃會尋求一種安全感，希冀著親和力的憑依。這時往日群體生活的體驗，故鄉景物親朋故舊對

理，使個體生命與社會倫理規範間存在著聯繫與衝突。因為，深受儒家文化薰陶的士人們，其「內聖外王」的人生追求是單一的，修身、齊家、治國、平天下，由家而國，投入政治以天下興亡為己任是士人自我實現的必經之路。然而，主觀願望未必能在客觀現實中實現，離家遠遊求仕暗伏著可能的曲折和阻礙，絕大多數的人是「負志而往，受阻而悲」。進，既不能在政治上實現自我；歸，又意謂著人生價值的失落，故在不甘與猶豫的心理下，欲歸難歸。家國雙雙失落，在矛盾困苦中，「人窮則反本」（司馬遷語），精神上乃不自主地轉向昔日家鄉故人的溫情回憶中尋找慰藉，〔註22〕懷舊鄉思油然而生。但形體卻又羈旅在外，故情感與理智，願望與責任，常人之情與報國之心交匯成一種深沈的鄉愁。

象化的滿足，就隨著舊情重溫的認同給人莫大的安慰。

〔註22〕人的記憶有一種選擇性，凡是人們喜好的記憶表象較多地保存在人腦皮層中，隨著往事煙消，漸趨淡化，積留下來的便多是美好的回憶。故鄉之情因為是年幼時代所建立，具有天眞無邪的特點，那是人們對於世界的最初印象。等到年歲漸長，入世既深，憂患漸多，便會深深地惋嘆年少時期生活的可貴。何況人在思鄉最烈之際，往往是處境不佳、孤寂繞心之時。故農業社會中的安樂庭院、老幼內外井然有序的家庭秩序，父慈子孝、夫和婦順的倫理溫情，皆是飄泊在外的遊子心中最終的依歸。

# 第三章　魏晉士人悲情意識之文化 淵源（下）——屈原與悲情意識

　　屈原是中國悲情文化中的一個重要象徵，他的人格特質、精神氣質、內心衝突與生命困境，影響了歷代的文人，幾乎成爲一種共同的文化人格。其重要性不亞於他在文學上的貢獻，故了解屈原是探討中國悲情意識的一把鑰匙。

## 第一節　屈原與「士」人格的建立

　　考察屈原的人生歷程及人格養成，不能脫離士人成長的這一宏觀背景。春秋戰國時代，新興的「士」階層興起。〔註1〕當時的「士」大約分成「學士」與「策士」兩類。學士專門從事各類學術活動，著書立說，爲統治者提出各種方略，重在理論探討與建樹；策士則側重從事實際的政治活動，宣揚自己的策謀，以取得自身的勢位富貴。當時，繁榮的百家爭鳴大勢，以及民族融合和南北文化交流，〔註2〕使士人開拓了眼界，又由於各統治政權極力網羅人

〔註1〕　有關「士」階層的興起與演變，是文化史上一個複雜的現象。歷來學者對此現象多所論述，如顧頡剛先生在〈武士與文士之蛻化〉一文中，以歷史發展的觀點探討士的起源。認爲「士」最初是武士，經過春秋、戰國時期的激烈的社會變動後，方轉爲文士（見《史林雜識初編》，中華書局，1963年版）。而余英時先生則認爲文士的興起自有其禮樂詩書的文化淵源，並不是從武士蛻化而來，且「士」階層所憑藉的是他們所擁有的知識，故必須從古代學術思想上的發展來探索這個現象，他認爲「哲學的突破」是「士」階層興起的一大歷史關鍵，此後文化系統與社會系統分化，而具有相對的獨立性。王官之學轉變爲諸子百家之學，從此知識份子階層便以「道」的承擔者自居（見《士與中國文化》中〈古代知識階層的興起與發展〉一文，上海人民出版社，1987年版）。

〔註2〕　關於先秦時期的南北文化差異，論者甚多。大致說法爲：北方是史官文化，

才，形成戰國時期「禮賢下士」的社會風氣。這是一個「得士者強，失士者亡」的時代，〔註3〕因此，不論是學士或策士，儘管出仕的心理背景不同，卻都增強了他們參與時政、致力於改革的決心，標舉自我，滿懷雄心。

屈原所處的時代——戰國中後期，與春秋時代最不相同的是天下統一的趨勢已明顯出現，治國平天下已成為時代的理想。士人們不再認為天下應由周天子來統一，而是由戰國七雄中有力量者來統一。春秋時，孔子堅持「禮樂征伐自天子出」，要天子、大夫、士、庶民各守本分，克己復禮，不得僭越。至戰國時，不僅法家為群雄的爭霸貢獻力量，儒家們也拋棄了傳統地位決定論。孟子主張誰行仁政，即可以王天下。可知，屈原生存在以治國平天下為目標的七雄競爭的時代，而此時的楚國正值鼎盛期，疆域廣大，士卒眾多，軍力強盛，是很有統一天下的希望。時代的趨勢和楚國的地位使屈原一方面具備治國平天下的時代理想，但同時亦面臨「路漫漫其修遠兮，吾將上下而求索」（〈離騷〉）的心靈困境。

春秋戰國時的士是「游士」，士人四方遊歷，發揮才能，擇主而仕是時代的風尚，「楚才晉用」是人盡其才的展現。如孔子在魯國不得志，遂帶著弟子出魯國，四方奔走，宣揚自己的政治主張；孟子是鄒人，先到齊國，又到宋、魯，其後至魏，最後又至齊，四處宣揚仁政學說。荀子是趙國人，也是到齊，又過楚，極力推行其學說。可知先秦的時代精神即是四方游說、積極入仕，以發揮個人的才能和抱負以改革社會。可於周王朝下之各國遊宦，並不需固守一國，固忠一君。然而屈原卻超脫了此時代的風尚，因其理想的實現不在於個人的功名富貴，也並非個人的施展才華，而是治國平天下的崇高目標。當時有統一天下希望的是秦與楚。然而秦是楚的敵國，屈原不願也不能棄國——自己祖先所創之楚國；捨家——楚國的貴族世家；改變身——高陽苗裔、

---

南方是巫官文化。北方文化很早就把原始的野性和浪漫奇誕的神話歷史化，它以按照朝代順序的理性時間及冷靜理性的先王來說明樸實求真及尊卑長幼內外有序的禮樂制度。而南方文化則保留遠古遺風，彌漫著豐富的神話和浪漫綺麗的想像。北方文化是夏文化，而南方文化則為楚文化。

〔註3〕 在「禮樂征伐自天子出」的時代，士處在貴族階層的下層，只能充當教師與下層官吏。但至「禮樂征伐自諸侯出」的時代，伴隨著舊權威的崩潰，新權威便應運而生。「社稷無常俸，君臣無常位」，一切都在動盪變化之中，而這搖擺不定的政治天平上的法碼，正是士。故後人以「得士者強，失士者亡」來概括這時代的特點。

日月之靈氣所給之身，〔註4〕到其他國家去建功立業，他與楚同姓，他的生命已與楚國連在一起。屈原接受了儒家修身、齊家、治國、平天下的理想，且以身受楚文化中的神話色彩、浪漫精神及宗族熱情去實現此理想。他超越了時代的風尚，但也因此走向坎坷悲憤的一生。

　　屈原沿著修、齊、治、平的人生理想前進，卻遇上了楚君的昏昧與小人的讒害。對儒家來說，這是無法逾越的障礙，既不能同流合污，又不能犯上作亂。且他對自身的家世、觀念、理想，使其不願去國棄君以出仕他國。但在此困境中，他原可有其他的人生選擇──即是追隨道家的避世思想。根源於楚文化的道家思想，即是以一個超越於社會國家之上的自然之天來蔑視人間世，以南方文化特有的浪漫精神、無羈想像和哲學沉思來泯是非、一善惡、同美醜、齊萬物。漁夫也曾以此勸屈原：

> 聖人不凝滯於物，而能與世推移。世人皆濁，何不淈其泥而揚其波？
> 眾人皆醉，何不餔其糟而歠其醨？何故深思高舉，自令放為？……
> 滄浪之水清兮，可以濯吾纓；滄浪之水濁兮，可以濯吾足。（《楚辭·
> 漁父》）

勸他遇亂世濁流則避之，以明哲保身。屈原與莊子一般同具浪漫精神、無羈想像和哲學沉思，使其文思綺麗絕豔。但他執著於自身的家世、傳統和觀念，認同儒家積極入世的思想，執著於人際的是非、善惡、美醜，將自身的命運和祖國緊密相連。如此在仕進不能，退隱又不願的猶豫、徬徨、矛盾與衝突中，發出了「吾獨窮困乎此時也」的憂憤悲思。

　　在屈原所處的時代，士人「以道自任」的傳統已建立，而此「道」中呈現的是先秦諸子不同的人生觀與政治理想。儒家在「以道自任」的精神表現最強烈：

> 篤信善學，守死善道。危邦不入，亂邦不居。天下有道則現，無道
> 則隱。邦有道且賤焉，恥也；邦無道，富且貴焉，恥也。（《論語·
> 泰伯》）

---

〔註4〕　屈原作〈離騷〉一開始即談及自己不平凡的出身和才華：「帝高陽之苗裔兮，朕皇考曰伯庸。攝提貞於孟陬兮，惟庚寅吾以降。皇覽揆余以嘉名。名余曰正則兮。字余曰靈均。紛吾既有此內美兮，又重之以修能。」屈家本是楚國貴族，祖先又是楚先王高陽帝。除了家世之外，又出生於日月交會之日，為日月之子，具有神性。故他的出生包含了天地人三才的美德，如此便不應辜負自身所具有的「內美」及「修能」，以及父親的期望，而對國家有所貢獻。

> 士志於道，而恥惡衣惡食者，未足與議也。（《論語・里仁》）
>
> 君子謀道不謀食。耕也，餒在其中矣；學也，祿在其中矣。君子憂
> 道不憂貧。（《論語・衛靈公》）

此皆可知孔子強調士的價值取向必須以「道」為最後的依據。必須超越他自己個體和群體的利害得失，而發展出對整體社會的深厚關懷，這幾近乎宗教信仰的精神。曾子亦發揚師教，對「士志於道」的精神從正面加以闡釋：

> 士不可不弘毅，任重而道遠。仁以為己任，不亦重乎？死而後已，
> 不亦遠乎？（《論語・泰伯》）

此精神在孟子時，更進一步將士與道的關係扣得更緊密，並論及士的進退出處之大節：

> 天下有道，以道殉身；天下無道，以身殉道。未聞以道殉乎人者也。
> （《孟子・盡心上》）
>
> 故士窮不失義，達不離道。窮不失義故士得己焉；達不離道，故民
> 不失望焉。古之人，得志，澤加於民；不得志，修身現於世。窮則
> 獨善其身，達則兼善天下。（《孟子・盡心上》）

士不論窮達都以道為依歸，則自然發展出一種尊嚴感，而不為權勢所屈。可見儒家對「道」的重視，「以道自任」是士人安身立命的目標。然而其中「天下有道則見，無道則隱」（《論語・泰伯》）及「道不同，不相為謀」（《論語・衛靈公》）的思想，卻也為士人們逃避社會現實提供了理論依據。正基於此，漢代班固論屈原時，認為他「可謂妙才」，但非「明智之器」，批評他不明「君子道窮，命矣！」（〈離騷序〉）

　道家亦勤於「道」的探求，老莊論道，著重於天道。老子首先提出道為「萬物之宗」的思想，認為天地萬物皆由道而生。

> 道沖而用之，或不盈，淵兮似萬物之宗。（《老子》第四章）

虛而無形的道是萬物賴以存在的根據，而其本質是自然無為。故老子認為道是治理國家社會的根本原則。

> 治大國，若烹小鮮。以道蒞天下，其鬼不神。（《老子》第六十章）

以道治國，一要自然無為，不妄作干預，讓百姓順其自然：

> 為道日損，損之又損，以至於無為。無為無不為。取天下常以無事，
> 及其有事，不足以取天下。（《老子》第四十八章）

二要棄聖絕智，恢復小國寡民狀態，使社會回歸到樸實無爭的時代。以道治

國，便可以使社會安定，百姓樂業，國家富足。

> 道常無爲而無不爲。侯王若能守之，萬物將自化，化而欲作，吾將鎮之以無名之樸。夫亦將無欲，不欲以靜，天下將無欲，不欲以靜，天下將自定。（《老子》第三十七章）

老子的道又是人生道德修養的最高境界：

> 孔德之容，惟道是從。（《老子》第二十一章）

道是自然無爲的，道是德的本體，德是道的作用。大德的一切表現，是完全隨著道而轉移，沒有本質上的差異，因而人的道德修養也以返回自然純樸的人性爲目標，通過修養而使自己成爲聖人。此聖人愚樸純眞，虛靜無欲，慈愛儉嗇，生而不有，爲而不恃，長而不宰，柔弱不爭，居下取後，功成身退，一切純任自然，善於爲道，由此聖人來治理國家，便可做到無爲而治、長治久安、純樸無爭的理想社會。

　　莊子繼承和發展老子的道論，從宇宙本體（道）的角度來論證人生哲理，將人類生活放到整個無限的宇宙中加以考察，以此來探求人類精神達到無限自由的道路。

> 天地與我並生，萬物與我爲一。（《莊子・齊物論》）
> 獨與天地精神往來。（《莊子・天下篇》）

追求超越人生的精神自由，即是「至道」。爲達到此境界，莊子提出「坐忘」的修養方法。所謂坐忘，即是要忘形、忘利、忘心，並做到目無所見、耳無所聞、心無所知，完全超脫人世，便能：

> 乘雲氣，騎日月，而游乎四海之外，死生無變於己。（《莊子・齊物論》）

在莊子看來，人必須突破自身形體的局限，消除感情欲望的困擾，認識宇宙萬物變化的眞諦，保持內心的虛靜，視死生爲一途，才能達到至道的境界。故言：

> 無思無慮始知道，無處無服始安道，無從無道始得道。（《莊子・知北遊》）
> 自事其心者，哀樂不易施乎前，知其不可奈何而安之若命，德之至也。（《莊子・人間世》）

能夠順從天地自然和人的性命之情，不藏是非美惡，不知生死哀樂，安時安命，一切和順，任何毀譽對他不能任何損益，便是全德之人，也是人生理想境界的體現。

　　總之，道家的「道」是天地人的本體。人應該體道得道，達到至道全德的境界，與天地精神合而爲一，實現精神的絕對自由。社會的治理，也應依道的要求實行無爲而治，使人們能自由地追求和實現至道境界。老莊的道論雖奧妙玄遠，但最終仍是落實於現實人生。然而，他們對現實關注的重點和目的，與儒家建立有序的社會人生不同。老子以道爲本體論證天道人道自然無爲，旨在建立一個無爲而治的小國寡民社會。而莊子則論證人生道德精神的超越，旨在達到超脫人生、無爲逍遙絕對自由的精神境界。〔註5〕

　　統觀儒道顯學之人生哲學皆有「士志於道」的追求，雖然二家對「道」的理解不同，各有所欲奉行和追求的道與志。儒家對「道」的內涵闡釋，較多被屈原所認同及實踐，因而在他對「美政」的追求中，體現了儒家的理想。然而在其人生歷程中，儘管挫折憂憤，他卻沒有以儒家的「窮則獨善其身」以及道家「隱顯自在，用舍隨時」的思想來自我消解。他既不願隨波逐流，變節改志；又不願獨善其身，避世遠遊。而是以「憂國患民」、「憂道患志」〔註6〕的精神，固執忠直地迎向異己悖逆的時代。〈離騷〉中言：

> 豈余身之憚殃兮，恐皇輿之敗績。忽奔走以先後兮，及前王之踵武。荃不察余之中情兮，反信讒而齎怒。余固知謇謇之爲患兮，忍而不能舍也。指九天以爲正兮，夫唯靈修之故也。初既與余成言兮，後悔遁而有他。余既不難夫離別兮，傷靈修之數化。

即使走至生命歷程的盡頭，他始終不放棄信念。由此可見，屈原人格精神之

---

〔註5〕　有關儒道二家的道論，乃參見余英時《中國知識階層史論（古代篇）》中〈古代知識階層的興起與發展〉一文頁38～57，及張立文主編的《中國哲學範疇精粹叢書——道》中〈道家道的思想〉，頁44～54。

〔註6〕　大陸學者陳晉在《悲患與風流——傳統人格形象的道德美學世界》書中（頁182，北京國際文化出版社，1988年5月），認爲先秦普遍萌發的憂患意識，奠定了中華民族的悲劇人格形象的心理基礎。悲劇人格的價值意義也因憂患的内容而各有不同。他將幾千年來的悲劇人物們的憂患，分爲四類：
憂己患名。即明珠暗投、未逢明主的「悲士不遇」之慨。
憂生患命。這是對個體生命的侷限與宇宙世界卻無限的巨大落差的自覺觀照中所體現的憂患意識。
憂國患民。即如「先天下之憂而憂，後天下之樂而樂」的崇高精神。此類憂患更具有現實的社會道德内容。
憂道患志。此類憂患超越現實的人生、家國、時世、禮儀境界，用最理想的人生模式（道）來審視、要求和指導自己的人生實踐（志）。即是孔子所言的「士志於道」（〈里仁〉）。
而其中，屈原的憂患内容則是屬於後二項。

可貴，即是他篤定於所持之「道」，欲輔佐楚王勵精圖治，完成一統天下的大志。正是在關懷楚國前途的基點上，痛惜「楚王不寤」，怨怒君王「乘氾泭以下流兮，無舟楫而自備。背法度而心治兮，辟與此其無異。」（〈惜往日〉）君王治國卻背棄準則，「心治」而隨心所欲，國家又何能走向坦途？屈原乃不得不大聲疾呼「怨靈修之浩蕩兮，終不察夫民心。」（〈離騷〉）此悲憤的呼告，絕不僅僅是懷才不遇的自我悲哀而已。他心靈深處湧出的悲痛感慨已由個人政治上的遭遇傾注到對國家前途、百姓命運的關懷憂慮。

屈原一生皆不改志的實踐著追求「美政」的理想，「亦余心之所善兮，雖九死其猶未悔。」（〈離騷〉）而最終以身殉道。處在「邦無定交，士無定主」的時代背景下，他與一般周遊列國、游說自己的學說以取合時君的「仰祿之士」有所不同。這種「獨立不遷」、「上下求索」的執著與不屈，使其成為「膺忠貞之質，體清潔之性，直若砥矢，言若丹青，進不隱其謀，退不顧其命。此誠絕世之行，俊彥之英也。」（王逸〈楚辭章句序〉），如此孤清卻又堅強的人格特質，正是為後世士人所景仰，亦樹立了戰國以來「正身之士」〔註7〕的人格典範。

## 第二節 屈原「忠奸之爭」的政治悲情

悲情意識產生於人在困境中的省思，而政治悲情則來自於人置身於政治困境的掙扎。在中國文化中，最大的政治困境即是有才之士，志在治平，但報國無門而鬱抑不得志，甚且為奸臣小人進讒陷害乃至含恨以終。中國文化中以天命觀念支持著皇位世襲制，並且以制度、禮儀、道德來維護君王的絕對與神聖性。因此，隨血緣而來的君位，終使「闇主眾，明君寡」。而不可逆亂犯上的君臣關係，註定了有德、有志、有才之臣面對昏君時，無可避免的痛苦憂心。君主既不可疑、不可怨，於是不能實現政治理想的憂慮轉為對奸佞的憤恨。其實，奸佞的存在需得到昏君的支持與縱容，但在忠君的原則下，正直之心不得不將歸罪憤怒之情導向奸佞。於是，君臣關係的失落之悲轉為悲壯崇高的忠奸之爭。而屈原的忠奸之爭奠定了中國文化中政治悲情的核心。

士人有志用世，想得時行道，必須求得君王的知賞。據《史記·屈原賈

---

〔註7〕 荀子在〈堯問〉篇中藉周公之口，將士人分為「正身之士」與「仰祿之士」：「夫仰祿之士，猶可驕也，正身之士不可驕也。彼正身之士舍貴而為賤，舍富而為貧，舍佚而為勞，顏色黎黑而不失其所。是以天下之紀不息，文章不廢也。」傳達荀子於士不可須臾離道之義與「道尊於勢」的觀念。

生列傳》記載：

> 屈原者，名平，……爲楚懷王左徒。博聞彊志，明於治亂，嫻於辭
> 令。入則與王圖議國事，以出號令；出則接遇賓客，應對諸侯。王
> 甚任之。

其在〈惜往日〉中追述：

> 惜往日之曾信兮，受命詔以昭時。奉先功以照下兮，明法度之嫌疑。
> 國富強而法立兮，屬貞臣而日娭。秘密事之載心兮，雖過失猶弗治。

可知屈原最初深得楚王信任，積極參政議事，肩負著治理楚國的重要使命。所謂「明法度之嫌疑」即是如《史記》中所言：「懷王使屈原造爲憲令」。目的在使楚國「國富強而法立」，最終能統一天下。當時，楚國與秦並列二強，因而，屈原若有君王的支持與信任，憑藉身爲顯赫的貴族及左徒的崇高地位再加上過人的才能，確實能輔佐楚王富國強兵以完成統一的霸業。正因如此，所以屈原懷抱著施行「美政」的理想，勤勉國事，公而忘私，執著追求，精進不已。此一高遠的政治宏圖己成爲他生命中的唯一目標。當一個人跳出了狹隘的小我的執著，而將其全副精力致於一個更爲遠大宏闊的目標時，他便具有了一種宗教般的熱情和自覺的使命感，也增添了擔承整個民族和人類沈重負荷的巨大能量，他的精神、意志也由此獲得了提升和強化。屈原的致力和執著追求，便是如此。

　　然而，在中國古代社會，執著追求理想伴隨著可能發生的挫折感，而且這種追求愈是強烈，追求者的人品愈是高潔脫俗，便愈是易於被人中傷，導致悲劇的可能性也就愈大。屈原在追求理想過程中遇到來自兩方面的嚴重阻礙，一爲昏庸君主，一爲黨人群小。從前者看，楚懷王前期頗思振作，曾爲山東六國合縱之縱長；至中期以後，便日漸昏昧，先後受欺於張儀，與齊斷交；繼發兵貿然攻秦，大敗而歸；終又與秦聯姻、會盟，受伐於齊、韓、魏三國，並再度爲秦攻伐，不得已西入秦，客死於斯，爲天下笑。頃襄王即位後，愈爲頹唐，外無良謀，與秦交合離散，有如兒戲；內信群小，淫逸侈靡，不顧國政，故莊辛一針見血地指出：「君王卒幸四子者不衰，楚國必亡矣。」（《戰國策・楚策四》）果然，時間不久，秦即大舉攻楚，頃襄王二十一年，「秦將白起遂拔我郢，燒先王墓夷陵。楚襄王兵敗，遂不復戰，東北保於陳城。」（《史記卷四十・楚世家》）至此，楚國風雨飄搖，江河日下，再不復有昔日爭霸天下的雄風了。而這一切責任的擔負者即是昏昧的楚君，面對如此昏君，

屈原高遠的政治理想怎能實現？他的執著追求怎能不挫折失敗？因此忠君與罪君在他內心產生衝突。但尊君思想根植於心，於是他在承受內心的衝突與外在壓力時產生了一種心理置換。即是，君王的昏昧來自小人奸臣的蒙蔽。如此，對君王之怨轉移成對小人奸臣之怨。這種心理置換一方面維護了君王的神聖性，也使罪怨之情有了正當的發洩對象。

楚懷、襄兩代黨人群居，干亂國政，誣陷忠良，爲患甚烈。《史記・屈原賈生列傳》中載：

> 上官大夫與之同列，爭寵而心害其能。懷王使屈原造爲憲令，屈平屬草稿未定。上官大夫見而欲奪之，屈平不與，因讒之曰：「王使屈平爲令，眾莫不知，每一令出，平伐其功，以爲『非我莫能爲』也。」王怒而疏屈平。……秦割漢中地與楚以和，楚王曰：「不願得地，願得張儀而甘心焉。」張儀聞，乃曰：「以一儀而當漢中地，臣請往如楚。」如楚，又因厚幣用事者臣靳尚，而設詭辯於懷王寵姬鄭袖，復釋去張儀。……時秦昭王與楚婚，欲與懷王會，懷王欲行，屈平曰：「秦虎狼之國，不可信，不如無行。」懷王稚子子蘭勸王行：「奈何絕秦歡？」懷王卒行，……竟死於秦而歸葬。

上官大夫、靳尚之屬廣爲聯絡，上及令尹子蘭，內賂夫人鄭袖，共譖屈原，遂使得頃懷王「內惑於鄭袖，外欺於張儀，疏屈平而信上官大夫、令尹子蘭。」（《史記・屈原賈生列傳》），也使得昏庸專制的頃襄王緊步其父之後塵，一再遷怒於屈原，從而導致了屈原接連被疏被放的命運。

由於屈原的政治悲情是因爲「信而見疑，忠而被謗，能無怨乎？」（司馬遷語），所以他不能不痛切高呼：「信非吾罪而棄逐兮，何日夜而忘之！」（〈哀郢〉）但即使是被讒疏絀，他仍是憂國憂民，執著於楚國的富強亦即其「美政」理想的實現中。然而，黨人用事，屈原欲實現政治抱負，須接近黨人，並通過他們獲得楚王的支持。若遠離並抨擊黨人，就不能取信楚王，政治理想便難以實現。而他剛直的性格卻使他難以忍受屈從接近黨人，因對他而言，理想與人格同等重要，沒有人格，談何理想？他高自期許，不肯隨俗曲附，於是，屈原便走上一條艱險之路：既堅持理想，矢志以求，又維護人格，憎惡群小。他要在堅持自我的前提下追求理想，在追求理想的過程中實現自我。因此，屈原的悲情便不可避免的產生了。

他在「致君堯舜」的努力與昏聵楚君對他斥逐的衝突中，將之轉換爲對

黨人的痛斥：

> 變白以爲黑兮，倒上以爲下。鳳皇在笯兮，雞鶩翔舞。同糅玉石兮，
> 一概而相量。夫惟黨人之鄙固兮，羌不知余之所臧。（〈懷沙〉）
>
> 惟夫黨人之偷樂兮，路幽昧以險隘。豈余身之憚殃兮，恐皇輿之敗
> 績。（〈離騷〉）

由於罪在進讒挑撥的群小，君王只是「不察」與「輕信」的受蒙蔽者，
所以即使屈原在投江前始終不曾絕望，他「雖放流，睠顧楚國，繫心懷王，
不忘欲反，冀幸君之一悟，俗之一改也。」（《史記・屈原賈生列傳》）在長達
十餘年的放逐生涯中，他身心承受巨大的痛苦，面對沈重的現實憂患，屈原
之所以能表現出堅定的意志，即在於他始終認爲楚王是受蒙蔽的，一旦他擺
脫群小，幡然悔悟，則事仍有可爲。所以，他始終對君國忠心耿耿，而對黨
人群小則奮力批判，大筆書寫著忠奸之爭的主題。可是，年復一年，日復一
日，楚王非但沒有悔悟，反而變本加厲，信用群小，以致楚國兵敗地削、都
城陷落！至此，屈原才眞正絕望，他懷著極大的痛苦，吟誦著：

> 安能以身之察察，受物之汶汶者乎？寧赴湘流，葬於江魚之腹中，
> 安能以皓皓之白，而蒙世俗之塵埃乎？（〈漁父〉）
>
> 寧溘死而流亡兮，恐禍殃之有再。不畢辭而赴淵兮，惜壅君之不識。
> （〈惜往日〉）
>
> 已矣乎！國無人莫我知兮，又何懷乎故都！既莫足與爲美政兮，吾
> 將從彭咸之所居！（〈離騷〉）
>
> 知死不可讓，願勿愛兮！明告君子，吾將以爲類兮！（〈懷沙〉）

等絕命辭，毅然走向最後的歸宿。正是死亡，使屈原對人格、信念、理想、
志節的操守得到最後的落實，使他的頑強抗爭得到最突出的表現，也使他從
憂傷、悲憤、痛苦的逆境中得到最徹底的解脫。正是這種絕望中的執著，賦
予悲奸之爭深刻的悲情意識。

# 第三節　屈原悲情意識的呈現方式

本章一開始即指出，屈原是中國文化中悲情意識的人物象徵。他思想中的
悲感幾乎貫串中國文化中悲情意識的巨大跨度。他生命中的困境主要圍繞著君
臣關係的失落而展開，理想與現實的衝擊產生巨大的情感狂浪，雖搖不醒昏昧

的楚王，卻激盪出精彩淒美的悲詩。「屈平之作〈離騷〉，蓋自怨生也。」（《史記·屈原賈生列傳》）。在南方文化的薰陶下，屈原以浪漫的精神，豐富的情感，無羈的想像來抒發自己滿腹哀傷與怨憤。由於南北文化的交流，他在以豐沛的情感意緒和奔蕩無涯的想像來抒發自己的悲情之時，把《詩經》中有過的、一直在華夏民族心中積澱著的悲情原型都集中起來。屈原的生命困境是政治上的，但他卻以惜時、愛情、思鄉等生活上的困境來呈現，因為愛情中的求不得苦、閨中思婦的棄怨之情、離家的別情鄉思及時不我予的焦慮是人生中的普遍經驗。於是，二者皆得到深化，而顯出了悲情意識的普遍性。

# 一、美人不得之苦

《詩經·秦風·蒹葭》中寫出了追求者的悲情：

蒹葭蒼蒼，白露為霜。所謂伊人，在水一方。溯洄從之，道阻且長。
溯游從之，宛在水中央。
蒹葭淒淒，白露未晞。所謂伊人，在水之湄。溯洄從之，道阻且躋。
溯游從之，宛在水中坻。
蒹葭采采，白露未已。所謂伊人，在水之涘。溯洄從之，道阻且長。
溯游且右，宛在水中沚。

「所謂伊人，在水一方。」伊人是具體可感的存在，又是有距離的。對追求者而言，便將此有距離的追求對象理想化，也因之激發起追求的熱情、期望和勇氣。伊人是有距離及阻礙的存在，但此阻礙卻更激起追求者的期望。尤其是，此目標是追求者的人生理想之時，阻礙更強化了追求的意志。於是溯洄從之又溯游從之，一再地追尋。但伊人卻忽遠忽近，宛在水中央，宛在水中坻，宛在水中沚，總是可望而不可即。追求者遇到理想的目標，同時遇到難以克服的阻礙，因此悲傷失落。尤其是理想的目標仍在前面具體而又飄渺地閃動，彷彿就要觸及，卻又把握不到。如此，便使讀者感受到深沈厚重的悲傷。這份追求而失落的悲苦，是由三個因素構成：

（一）具體而飄渺的目標：美人意象。
（二）不竭的追求。
（三）不可克服的阻礙。

《蒹葭》的三段式結構，正表現出追求的循環往復。追求者在這個循環中既達不到目標，又不願放棄追求而顯出淒婉深悲。因此形成文化中求不得

苦的基本模式。

屈原對理想——美政的追求，又遇上楚王此不可逾越的阻礙，於是也產生了〈蒹葭〉的追求者之悲。理想是美政，阻礙是楚王，屈原是追求者，這是〈蒹葭〉模式的基本因素。但由於屈原對困境的深思、詢問，故將此模式深化。

如美人意象的改變。〈蒹葭〉中的美人是盡善盡美，而屈原作品中的美人卻是不完美的。〈離騷〉中屈原第一次追求的宓妃是：

> 紛總總其離合兮，忽緯繣其難遷。夕歸次於窮石兮，朝濯髮乎洧盤。
>
> 保厥美以驕傲兮，日康娛以淫游。雖信美而無禮兮，來違棄而改求。

宓妃雖美貌，但脾氣乖戾，行為放蕩。在此美人的意象改變的原因有二：其一，屈原的美政理想必須通過楚王來實現，因此對美政的追求必先追求楚王的重用。所以，追求的對象由美政轉為楚君，美人意象也由完美轉為不理想。其二，美人意象既是楚王的投射，也是當時許多國家君主的投影。有志之臣，需賴明主賞識來實現抱負。屈原卻不願像當時的游士一般棄國而他求，因此對宓妃的違棄而改求，也是對此意向的否定。

儒家的、也是屈原的治國、平天下理想是須通過一種君賢臣忠的美政去實現的。屈原的理想追求同時也是一種臣道追求。在臣道追求中，楚王既是他所追求的，但又是實際上阻礙他的追求。這使得屈原的蒹葭模式中，美人顯得很冷。他在〈離騷〉中有三次對美人的追求（先求宓妃，次求有娀氏佚女，再求有虞氏二姚），這些美人都顯得似有情而無情，似無情又有情。美人意象的深化，反映了屈原在遇上楚王阻礙時的內心矛盾——忠君和罪君的矛盾。

阻礙的意象也在屈原的作品中深化。在〈蒹葭〉中，阻礙以水來表現，而屈原的阻礙是君臣之道，亦即「忠」的道德律令。須追求的是君王的賞識，阻礙的也正是君王的昏昧。這個可悲的現實，使他的內心產生忠君與罪君的衝突。君是不能罪的，於是在承受如此的內心衝突時產生一種心理置換：君王之所以昏昧，阻礙他對美政的追求，乃在於小人奸臣的讒謗進讒。因此，真正的阻礙，不是君王，而是小人。於是，對君王之怨便轉為對小人奸臣之怨。這種轉換一方面維護了君王的神聖性，維護了忠的合理性，強化追求的意志；另一方面，罪怨之情亦得到正當的抒洩對象。〈離騷〉中的三次求女顯示出了屈原此一心理置換的心路歷程。第一次追求的美人是宓妃，屈原指出她雖美貌卻品德不佳，似可見出罪君之情。

第二次追求有娀氏之佚女：

> 望瑤臺之偃蹇兮，見有娀氏之佚女。吾令鴆為媒兮，鴆告余以不好。
>
> 雄鳩之鳴逝兮，余猶惡其佻巧。心猶豫而狐疑兮，欲自適而不可。

這次的求不得美人，是因媒人鴆鳩的作梗。屈原開始懷疑媒人，這是罪君意識的轉移。

第三次追求的是有虞之二姚，同樣求而不可得，原因是：

> 理弱而媒拙兮，恐導言之不固。世溷濁而嫉賢兮，欲自適而不可。

罪完全在媒人，從而完成罪君意識的轉移。楚王的阻礙轉變為小人奸臣的從中挑撥，亦即媒人的阻撓。〔註8〕

美人意象的轉變有阻礙意象改變來與之相對應，此強化了屈原的追求意識以及「兩美必合」（理想君臣）的信念。自己與楚王皆是美好的，只是奸臣小人的作梗，而這阻礙終會排除，而使兩美相合。兩美必合的信念加上阻礙意識的改變，使屈原的追求者之悲轉成沒有良媒的悲嘆。如〈抽思〉：

> 既惸獨而不群兮，又無良媒在其側。道卓遠而日忘兮，願自申而不
> 得。望北山而流涕兮，臨流水而太息。……理弱而媒不通兮，尚不
> 知余之從容。

又如〈思美人〉中悲傷：

> 思美人兮，攬涕而竚眙，媒絕路阻兮，言不可結而詒，蹇蹇之煩冤
> 兮，陷滯而不發，申旦以舒中情兮，志沈菀而莫達，願寄言以浮雲
> 兮，遇豐隆而不將，因歸鳥而致辭兮，羌迅高而難當。

屈原在〈思美人〉中還沿著媒介阻礙的思路，進一步下定決心「不願屈志改行以求」。理想君臣之兩美因奸人阻礙而未合，故如同〈蒹葭〉般陷入苦求不得的深悲。

## 二、為君所棄之怨

前節中曾論及中國文化的理想是和合，君臣之合，父子之合，夫婦之合，但其中卻隱含著不平衡的準則。即是君對臣、父對子、夫對婦的絕對權威和主導地位，且對他（她）們有處置之權。而臣、子、婦，必須忠於君、父、夫，不論對方對自己的態度怎樣也必須堅持這種追求。君夫對臣婦合禮而無

---

〔註8〕　關於忠君與罪君的概念，乃參考林興宅《藝術魅力的探尋》〈離騷探勝〉（四川人民出版社，1989年版）。

理地拋棄在中國文化中造出了深厚的怨棄悲情。

屈原在奔向自己的理想的途中被棄逐了出來，滿腹情懷，一腔苦悶之氣、不平之鳴，終以綺麗采豔之曲出之。在《楚辭》中，屈原的形象忽神忽人，忽男忽女，變幻多姿。作爲高陽帝之苗裔，他本有神性；作爲時代的代表人物，他以身具歷史使命感而自豪。但在現實中，他卻被棄逐了。戰國時代，有才之士可以擇君而仕，猶如男人可以擇女而妻。因此屈原在作爲男子的情感想像中，有一次次的求女行動。但在現實中、在理性裏，文化、家庭、教育及個人的修養志向都使屈原執著於與楚王的君臣關係。他對楚王的忠貞如同妻子對丈夫的忠貞。因此屈原的作品情感中，更多地自視爲妻妾，他的自我形象顯示爲忽妻忽臣。相應的，楚王的形象則爲忽夫忽君。以夫婦喻君臣，屈原在政治上的被棄，猶如在家庭中妻妾爲丈夫所棄。因此被放逐的屈原，反覆吟唱著閨怨和棄怨的哀歌。

屈原的被棄是忠而被棄，賢而被棄。作爲臣子，他有才能；作爲妻子，他具美貌，「有西施之美容」（〈惜往日〉），既「美好」，又「修姱」。他的忠而被棄，美而被棄，其中原因，當然是黨人們在君王面前說他的壞話，造謠污衊。以夫婦喻君臣，黨人們即是妃妾之流。屈原的被讒刺，也如美女被其他女子所毀謗。「眾女嫉余之娥眉兮，謠諑謂余以善淫。」（〈離騷〉），致使屈原終於被楚王所棄。

屈原之怨，怨君王所不察。「君王不察」即指君王本身是美善的，他之所以疏遠屈原，只是在認識上受了壞人的蒙蔽。「弗有察而按實兮，聽讒人之虛辭」，「荃不察余之中情兮，反信讒而齋怒」（〈離騷〉）。楚王曾經是英明之主，對屈原有過信任欣賞，這段君臣契合的美好時光如同戀情最初的甜美，一直圍繞在屈原心中，時時追憶：

> 惜往日之曾信兮，受命詔以昭時。奉先功以照下兮，明法度之嫌疑。
>
> 國富強而法立兮，屬貞臣而日娭。秘密事之載心兮，雖過失猶弗治。
>
> （〈惜往日〉）

由於有這段契合的初好，所以他更確信自己的被疏遠是由於君王的不察，是由於受黨人眾女的讒毀的蒙蔽。因此屈原之怨，是懷著對君王的愛以及被背棄的感傷。楚王對屈原的信任和任用的「成言」，就像是戀人們或夫婦間的誓言。因此，他對楚王的不能保持誓言非常感傷，屢屢思及：

> 昔君與我成言兮，日黃昏以爲期。羌中道而回畔兮，反既有此他志。

憍吾以其美好兮，覽吾以其修姱。與余言而不信兮，蓋爲余而造怒。（〈抽思〉）

初既與余成言兮，後悔遁而有他。余既不難夫離別兮，傷靈修之數化。（〈離騷〉）

傷與怨都不能使君王明瞭事實。本應從情感上導向恨，從理性上導向對楚王的懷疑和詢問：他究竟是否爲明君？但屈原的傷及怨卻指向了黨人。因爲，對君王本質的懷疑會使自身產生道德價值的衝突。對奸臣小人的指控則使滿腔棄怨之情得到抒洩。這便使屈原的閨怨和怨棄之情產生了雖忠貞被棄，但被棄仍要一逕忠貞。他將自己的處境化爲文化中具有良好德操和忠貞之心的棄婦處境：〔註9〕

惟佳人之獨懷兮，折芳椒以自處，曾歔欷之嗟嗟兮，獨隱伏而思慮，

涕泣交而淒淒兮，思不眠以至曙。……〈悲回風〉

被棄而忠的心態，當然也就決定了屈原永遠也跨不過昏君的阻礙以奔向理想，他只有永含著文化性的不解之哀。他自己亦知此無奈，所以決定以死來解愁：

寧溘死而流亡兮，不忍此心之常愁。（〈悲回風〉）

他至死都懷著對君王不察的惋惜：

不辭死以赴淵兮，惜壅君之不識。（〈惜往日〉）

在屈原被棄而忠的怨棄之情中，不僅是對君王不察的惋惜，還有對自身、對命運、對楚國、對文化的無盡嘆息。

## 三、歸鄉不能之哀

前節曾提及中國文化中的思鄉意識，主要是以家的溫暖和政治途中的孤寂爲兩端來展開的掙扎。而屈原的鄉愁則是一種政治上的鄉愁。他的故鄉是秭歸，但漂泊中的屈原念念不忘的是他的政治故鄉——郢都。

曼余目以流觀兮，冀壹反之何時？鳥倦飛反故鄉兮，狐死必首丘。

信非吾罪而棄逐兮，何日夜而忘之！（〈哀郢〉）

在此，「鄉」是真正的精神之家，是治國平天下的理想；「愁」是政治飄泊之

---

〔註9〕 朱長孺《箋注李義山詩集序》中言：「〈離騷〉託芳草以怨王孫，借美人以喻君子，遂爲漢魏六朝樂府之祖。古人之不得志於君臣朋友者，往往寄遙情於婉孌，結深怨於寒修，以序其忠憤無聊、纏綿宕往之致。」此後歷代文人常以怨女棄婦之情寫君臣不遇之慨。

愁。所以他的歸鄉之情是渴望回歸到臣道，以輔君王，一平天下，立功名，耀祖宗。

當屈原被放逐之時，他傷別思念的是故國故鄉，以及其中深含的政治理想。「頃襄王元年，秦『發兵出武關攻楚，大敗楚軍，斬首五萬，取楚十五城。』（見《史記‧楚世家》）漢水上游，襄、鄭等漢北地區，備遭秦軍破壞，當地人民紛紛沿漢水南下逃亡。屈原于頃襄王二年被遷逐，仲春甲之日早晨，沈痛地與故都和國門告別，湊巧在江夏之間遇到大批東遷的難民。」（參見聶石樵《屈原論稿》），國家被侵，百姓流亡，懷有治平理想的的屈原，心痛卻無能爲力，況且自己正遭放逐。對他而言，離開郢都，就是離開了政治中心，離美政理想也就愈遠了。初衷未變，壯志猶存，但道更遠，阻更大，國家、人民、自己、未來，一切憂思，交匯成一首哀歌：

> 皇天之不純命兮，何百姓之震愆！去故鄉而就遠兮，遵江夏以流亡。
> 出國門以軫懷兮，甲之朝吾以行。發郢都而去閭兮，怊荒忽其焉極？
> 楫齊揚以容與兮，哀見君而不再得。望長楸而太息兮，涕淫淫其若
> 霰。過夏首而西浮兮，顧龍門而不見。心嬋媛而傷懷兮，眇不知其
> 所蹠。順風波以從流兮，焉洋洋而爲客。淩陽侯之泛濫兮，忽翱翔
> 之焉薄？心絓結而不解兮，思蹇產而不釋。將運舟而下浮兮，上洞
> 庭而下江。去終古之所居兮，今逍遙而來東。（〈哀郢〉）

詩歌一開始即問罪於天：「皇天之不純命兮！」老天爺爲何失去常道，使百姓獲罪遭殃；人民妻離子散，正值仲春時節向東逃亡。仲春季節本是萬物滋長、生機盎然的時節，而郢城內外卻是一片凋零景象。離開故都，最擔心的是「哀見君而不再得」，所以一路行舟，一路還引頸遠「望長楸」，返身回「顧龍門」，哀傷不忍離去。因爲離開故國故鄉，離開君王，也就離開了理想實現之途。全詩充溢著山河破碎之悲，人民離亂之苦，個人流放之痛。此種不忍離鄉的依依之情，在〈遠遊〉中也一再出現：

> 涉青雲以泛濫游兮，忽臨睨夫舊鄉。僕夫懷余心悲兮，邊馬顧而不
> 行。
> 思舊故以想像兮，長太息而掩涕。泛容與而遐舉兮，聊抑志而自弭。

屈原離開郢都，在漢北的邊界山澤中徘徊，在去留之間掙扎。因爲，再往前走，就離開楚國的鄉土了。春秋以來的習慣是，越過邊境，君臣關係就自動

解除。〔註 10〕因此他的內心矛盾，他真的應該跨越國界，像當時的策士、游士般，至他國施展才能嗎？在〈離騷〉中，屈原從對宓妃之怨，對鳩鳥之惱，轉入輝煌壯麗的將行，突然回見故鄉，終於悲切不能去，顯示出此一心路歷程：一念及故國故鄉，就不僅是個人的施展才能或個人的功名富貴，而是更深刻的心緒：此中有高陽帝之苗裔的宗族榮耀感；有祖先和神在一個黃道吉日將他送到世上的使命感；有父親的期望；有他自身的理想。因此始終徘徊不能去。

當他徘徊在漢北楚界上之時，他的鄉愁別情中仍有一絲期望，希望有人可為他在楚王面前解說。他認為自身的政治飄泊在於楚王的被蒙蔽，一旦楚王認清事實，他就能返回理想的臣道。因此他鄉愁中有著良媒協助，兩美必合的幻想。直至被楚頃襄王的再次放逐，他欲歸不能的鄉愁才從幻想中覺醒而絕望：

> 羌靈魂之欲歸兮，何須臾而忘反？背夏浦而西思兮，哀故都之日遠，登大墳以遠望兮，聊以舒吾憂心。哀州土之平樂兮，悲江介之遺風。……心不怡之長久兮，憂與愁其相接。惟郢都之遼遠兮，江與夏之不可涉！忽若去不信兮，至今九年而不復。慘鬱鬱不通兮，蹇侘傺而含慼。（〈哀郢〉）

現實如此無情，朝廷和君王又是如此容不下忠良，去職流放已九年，仍不得寬赦復職。想歸不成，欲罷不忍，思歸和難歸的矛盾日夜交織，時間愈久，愈覺「郢路之遼遠」，思想上的苦惱更深沈，他擺脫不了鄉愁的苦悶，想以遠望來排解，但觸目所及的是世風日壞，世人皆醉，因此遠望消愁愁更愁。他自知回歸臣道的困難，就更談不上實現理想。內心充滿著失望、憂愁、徬徨、悲憤，使他不能自已，只有抱著「狐死首丘」之念，以身殉道了。

〔註10〕《左傳》宣公二年，記載晉靈公昏暴不君，忠臣趙盾屢屢勸諫。靈公厭惡他，便多次設計陷害，欲殺之而後快，但皆被趙盾脫逃。其後趙穿殺晉靈公，趙盾出奔未走出晉國山界，聞靈公被殺即返朝。然而史官董狐卻記錄「趙盾弒其君。」以示於朝，趙盾不服，董狐回稱：「子為正卿，亡不越境，（你和靈公即仍是君臣關係）。反不討賊，（是未履行君臣義務），非子而誰？」趙盾自嘆：「嗚呼！『我之懷矣，自詒伊慼』，其我之謂矣！」他感慨自己因懷念祖國，沒有越過邊境，竟因而背此罪名。在史官董狐看來，國君再如何暴虐無道，身為臣子只可諫不可殺，殺君即是大逆不道。故孔子說：「董狐，古之良史也，書法不隱；趙宣子，古之良大夫也，為法受惡。惜也，越境乃免。」由此可知當時的君臣關係是越境而除。

## 第四節　屈原悲情意識的文化意義

　　屈原是中國文化中悲情意識的象徵人物。因他思想中所呈現的愁思悲感貫穿了文化悲情意識中的巨大跨度。他個人的一生挫折是由政治的失意而來，但他卻以人生中所常見的時光的流逝、情愛的失落、思鄉的愁緒、棄婦的幽怨等悲情來表現他的政治失意、理想失落。此一開創性的示範，擴大了日常生活中悲情意識的深度及廣度。也使歷代陷入政治困境的人往往用此方式來表現自己的深憂悲感。而讀者的欣賞方式也往往從中去體味其政治寓意。

　　屈原的深悲厚憂不僅橫越了日常與政治的基本層面、愛情與君臣的核心問題。而前文中論及天道意識中自然的傷春與悲秋主題；歷史的亡國與盛世之悲，均包含在屈原的作品思想中。《九歌・湘夫人》：

　　　　帝子降兮北渚，目眇眇兮愁予。裊裊兮秋風，洞庭波兮木葉下。

及《九章・抽思》：

　　　　思蹇產之不釋兮，曼遭夜之方長。悲秋風之動容兮，何回極之浮浮。

被後世認為是中國文化中悲秋主題的來源之一。而〈招魂〉中：

　　　　極目千里兮，傷春心。魂兮歸來，哀江南！

也構成了傷春主題的萌發。他的〈哀郢〉呈現亡國之悲的擔憂。而他身處盛世，楚在當時為強國，「地方五千里，帶甲百萬」，說客們有「縱合則楚王，橫成則秦帝」（《戰國策・楚策一》）之論。故他又可視為盛世之悲的典型。可見他本身所橫跨的悲情意識層面之廣。

　　屈原成為文化悲情意識的象徵，還在於當他理想破滅之時，選擇死亡。〔註11〕但並非他「以死全節、以身殉道」的風骨，而是在他以一死的決心來問生，從而產生深刻的文化悲情意義。他為什麼會失敗？他的命運何以如此？社會、宇宙的運作是否有常道？屈原抱著必死的決心來問生，從而把人生存的困境暴露出來。

　　命運（天）通過神、祖宗、父親給予屈原崇高的理想，也給了他實現理想的品德、才能、智慧，同時也給了他不可逾越的阻礙。文化的教育賦予他理想，但時代的現實又否定了他的理想。但現實的否定力量愈大，他對理想

---

〔註11〕李澤厚先生在《華夏美學》中甚至指出「死亡構成屈原作品和思想最為『精彩絕艷』的主題」（頁134）。他認為屈原所突出的死亡的複雜性在於並不只是對死亡的悲哀，而是在死亡面前那種執著頑強、不肯讓步的生的態度。有關屈原的生死之擇，參見第一節〈天道觀與悲情意識〉中「生命意識」一節。

的追求越執著堅定；現實愈醜惡、混濁，理想則更顯美好、珍貴。故他以死的決心來肯定生的價值，只有能夠實現理想的生，才值得生。

從歷史的角度觀之，文化上的時間包含著空間，即是時世。屈原渴望在自己的此世中實現理想，然而他所面對的此世是君王昏昧、奸佞當道、世人皆醉的時世。屈原的價值認同使他無法像道家般「達於情而遂於命也」（《莊子・天運篇》）地超乎時世之外，也無法像儒家以「生死有命，富貴在天」（《論語・顏淵篇》）地理性面對。他情感上無法接受如此不明的時世，也不能接受自己如此的在世，故必然發出疑問感慨：

> 惟天地之無窮兮，哀人生之長勤，往者余無及兮，來者吾不聞！（〈遠遊〉）

在屈原之前，有三皇五帝的盛世，他沒有趕上；在他之後，又一定還會有盛世明君出現，然而他也不得見。因此發出痛苦的嘆問：

> 忳鬱邑余侘傺兮，吾獨窮困乎此時也！（〈離騷〉）

事物可以變遷、延續，然個人的死是無可重複及無可取代的。故屈原以這個我的存在即將消亡的「無」，來抗衡、詢問那現世的「有」。正是在明確地意識到自己必須選擇死亡、自沈，故他滿懷情感地上天下地，覓遍時空，來追尋、叩問、傾訴、探求何謂是？何謂非？何謂善？何謂惡？何謂美？何謂醜？政治何以有成敗？歷史何以有盛衰？在死亡面前探求真理：

> 遂古之初，誰傳道之？上下未形，何由考之？冥昭瞢闇，誰能極之？
> 馮翼惟象，何以識之？……（〈天問〉）

從宇宙的起源、神話傳說、人類歷史皆一一叩問，問宇宙、問歷史、問道德，然而這一切似乎是沒有答案的，我們在他的探問與求索中看到的是深切的痛苦、孤獨、困惑、煩惱、憤慨與哀傷。他以生命的熱情去感受、去詢問，但正是這無解的困惑、無盡的憂思震盪著後人的心靈。司馬遷即從人性的深處去了解屈原的問天：

> 夫天者人之始也，父母者人之本也；……故勞苦倦極，未嘗不呼天也，疾痛慘怛，未嘗不呼父母也。屈平正道直行，竭忠盡智，以事人君，讒人間之，可謂窮矣。（〈屈原賈生列傳〉）

因「人窮則反本」而問天。正是他的「正道直行」使他「與愚妄戰」，故難容於當世，但這正是他人格不可磨滅的價值所在。〔註12〕

---

〔註12〕李歷程先生在《司馬遷之人格與風格》（頁360～362）中認為司馬遷能夠了解

　　莊子的「死生如一」的超脫境界，實際上很難達到，因「人非草木，孰能無情」？因此，對死亡的自覺選擇和面臨死亡的真實感受，更加深了對人生短促的情感關注。於是，屈原所突出的選擇死亡便不只是對死亡的悲哀，而是在死亡面前那種執著頑強、不肯讓步的生命態度。在此，死的反思歸結於對生的把握，既然，死都無懼，又何懼於「貶」、「不遇」或其他？故在「貶」或「不遇」之後，仍然執著於生存，堅守自己的信念、情感，仍然悲憤哀傷於人際世事，此即是屈原的情操傳統。

　　故知屈原生命悲情的文化性不在於「舍生取義」，而是通過死亡把個人在世的情感提升到較深刻的思考：對理想的活出個人價值的堅持及對現實境遇的拒絕接受，亦使「歲寒然後知松柏之後凋」、「匹夫不可奪志」的儒學傳統具有深沈的生死蘊涵。這種現世容不下我，我也容不下現世的巨大否定力量，對中國文化中的悲情意識有深遠的影響，因而成為悲情意識的象徵。〔註13〕

---

　　　屈原的價值即是「與愚妄戰」及「正道直行」。他明知自己的力量不大；但他以正義和光明來與一切不可計量的惡勢力戰鬥，故他雖孤軍碰壁，但「終剛強兮不可陵」。司馬遷正是了解此點，故他並不側重屈原的忠貞愛國，而側重他「疾王聽之不聰也，讒諂之蔽明也，邪曲之害公也，方正之不容也，故憂愁幽思而作離騷」。邪曲害公，方正不容，實在是中國整個社會歷史的總罪狀，屈原的價值乃是在對這種社會作戰士。而一個社會不容正道直行的人存在，也實在是社會的悲哀。

〔註13〕困惑與絕望構成了執著於理想追求的屈原在情感上有巨大的衝突，使他自沈的意義超越了尋常的生死解脫，而在於探尋個體生命的存在意義。他「以死問生」的情感力量，深深影響其後的知識份子。及至當代，仍有時代青年對社會抱有責任感、對理想抱有犧牲奉獻的精神。筆者在閱讀 1989 年 5 月 13 日發表於北京天安門的〈北京大學絕食團絕食書〉時，深為其中積藏的悲情、激情、國情及以死求生的決心所震動。屈原的精神在六四天安門的青年學生身上，得到發揚。其全文如下（〈絕食書〉原於 1989 年 5 月 13 日上午 11 時 30 分由作者白夢寫於北京大學，當天中午 12 時由柴玲在北京大學首次播出，5 月 14 日北大《新聞導報》以號外形式首次發表，署名「北京大學絕食團全體絕食同學」，下文轉引自鄭明娳教授在《現代散文》，頁 125 中所引）：

　　　在這陽光燦爛的 5 月裡，我們絕食了。在這最美好的青春時刻，我們卻不得不把一切生之美好決然地留在身後了。但是我們多麼不情願，多麼不甘心啊！

　　　然而，國家已到了這樣的時刻：物價飛漲、官倒橫流、強權高懸，官僚腐敗；大批仁人志士流落海外，社會治安日趨混亂。在這民族存亡的生死關頭，同胞們，一切有良心的同胞們，請聽聽我們的呼聲吧！

　　　國家是我們的國家，

　　　人民是我們的人民，

　　　政府是我們的政府，

我們不喊，誰喊？

我們不幹，誰幹？

儘管我們的肩膀還很柔嫩，儘管死亡對我們來說，還顯得沈重。但是我們去了，我們不得不去了，歷史這樣要求我們！

我們最純潔的愛國感情，我們最優秀的赤子心靈，卻被說成是「動亂」，說成是「別有用心」，說成是「受一小撮人利用」。

我們想請求所有正直的中國公民，請求每一個工人、農民、市民、知識份子、社教名流、政府官員、警察和那些給我們炮製罪名的人，把你們的手撫在你們的心上，問一問你們的良心，我們有什麼罪？我們是動亂嗎？我們罷課，我們遊行，我們絕食，我們獻身，到底是為了什麼？

可是我們的感情卻一再被玩弄。我們忍受著飢餓追求真理卻遭軍警毒打，學生代表跪求民主被視而不見，平等對話的要求一再拖延，學生領袖身處危難……。

我們怎麼辦？

民主是人生最崇高的生存情感，自由是人與生俱來的天賦人權。但這卻需要我們用這些年輕的生命去換取，這難道是中華民族的自豪嗎？

絕食乃不得已而為之，也不得不為之。

在生與死之間，我們想看看政府的面孔。

在生與死之間，我們想猜猜人民的表情。

在生與死之間，我們想拍拍民族的良心。

我們以死的氣概，為了生而戰！

但我們還是孩子，我們還是孩子啊！中國母親，請認真看一眼你的兒女吧，當飢餓無情地摧殘著他們的青春，當死亡正向他們逼近，您難道能夠無動於衷嗎？

我們不想死，我們想好好地活著。因為我們正是人生最美好之年齡：我們不想死，我們想好好學習，祖國還是這樣的貧窮，我們似乎沒有理由留下祖國就這樣去死。死亡絕不是我們的追求！但是，如果一個人的死或一些人的死，能夠使更多的人活得更好，能夠使祖國繁榮昌盛，我們就沒有權力去偷生。

當我們挨餓時，爸爸媽媽們，你不要悲哀：當我們告別生命時，叔叔阿姨們，請不要傷心。我們只有一個希望，那就是讓你們能夠更好的活著。我們只有一個請求，請你們不要忘記，我們追求的絕不是死亡！因為民主不是幾個人的事情，民主事業也絕不是一代人能夠完成的。

死亡，在期待著最廣泛而永久的回聲！

人將去矣，其言也善：鳥將去矣，其鳴也哀。

別了，同仁，保重！死者和生者一樣忠誠。

別了，愛人，保重！捨不下你，也不得不告終。

別了，父母！請原諒孩兒不能忠孝兩全了。

別了，人民！請允許我們以這樣不得已的方式報忠。

我們用生命寫成的誓言，必將晴朗共和國的天空！

北京大學絕食團全體同學

1989 年 5 月 13 日

1991 年 5 月 8 日白夢補正

# 第五節　魏晉士人對屈原的解讀及其意義

屈原，對傳統的士文化而言，其人格思想的影響實與其文學上的貢獻相當。秦漢朝代的建立，結束了春秋戰國的游士之風。兩漢四百年間，獨尊儒學，奠定了士文化的基本品格。屈原在這一時期備受重視，《離騷》被冠以「經」之名，司馬遷稱頌其志「雖與日月爭光可矣」；王逸據五經之義注釋屈原，謂其「忠貞之質」、「清潔之性」、「百世莫匹」。自漢以後，「忠貞」一直是士人價值觀的核心，屈原正是作為忠貞楷模而不斷受到尊崇。

魏晉時期，儒學衰微，士風變化，士人們對屈原的關注不再是忠貞的道德品質，而是他的才華洋溢、恣情狂放。「狂」謂自視其才而傲然獨立，「放」謂自恃其情而恣肆無憚。這與「忠貞」所講求的敦厚平和、忍辱負重的品行相距甚遠。儘管魏晉以後的儒家學者對名士們的放蕩不羈有過許多批評，然而魏晉士風仍然頗受士人們的欣羨，名士精神成為古代文化中相當重要的一部分。而屈原的狂放形象便得到魏晉士人們的認同，分析他們對屈原及其作品的解讀，探討其間的意義和影響，有助於我們對魏晉士人悲情意識的文化形成原因有深入的認知。

## 一、視屈原為「以才立身」之士人代表

魏晉士人們對屈原才華洋溢、恣情狂放的認同乃見於史籍及模擬《楚辭》的作品中。〔註14〕他們放下漢代以來對屈原履忠被讒的忠貞形象，而以戰國之才士視之，反映了漢末後士人思潮的新變。

漢代以察舉選官，東漢時最重道德科目的察舉。道德是社會共同認同的行為規範，且維護著群體生活的利益。但因缺乏公正的考核機制，以道德舉士常常是取決於社會輿論的仲裁，而忽略士人的真實才能。利祿誘惑之下，東漢後期的士人驕情作態，馳騖聲名，虛偽助長，浮華大興。當時民謠諷刺曰：

> 舉秀才，不知書；察孝廉，父別居。寒素清白濁如泥，高第良將怯
> 如雞。（見《抱朴子・察舉》引）

建安三國時期，群雄角逐。曹操公然昭告天下，要無視士之道德品行而「唯才是舉」、「唯才是用」，猛糾漢代用人失實之弊，以應治亂用人之急。在這種

---

〔註14〕對屈原作品的模仿，漢代已形成熱潮。魏晉時期，擬作亦多，如傅玄〈擬天問〉、〈擬招魂〉、摯虞〈愍騷〉、陸雲的〈九愍〉、〈九悲〉、〈九思〉等。

情勢下，士的個人才能被充分肯定、大肆宣揚。建安時代的「求賢」有著現實的意義，而且重在「軍國之才」，要求具體而實用。

由於這時對「才」的標舉是針對漢代以道德舉士的弊端而發，伴隨著儒學思想主導地位的動搖，而在社會上形成了個人才華與儒學道德的衝突，才華的表現範圍從政治而擴及文學藝術諸多方面。當時孔融、禰衡、鄭泉等人縱情任性的違禮行爲，因被視作才士之癖而受到寬容，更爲他們在社會上贏得了聲譽。對才華的彰揚肯定了士的獨立價值，對儒學道德的鄙棄突出了士的自我覺醒。當玄學興盛時，鼓吹「自然」的老莊哲學使士人進一步掙脫儒學道德的約束，崇尚才華、表現自我。風潮之盛，以至於走到了荒誕的地步。魏晉時代對「才」的頌揚是士人自我意識覺醒的表現，因此自主自重的戰國之士在這一時期特別受到尊重。故魏晉士人強調屈原之才，甚至以他來警誡君王，以顯示士人的特殊價值，而削弱他堅貞的道德形象。

西晉高士皇甫謐作〈釋勸論〉曉喻敦促其應聘入仕的親戚，以爲「堯舜之世，士或收跡林澤，或過門而不入。」如自然界之有陰陽，有寒暑，兩存之，兩美之，於是方見聖皇仁德，並非唯仕爲貴；若乃衰末之世，貴詐賤誠，士之出仕與否則關係國家存亡，義無可辭。他列舉道：

> 蘇子出商六主合，張儀入而橫勢成，廉頗存而趙重，樂毅去而燕輕。
> 公叔歿而魏敗，孫臏刖而齊寧，蠡種親而越霸，屈子疏而楚傾。（《晉書》卷五十一）

皇甫謐不以屈原爲出世越俗的高士，而將他與蘇秦、廉頗、公叔痤、范蠡等相提並論，認爲他們同是戰國時代中舉足輕重的才能之士。蘇秦等人，或以口辭著稱，或以謀略顯名，或爲文臣，或爲武將，均以其才能功業而見載史冊。而屈原的政治功績缺乏記載，皇甫謐仍對於他的才能充分肯定，認爲楚國衰亡之因，即是屈原的被疏放。

魏晉朝廷任官，以九品中正的制度詮選，因而「上品無寒門，下品無勢族」的情形阻遏了士人的進仕之途。西晉時，劉毅上疏批評當時選官重門第而輕才能，引史爲證道：

> 陳平、韓信笑侮於邑里，而收功於帝王；屈平、伍胥不容於人主，
> 而顯名於竹帛。（《晉書》卷四十五）

「人主用才則收功，不用才則損政」是常見之論，但劉毅以屈原爲例告誡朝廷，以才士被棄於人主卻流芳於史冊，則頗有深意。可知，劉毅與皇甫謐皆是以才

士視屈原。而士即使不為君主所用，卻仍然「顯名於竹帛」，可見士有不依賴君王而存在的價值。而屈原即是這類「以道抗勢」〔註15〕、獨立自存的士人代表。

自秦漢建立統一的王朝以來，「擇君而仕」成為歷史，自此君與士人之間的契合是可遇而不可求。漢代士人所在意的不在於士自身具有的才，而是士之才有無「遇」的機會。故賈誼、司馬遷、揚雄等都是抱著懷才不遇的心態來理解屈原，在同情他的不幸時，寄託個人遭際的悲傷。而且，漢代士人對於前所未有強盛的一統政權有著依附與維護之情；而儒學的獨尊，使儒家倫理道德思想更強化了士人對君國的忠貞之心。故王逸在《楚辭章句》中突顯屈原「心系楚國」、「忍辱含垢」的眷君情懷。〈離騷序〉謂屈原「進不隱其謀，退不顧其命」；〈九章題解〉云：「屈原放於江南之野，思君念國，憂心罔極」，極力刻劃屈原「履忠被讒」而「不忘其君」、「不改其志」的忠貞形象。將屈原的文化意義集中在「以忠正為高，以伏節為賢」的「人臣之義」上，而忽略屈原自身「內美」、「修能」之才。因此，當皇甫謐將屈原與蘇秦、張儀諸人等列，劉毅視屈原為不受「遇」與「不遇」限制，獨立自主而流芳史冊的士人之時，他們表現了魏晉士人放下對屈原忠貞的道德評價，而突出了屈原恃才傲物、高自尊貴的才士性格，視其為「以才立身」的士人代表。

## 二、引屈原之「任情率性」「狷介直行」為同調

在漢末人物品題風氣中出現的「才」與「性」的討論，在魏晉時成為玄學清談中最重要的命題之一。士以才而著名，才因人而不同，對才的重視必然導向對人個性的探討。

魏晉文章中，「才能」、「才用」、「才氣」、「才理」、「才情」一類詞語隨處可見，又常用「天才」、「俊才」、「清才」、「高才」、「奇才」等來概括人物，

〔註15〕 大陸學者繆鉞在〈二千多年來中國士人的兩個情結〉（《中國文化》第四期，1991年8月）一文中，指出「道與勢的矛盾」是困擾中國古代士人心靈的問題之一。士人有道（文化學術），而君王有勢（政治權力）。士人的理想是以道指導勢，或輔助勢，所謂為王者師，為王者佐；而君王則要以勢制道，使士人為臣、為奴。在戰國時代，群雄並立，爭取人才以圖富強，而才智之士亦可周遊列國，尋求知音，以道輔勢。但是自秦漢以後，建立了統一的專制政權，君王擁有絕對的權威，則戰國時如屈原一般「以道抗勢」的士風幾乎蕩然無存。偶有骨鯁之士敢於犯顏直諫，則多引來懲處殺戮。於是高蹈遠引，鴻飛冥冥者有之；容身自保，苟全性命者有之。至於曲學阿世，賣論求官，諂媚君王，以求榮寵者，則不足道矣。因此有志之士的內心多面臨道與勢之間的矛盾。

可見當時的人物品評，與崇尚才華又頗有分辨。才性論者以性為人的自然稟受，「才」為「性」的外在表現；人受氣不同，性分各殊，才能有偏。儘管各家持論者在才與性的關係論述中不盡相同，但認定個人「才性」的獨特性，「雖在父兄，不能以移子弟」（曹丕《典論‧論文》）的看法，則是當時普遍的認知。而且，玄學以「自然」為宗，盡才是為盡性，盡性本於自然。如此更從理論上對名士們的狂放行為推波助瀾。

也因此，屈原的高自標舉、怨憤深憂、狂狷急切的情感表現，在漢代受到班固的批評，﹝註16﹞在魏晉卻受到名士們的尊重和認同。《晉書‧隱逸傳》記載，夏統曾斥責勸其入仕的親戚道：

> 使統屬太平之時，當與元凱評議出處；遇濁代，念與屈生同污共泥；
> 若污隆之間，自當耦耕沮溺，豈有辱身曲意於郡府之間乎！

夏統自視甚高，而且，他針對時世而設想的三種處世態度，均建立在自我的選擇之上，大有戰國之士唯我獨尊的氣概。他視屈原為他所認同的人物，表達了對他行為的敬重。在此，屈原的「同污共泥」是與長沮、桀溺的「避世」相對而言，夏統強調的是屈原處濁世而放任心性的憤疾之行。而他所選擇的處世方式，亦正是屈原的模式，而不是漠然隱遁。史載上巳節的洛水邊，王公貴族衣冠鮮麗，車乘如雲，夏統於小船上翻曬草藥，旁若無人；及至引吭而歌〈小海唱〉，清澈慷慨，起風湧浪，裏挾雷電，驚動王公，使之驚呼：「謂子胥、屈平立吾左右矣！」在此，名士的狂放與屈原的形象相輝映。

魏晉士人較之漢代士人更能體會屈原在情感上的衝突，感受到他痛苦中那撼人心魄的力量，與時代的風潮有關。漢代士人生活在空前強盛的大一統政權之下，信念堅定，充滿希望。他們感受到的痛苦大多來自明君不識，或讒諂蔽賢，而他們自己的功業價值觀並未因此而動搖。即使悲傷於不遇之際，但猶期待或有「遇」而立功之時，或藉著述而後世傳名。故屈原的忠貞執著是他們激勵的對象。如司馬遷那「信而被讒、忠而被謗」的委曲從對屈原的同情中找到安慰。但漢代士人也因而忽略了屈原在忠貞高潔之下，那深入靈魂的自我考詢、困惑絕望的心靈！

---

﹝註16﹞班固的〈離騷序〉中云：「君子道窮，命矣。……故大雅曰：『既明且哲，以保其身』，斯為貴矣。今若屈原，露才揚己，竟乎危國群小之間，以離讒賊。然數責懷王，怨惡椒、蘭，愁神苦思，強非其人，忿懟不容，沈江而死，亦眨絜狂狷景行之士。……謂之兼詩風雅而與日月爭光，過矣。」認為屈原有違儒家明哲保身的處世之道，「露才揚己，竟乎危國群小之間」，實為狂狷之士。

　　而魏晉時期是觀念體系正處在崩潰與重建中的時代，士人自我意識的覺醒，對個體生命的珍惜，對個性精神的高揚，都強烈地撼動漢代以來以儒學倫理道德為準則的價值觀。但是，新的觀念雖然在士人中流行並流行於社會，卻未得到執政者的認可和支持，也不能取代維繫數百年的觀念傳統。在新舊觀念的衝突中，士人的心態矛盾而痛苦。他們一方面信奉老莊「自然」之學，嚮往逍遙自由之境；但一方面仍不能放棄傳統的士人功業思想。於是，思想與感情時時處於矛盾衝突中。個人自由與社會存在不能圓融，而覺醒到精神自由的意義使士人更加痛苦。深厚的傷感使魏晉士人對於心靈的苦難可以敏銳感知，故他們為屈原作品中對生命的憂傷有所共鳴，並深刻了解屈原在矛盾痛苦中的掙扎、困惑與絕望。

　　屈原的行事是積極入世的，與魏晉士人所推崇的道家生活態度不同。但是，屈原那高自尊貴的氣質與卓爾不群的品格、毫不掩飾的愛憎以及激烈的行事作風表現了戰國之士所具備的獨立自由的精神。其人格與個性的表現正是莊子「逍遙遊」的精神。魏晉士人幾乎人人皆作隱居山林之想，卻又人人在仕進之途上奔波或奔波過。他們雖嚮往莊子的自由之境，又不能忘懷功名的社會價值。個人與社會的齟齬使士人的政治性格與其文化性格分裂，他們對個性自由的追求主要表現為從個人的行為方式上對禮教作反抗，而不是真正在心中否定了儒家政治倫理的價值體系。故當魏晉士人以崇尚個性的眼光看待屈原的怨憤激切與狷介直行，他們就從「任情率性」的特質上找到與莊子的精神相通處，而引狂放的屈原為士人們的同調。王恭聲稱：

　　　　名士不必須奇才。但使常得無事，痛飲酒，熟讀《離騷》，便可稱名
　　　　士。(《世說新語・任誕》)

王恭的不拘俗跡，時譽為「神仙中人」。他自恃甚高，有濟世之想，曾嘆曰：「仕宦不為宰相，才志何足以騁！」(《晉書》卷二十八)可知魏晉士人的追求個性自由，並不依莊子齊物我、一死生、泯是非、忘利害的路，而是僅只於風神的滋養、情性的自適。屈原既有忠貞的政治品德，又有任情率性的行為，漢魏士人依所需而有所取。魏晉士人對屈原狂放一面的認同，不僅呈現了他複雜豐富的情感內涵，而且將之融匯入標尚個性自由的名士風度，構成歷代士人中以個性、情感為重的文化性格。而後宋代司馬光編寫《資治通鑑》，因對屈原性格中激烈狂放的不認同，故不以屈原入史。由此足見魏晉士人對屈原的解讀所具的積極意義。

# 第四章　魏晉士人悲情意識形成之內緣外因

　　魏晉時期是中國史上戰亂不絕，政權更迭頻繁的亂世。《文心雕龍‧時序》篇論及建安文學時言：「良由世之積亂，風衰俗怨，並志深而筆長，故梗概而多氣也。」這段歷史中的「世積亂離」，生民多艱，使得思想上崇尚理想而內心世界敏感複雜豐富的文人士大夫，在目睹亂世裡百姓轉死流亡的悲慘命運，並面臨理想破滅、道義倫喪，人的生命自由與精神都受到摧殘的現實際遇時，常常選擇文學活動作為他們尋求安慰解脫及對昏亂時政的反抗或逃避的手段。故魏晉時期的文化呈現出繁榮興盛的景象。

　　放在歷史、社會和思想文化的大背景下考察，魏晉時期文化繁榮的景象，一方面是對《詩經》、《楚辭》以下的古代文學成果，如漢賦、樂府歌詞、古詩十九首、雜言小說等的繼承和發展，另一方面，也是在當時特定的時代環境下的促成。這其中除了儒學衰微，玄學興起，思想較為自由的學術因素外，與當時的政治高壓以及隨之而來的政局黑暗動盪有著更密切的關係。儘管從漢末以來，經學衰微，崇尚自然的老莊思想開始在社會上流行，但這些現象並不意味著統治者在政治思想領域及對社會的控制有所減弱。實際上，從曹操以來的魏晉統治者都在政治上、思想上以綜覈名實為手段，利用以儒家名教禮法為飾的刑名法術來對社會及士人實行殘酷統治和嚴密控制，仕途因此更加險惡。而士階層，因受傳統儒學的深厚濡染，對人生原本具有政治和文化的兩重追求，既有「以天下為己任」的政治抱負，亦有推行教化的文化使命感。然而這一時期政治與社會環境卻與士大夫追求的境界反差極大，不僅黑暗的政治使士人夙抱的政治理想無從實現，艱難的生存境況，亦使士

人的個性人格受到嚴重的壓抑，在精神方面產生矛盾與困擾。許多士人在原有的政治理想無法實現，人生價值從兼濟天下轉為獨善其身之際，將個人的志趣調整到廣泛的文化方面，作為一種精神寄託和安慰，也作為一種思想上的逃避現實之方。他們或精研幺理，清談空無；或宗仰大師，流連釋典；或史學，或文學，或書法繪畫；在這些領域留下無數精彩深邃的思想及作品。在這之間，充滿悲情意識的士人，更往往以詩作來抒發自己內心鬱懣的主要方式。士人內心的思想自由與外界所加的政治迫害相激蕩，這是魏晉時期文化繁榮的痛苦實質，也是詩歌創作發展的真實動因。

尤其是從漢末到晉末的二百年中，政治上發生了漢魏、魏晉和晉宋三次禪代，出現了八王之亂、永嘉之亂等多次巨變，政爭激烈，局勢險惡，危機四伏。天下最為多事，統治者對社會的控制也最為嚴厲。與此一時期政治社會逐步惡化相應的是，士人在此過程中所感受到的深刻痛苦的心境，也從漢末的悲慨逐步變為魏晉之際的悲哀及晉末的悲涼。故知魏晉士人普遍的悲慘命運與共有的悲情意識，並非孤立的現象，而是與此時士人所遭遇的時代環境所積蓄出的思想、心態與情感。故本章乃從政治、社會及學術思潮三方面來探究魏晉士人悲情意識形成的外緣內因。

# 第一節　天下多故──政治因素

## 一、政治環境

魏晉時期的政治環境，十分繁複動盪。魏晉士人所面臨的是自秦統一以來歷史上的第一次嚴重的的動亂分裂局面。自漢末桓靈之世政綱解紐，內有群雄競起，逞志干戈，篡奪相繼，外有戎狄交侵，兵燹遍地，生靈塗炭，中國即進入長期大動亂的時代。

建安二十五年（西元 202 年），魏王曹丕篡漢自立，國號魏。其後漢中王劉備、吳王孫權亦相繼稱帝，是為蜀吳，與魏鼎足而三。從此三國紛爭，征戰益繁，動亂的局面，長達六十餘年。直至魏陳留王曹奐禪位於晉王司馬炎（西元 265 年），又越十五年（西元 280 年）滅吳，統一天下，始又恢復大一統的時代。

然而司馬炎代魏滅吳而有天下，以其位乃篡奪所得，又闇於經國之務，只知耽情遊宴，肆意聲色，故承平之世不及十二年，又釀成了賈后與八王之

亂，致使骨肉反目，殺戮相尋，國勢陵夷，生靈塗炭的景況，遂給予外族可趁之機，五胡乃相繼稱兵構釁，荼毒中原。

晉懷帝永嘉五年（西元 311 年），晉兵十餘萬爲漢將石勒所殲滅，王彌、劉曜（皆漢將）攻陷京師洛陽，懷帝被虜，史稱永嘉之亂。晉懷帝旋即位於長安，建興四年（西元 316 年），劉曜續陷長安，愍帝投降，立國凡五十一年，史家稱之爲西晉。

晉都長安既陷，琅琊王司馬睿適爲都督揚州軍事，出鎮建康，得王敦、王導的輔佐，江東士子百姓，翕然歸心，故琅琊王儼然爲江東盟主。及愍帝被俘降國，司馬睿遂自行即位，是爲東晉元帝。自此侷促江東，務求苟安，舉朝上下皆戀江南之美，群臣漸失北伐之心，因而形成南北長期對峙的局面。其間又經王敦、蘇峻、王恭、殷仲文、桓溫、桓玄之亂，國家元氣，於是耗損殆盡。到了恭帝，軍政大權又入強臣劉裕之手，元熙二年（西元 420 年），遂爲劉裕所篡，東晉亡，凡一百零二年。

以下乃舉其要者歸納爲四點：一爲英主絕少，二爲政風敗壞，三爲屠戮成風，分別述之如后：

## （一）英主絕少

東漢皇帝從「和帝以下無德可宗」（《資治通鑑》卷五十九《漢紀》五十一胡三省注），而桓靈二帝尤爲昏庸。桓帝十五歲即位，先受制於外戚，誅滅外戚勢力後，放縱宦官掠民，大失民心，賣官鬻爵，生活靡爛，宮女多達萬人。而靈帝則更加無道，對宦官言聽計從，對民生疾苦、社會弊病不聞不問。在後宮列肆，使宮女販賣，靈帝則著商賈服，在其間飲宴爲樂；又於西園玩狗、玩驢，京師中轉相仿效，使驢價高漲；而又貪奢私畜，收天下之珍貨，買置田產，開買官之風。因而可知黨錮之禍與黃巾之亂爆發於此時絕非偶然。

至魏晉時期，荒淫暴虐之主仍多，英明之主除魏之文帝、明帝；蜀之先主；吳之大帝，東晉之元帝、孝武帝，指難再屈矣。茲將此一時期君王不德者列表如下：

附表一：魏晉時期昏君一覽表

| 朝代名 | | 帝號 | 姓　名 | 簡　明　事　蹟 | 備　註 |
|---|---|---|---|---|---|
| 魏 | 蜀 | 後主 | 劉　禪 | 顢頇無能，惑於閹豎，終於亡國。 | 三國志本傳 |
| | 吳 | 吳主 | 孫　皓 | 淫虐不修國政，終於亡國。 | 三國志本傳 |

| | | 武帝 | 司馬炎 | 自太康以後，不復留心萬機，惟耽酒色，始寵后黨，請謁公行，政風自此敗壞。 | 晉書本紀 |
|---|---|---|---|---|---|
| 晉 | 西晉 | 惠帝 | 司馬衷 | 天性癡騃，天下荒亂，百姓餓死，乃曰何不食肉糜，其蒙蔽皆此類。 | 晉書本紀 |
| | 東晉 | 哀帝 | 司馬丕 | 信方士言，斷穀餌藥，以求長生，以藥發，不能親萬機，權遂旁落。 | 晉書本紀 |

王夫之在《船山遺書》：「國之亡，類亡於淫昏暴虐之主。」昏主暴君，接踵代興，國家不覆亡於俄頃之間，士人能保生安命已屬萬幸，欲求在此時期內完成統一霸圖或北定中原，成就個人的政治理想，在英主絕少的政治情勢中，簡直是緣木求魚。

### （二）政風敗壞

魏晉時期政風之敗壞，當上溯兩漢的以儒治國。漢武帝廣置博士弟子員，設科策試，動以利祿。《漢書・儒林傳》中載：

> 自武帝立五經博士，開弟子員，設科射策，勸以利祿，訖於元始，百有餘年，傳業者浸盛，枝葉蕃滋，一經說至百餘萬言，大師眾至千餘人，蓋利祿之路然也。

士人研究經典的動機不是為了追求真理，弘揚文化，而是以之為攫取功名利祿的工具。如此，其心志難脫離俗諦桎梏，則必然喪失獨立的人格，所以兩漢多曲學阿世之輩。顧炎武曾感嘆道：

> 馭至西漢，其風未改……觀夫史之所錄，無非功名之人，筆札喉舌之輩，而如董仲舒之言正誼明者，不一二見也。（《日知錄・周末風俗》）

即如王莽攝政，一般趨時之流，如蟻附羶，競獻符命，雖如揚雄之賢儒，亦趨從之。東漢光武帝時，雖表章氣節，敦厲名實。然而卻迷信讖緯，並要求士人亦需讀讖，若否定讖緯，則是「非聖無法」，故士人爭學圖讖以赴趣時宜。《後漢書・桓譚傳》中載：

> 其後有詔會議靈臺所處，帝謂譚曰：「吾欲以讖決之，如何？」譚默然良久，曰：「臣不讀讖」，帝問其故，譚復極言讖之非經，帝大怒曰：「桓譚非聖無法，將下斬之。」譚叩頭流血，良久乃得解。

可知，兩漢政治思想所培養的多是奴顏婢膝、歌功頌德的奴才，或是埋首故紙堆中，迂闊無用的腐儒，而不是衛道自勵，勇於抗爭、直言極諫、不畏死難的豪傑之士。統治者所重用的也多是曲學阿世、買論求官、枉道取榮的利

祿之徒，而不是重道尚志、正身立論的正直之士。而那些「不避其難，臨患忘利，遺生行義，視死如歸」（《呂氏春秋・士節》）的直士或是思想深刻，富理性思辯能力的智士卻是難得善終。如武帝時的汲黯〔註1〕、昭帝時的眭弘〔註2〕、宣帝時的蓋寬饒〔註3〕、成帝時的谷永等，〔註4〕以及漢末以李膺、陳蕃爲領袖，以太學生爲基礎的黨人群體。〔註5〕這些深受儒家從道不從君、憂道不憂貧思想教育下的士人，面對大逆不道、罪大惡極的統治者及政壇上的惡勢力，恨不能斬盡殺絕。士人們的吶喊與反抗，對龐大的惡勢力而言，無異是以卵擊石，故終難逃厄運。

　　東漢桓靈以後，朝政益加昏濁，外戚宦官爲患尤烈，政風大壞，終而導致國運危亡。下至建安，朝綱解紐，社會處在新舊風氣交接之際，一般官吏多尙功利而無操守。曹操秉政之後，頗欲挽此頹風，以爲唯有嚴刑罰、明法制才能撥亂反正，於是尙法輕儒、仇視高門、裁抑世族，禁絕清議。〔註6〕其在政治

〔註1〕《漢書・汲黯傳》中言其：「任氣節，行修節。其諫犯主之顏色。」當時漢武帝召文學儒者共議，他犯顏直諫曰：「陛下內多欲而外仁義，奈何欲效唐虞之治乎！」他認爲「天子置公卿輔弼大臣，寧合從諛承意，陷主於不誼乎？且已在其位，縱愛身，奈辱朝廷何！」因之他堅守臣道，爲了帝國的長治久安而盡忠直諫，卻也因而爲武帝所不喜，而不得久居位。

〔註2〕《漢書・眭弘傳》中載眭弘曾言：「先師董仲舒有言，雖有繼體守文之君，不害聖人之受命。漢家堯後，有傳國之運。漢帝宜誰差天下，求索賢人，禪以帝位，而退自封百里，如殷周二王後，以承順天命。」故以妖言惑眾的罪名被誅殺。

〔註3〕《漢書・蓋寬饒傳》中載其爲人剛直，志在奉公。當時宣帝方用刑法，乃上書曰：「方今聖道滯廢，儒術不行，以刑餘爲周召，以法律爲詩書，韓書易傳言五帝官天下，三王家天下，家以傳子，官以傳賢。若四時之運，功成者也，不得其人則不居其位。」因而以大逆不道之罪名下獄，引刀自剄。

〔註4〕《漢書・谷永傳》中載漢成帝建始三年（西元前30年）冬，日食、地震同日俱發，谷永上書歸咎於皇后、貴妾內寵太盛。又因成帝多次微行，又近幸小臣，專寵趙飛燕姊妹。故谷永上書切諫，前後四十餘次。《全漢文》卷四十六〈災異對〉中言：「臣聞天生蒸民，不能相治，爲立王者，以統理之。方治海內，非爲天子。列土封疆，非爲諸侯，皆以爲民也。垂三統，列三正，去無道，開有德，不私一姓，明天下迺天下之天下，非一人之天下也。」眭弘等人在深刻體認到社會的弊端、社會危機之後，在諍諫無效之際，對漢代統治者的合理性提出懷疑。故爲統治者所深惡痛絕而不得善終。

〔註5〕所謂黨人，是指漢末勇於與惡勢力殊死博鬥的清流士人領袖。他們以道自任，以澄清天下爲目的。陳蕃、李膺、杜密、范滂等黨人領袖及太學諸生多次上疏勸諫，呼吁正義。希望皇帝能愛護黎民百姓，翦除害民誤國的奸邪小人，重用心繫王室的正人君子。然而忠言逆耳，加上他們對奸邪小人的抨擊，使惡勢力驚恐，故互相勾結製造了慘酷的二次黨錮之禍。

〔註6〕清議本指對士人道德品行的評議。東漢政府推行名教之治，其選官制度的基

上所標榜的是「唯才是舉」的人才觀，而鄙棄舊日的道德政治，此由建安年間所頒布的三令中可見其用人的原則。建安十五年（西元201年）頒〈求賢令〉：

> 自古受命及中興之君，曷嘗不得賢人君子與之共治天下者乎。及其得賢也，曾不出閭巷，豈幸相遇哉，上之人不求之耳。今天下尚未定，此特求賢之急時也。「孟公綽為趙、魏老則優，不可以為滕、薛大夫。」若必廉士而後可用，則齊桓其何以霸世。今天下得無有被褐懷玉而釣于渭濱者乎，又得無盜嫂受金而未遇無知者乎，二三子其佐我明揚仄陋，唯才是舉，吾得而用之。

明言才能與德行若不能兼得，則寧捨德行而用才能。建安十九年（西元214年）頒布了〈敕有司取士勿廢偏短令〉：

> 夫有行之士未必能進取，進取之士未必能有行也。陳平豈篤行，蘇秦豈守信邪，而陳平定漢業，蘇秦濟弱燕。由於言之，士有偏短，庸可廢乎。有司明思此義，則士無遺滯，官無廢業矣。

建安二十二年（西元217年）又頒布〈舉賢勿拘品行令〉：

> 昔伊摯、傅說出於賤人。管仲，桓公賊也，皆用之以興。蕭何、曹參，縣吏也，韓信、陳平負汙辱之名，有見笑之恥，卒能成就王業，聲著千載。吳起貪將，殺妻自信，散金求官，母死不歸，然在魏，秦人不敢東向，在楚則三晉不敢南謀。今天下得無有至德之人放在民間，及果勇不顧，臨敵力戰，若文俗之吏，高才異質，或堪為將守，負汙辱之名，見笑之行，或不仁不孝而有治國用兵之術。其各舉所知，勿有所遺。

堂堂政府詔令，一再強調朝廷用人不拘品行，雖不仁不孝之徒，盜嫂受金之輩，只要有才，即可躋列廊廟之上。雖然，此為曹操在亂世之中，為經營霸業的權宜一時之計，然而影響所及，不僅破壞了世人對舊禮教的信仰，社會也因而失去了道德的規範約束，並且亦成為政府用人取捨的標準。曹操雖明言：「今天下尚未定，此特求賢之急時也」、「治平尚德行，有事賞功能」。然而此風一開，曹丕又實行「九品中正制」，敝屣名教，推波助瀾，故兩漢三百餘年所苦心建立的倫理觀念與道德觀，至此幾乎蕩然殆盡。故對魏晉時期的

---

> 本程序是政府根據鄉閭清議，進行察舉與徵辟。等到黨人群體興起後，便以清議作為一種抗爭的工具。清議的內容是對國家政治事務的議論及對公卿名士的品評，目的在利用社會輿論的力量來褒揚清流，抨擊濁流。

政風與士風產生負面的影響。顧炎武在《日知錄·兩漢風俗》中即對建安時期士風的敗壞歸罪於曹操的倡導：

> 孟德既有冀州，崇獎跅弛之士，觀其下令再三，至於求負汙辱之名，見笑之行，不仁不孝，而有治國用兵之術者，於是權詐迭進，姦逆萌生。故董昭太和之疏，已謂當今年少，不復以學問為本，專更以交游為業。國士不以孝悌清修為首，乃以趨勢求利為先。……夫以經術之治，節義之防，光武明章數世為之而未足，毀方敗常之俗，孟德一人變之而有餘。後之人君，將樹之風聲，納之軌物，以善俗而作人，不可不察乎此矣。

至西晉時，因晉武帝得國不以正途，乃藉助不義而殘忍的手段，因其立身不正，故失去維持朝綱的準則；如在君臣綱紀的問題上，晉武帝便處於兩難的境地。既需提倡名教忠義來維持政權，然而自身又是違背君臣綱紀、奪權弒君以建立王權。於是多數的士人不以忠節為念，沒有忠於晉室的情感，故在此政失準則的政風之下，必然導致政局的混亂。而且司馬氏立國標榜「以名教治天下」，但對儒家學說，採用的是一種極為功利的實用主義態度。對於儒學的內容，他們不僅不看重也無法理解其最深層的仁愛精神。他們所提倡的禮教，多為虛偽矯飾之物，其對人才的選用標準，亦非真正的明德之士，而是取用在政治上與統治集團有共同利益的人。所以兩晉君臣，為人處事常流於貪婪放蕩，不立名節，而所謂禮法之家，往往門有穢德。因根本不固，以至於政治腐敗，國運不昌，正有如干寶在《晉紀總論》中對西晉朝廷的批評：

> 樹立失權，托付非才，四維不張，苟且之政多也。

西晉政風的敗壞，還在於武帝耽於逸樂，縱情聲色，流風所及，士大夫競尚浮華，窮極奢侈。君臣皆奢靡放縱，綱紀頹敝，禮法蕩然，而朝中幾無清廉之官，百姓遂有飢困之苦，終而導致朝政的敗亂。此間政局多變，諸王彼此爭權，士大夫往往朝膺軒冕之榮，夕即遭族滅之禍。故居官任職者自易養成畏縮苟安，不負責任之習慣，或相率以出世玄遠之言，務求韜光養晦之計，而不以蒼生為念。其後貨賂公行，讒邪得志，遂令王朝傾覆。干寶《晉記總論》中論述西晉的滅亡，認為晉之得天下，與周之積德累仁而得者不同，加以政風敗壞，故終將自取禍敗：

> 創基立本，異於先代。……加以朝寡純德之人，鄉乏不貳之老，風俗淫僻，恥尚失所，學者以老莊為宗而黜六經，談者以虛蕩為

> 辨而賤名儉，行身者以放濁者爲通而狹節信，進仕者以苟得爲貴
> 而鄙居正，當官者以望空爲高而笑勤恪。是以劉頌屢言治道，傅
> 咸每糾邪正，皆謂之俗吏，其倚杖虛曠，依阿無心者皆名重海內。
> 若夫文王日旰不暇食，仲山甫夙夜匪懈者，蓋共嗤點以爲灰塵矣。
> 由是毀譽亂于善惡之實，情惡奔於貨慾之塗。選者爲人擇官，官
> 者爲身擇利，而執鈞當軸之士，身兼官以十數。……悠悠風塵，
> 皆奔競之士，列官千百，無讓賢之舉。……禮法刑政於此大壞，
> 如水斯積而決其隄防，如火斯畜而離其薪燎也。國之將亡，本必
> 先顛，其此之謂乎。

可知西晉之滅亡，非一朝一夕之故，乃其來有自。元康元年八王之亂開始，
距晉國建立才三十五年。在政風敗壞、政失準的的情況下，任何的倫理道德
約束皆失去意義，只剩下赤裸裸的權力爭奪。於是政權的瓦解從內部的權力
爭奪開始，發展爲五胡之亂，最後不得不南渡長江，偏安一隅。

其後東晉承西晉敗亡之餘，重建新邦，頗欲振刷前朝敝風，一新世人耳
聞。然在這樣一種政風的濡染下，自然是「朝寡純德之士，鄉乏不二之老」(《晉
紀總論》)。而承襲此風的東晉大族與一般士人，在易代之際，同樣不看重君
父大節，只計較家門與個人的實際利害，對待最高權力的轉換，無非視爲將
一家物與一家而已。如王導之孫王謐，桓玄篡位時爲晉中書令，代安帝奉璽
綬於桓玄，又遵從桓玄意旨，治罪處死司馬道子父子。至劉裕消滅桓玄，王
謐又搖身一變，帶領公卿推舉劉裕領揚州刺史要職，可謂全無操守。這種毫
無政治原則，一切以家門個人的利益爲轉移的風尚，始自魏末晉初，已綿延
一百餘年，它之彌漫於社會，對司馬晉王朝而言，正可謂自食其果。

而東晉自建立之時起就綱紀不振，朝政昏暗，內憂外患連綿不絕。自中
葉以後，不僅皇權失威，大族政治亦呈現衰弱之勢。雖賴王導、謝安等賢臣
苦心調護，使朝政保持暫時之平衡，甚至在淝水之戰中，取得南勝北敗的佳
績。然而隨著謝安的被排擠和司馬道子父子之專權，孝武帝統治後期，東晉
政治已完全腐敗。據《通鑑》載，太元十四年以來，朝廷所用非人，孝武帝
及司馬道子等溺於酒色，日夜酣歌，又親近僧尼，崇尚浮屠，朝政無主，左
右近習，爭弄權柄，孝武帝與會稽王道子之間的權力鬥爭日漸惡化，雙方各
自引擢親信心腹，朋黨競起。

孝武帝死後，安帝即位，其人「幼而不慧，口不能言」(《晉書‧安帝紀》)，

朝廷大權完全落入司馬道子之手，不久遂引發王恭、殷仲堪、桓玄等人的起兵事件。因矛盾的尖銳化，朝廷又發東土「免奴爲客」者爲兵以備西軍，百姓囂然。五斗米道首領孫恩乘機起事，「朝廷盡失所統」。野心勃勃的桓玄乘間竊位，於元興二年廢安帝自立，東晉國祚至此中斷。

此時，出身寒士的劉裕以軍功起家，漸執權柄，開始在晉末的政治中表現出他舉足輕重的地位。劉裕本北府兵將，通過軍功逐步上升，特別是在孫恩盧循起事後，由於他的驍勇善戰，成爲北府兵中主要將領，及至桓玄篡晉，劉裕起兵消滅其勢力，奉安帝反正，掌握了朝廷大權，其後乘機篡政，逼恭帝奉璽退位，後又弒安、慈二帝，〔註7〕逐步將司馬晉之王朝，改爲劉宋之天下。

## （三）屠殺成風

### 1. 大規模的屠殺

自東漢末年黃巾暴動、董卓稱兵以後，中國陷入長期動亂。四海鼎沸，大小規模的屠殺，年有數起。當時無論是帝王將相，草莽英雄，以至於戎狄酋豪，大多暴戾凶殘，殺人盈野，人命微賤如草芥。茲將此一時期信史可考的大屠殺之慘事列表如下：〔註8〕

附表二：魏晉時期大屠殺簡表

| 朝代名 | 時　間 | 主事者 | 事　　　　　略 | 備　註 |
|---|---|---|---|---|
| 魏 | 漢獻帝初平四年（193） | 曹　操 | 曹操征徐州牧陶謙，至彭城大戰，謙兵敗走，死者數萬，泗水爲之不流。 | 三國志・陶謙傳 |
| | 漢獻帝建安三年（198） | 曹　操 | 曹操東征呂布，大破之，屠彭城 | 三國志・魏武帝紀 |
| | 漢獻帝建安五年（200） | 曹　操 | 曹操與袁紹大戰於官渡，紹軍崩潰，損失八萬人。 | 三國志・袁紹傳 |
| | 漢獻帝建安十三年（208） | 孫　權 | 曹操率二十五萬大軍自荊州南下，與吳軍相遇於赤壁，操軍大潰，士卒損失大半。 | 三國志・魏武帝紀 |
| | 齊王嘉平五年（253） | 司馬懿 | 吳諸葛恪圍新城，懿遣毋丘儉文欽拒之，大破恪軍，斬首萬餘級。 | 晉書・景帝紀 |

〔註7〕此舉違背了自後漢以來禪位之君猶保其餘年的慣例，開創南朝失國之諸君均遭屠戮之運的先例。

〔註8〕曹操爲魏武帝，故亦列入此一時期。此表乃參考張仁青著《魏晉南北朝文學思想史》之附表「魏晉南北朝大屠殺簡表」。

| | 惠帝永寧元年（301） | 司馬冏<br>司馬倫 | 趙王倫稱帝，齊王冏首謀討倫，誅倫及其黨羽，雙方戰死士卒近十萬人。 | 晉書·八王傳 |
|---|---|---|---|---|
| | 惠帝光熙元年（306） | 祁　弘 | 東海王越部將祁弘等與河間王顒部將刁默戰，默大敗，弘等所部鮮卑大掠長安，殺二萬餘人。 | 晉書惠帝紀 |
| | 懷帝永嘉五年（311） | 石　勒 | 羯人石勒率輕騎追太傅越之喪，及於苦縣寧平城，大敗晉兵，縱輕騎，圍而射之，將士十餘萬人，相踐如山，無一人得免者。 | 資治通鑑 |
| 晉 | 懷帝永嘉五年（311） | 劉　聰 | 匈奴人劉聰使前軍大將軍呼延晏將兵二萬七千寇洛陽，比及河南，晉兵前後十二敗，死者三萬餘人。始安王曜、王彌、石勒等皆引兵會之，六月王彌、呼延晏克宣陽門，入南宮，升太極前殿，縱兵大掠，士民死者三萬餘人。 | 資治通鑑 |
| | 成帝咸和八年（333） | 石　虎 | 石虎統步騎攻長安，枕屍三百餘里。 | 晉書·石勒載記 |
| | 孝武帝太元八年（383） | 謝　玄 | 前秦苻堅率百萬大軍入寇，謝玄破之於淝水，俘斬七十餘萬人，淝水為之不流。 | 晉書·謝玄傳 |
| | 穆帝永和五年（349） | 冉　閔 | 後趙大將軍冉閔（即石閔，漢人）專政，深受漢人擁戴，但胡人不為所用，乃獎勵漢人誅殺胡羯，前後凡殺二十餘萬人。 | 晉書·石季龍載記 |
| | 安帝義熙三年（407） | 赫連勃勃 | 夏主赫連勃勃大破涼王禿髮傉檀，殺傷萬計，斬其大將十餘人，以為京觀，號髑髏臺。 | 晉書·赫連勃勃載記 |

　　在此長期分裂及戰亂中，直接受害者為人民，而人口之銳減，尤令人怵目驚心。據馬端臨《文獻通考》、鄭樵《通志》所載歷代戶口盛衰之大概，可知東漢桓帝時，全國人口為五千餘萬，至西晉武帝時，為一千六百多萬，而至劉宋時，人口更降至四百多萬，此後至隋文帝統一南北時，人口約一千一百餘萬人。真可謂是中國政治上的黑暗時代。

　　2. 迫害士人

　　在中國的傳統政治中，崇尚道義的士人階層和執掌權勢的統治者之間，存在著既相互依存又彼此矛盾的複雜關係。統治者需要將代表文化精英的知識份子引入政權，利用其才智謀略，統治天下；而士人在中央集權的體制中，欲實現濟世的理想抱負，亦不得不在權勢集團中進退周旋，使道德文章輔之以政治號令，方易奏效。若遇「治世」，統治者講求仁義，躬行王道，選賢任能，尊師重儒，士人尚可望得其信用，得行其志。但若遇「亂世」，統治者崇

尚申韓之術，倚重刑殺，摧折賢才，翦除異己，士人們首先受其宰殺，遭其荼毒，無論是出處進退，均難免禍患。

早在東漢中期以後，國家政權操縱於外戚宦官之手，主荒政謬，權入私門，綱紀大壞，許多士人恥與之為伍，他們抱著澄清天下的儒學政治理想，結成同道，起而抨擊宦官外戚的腐朽統治，「品核公卿、裁量執政」，〔註9〕以圖改善政風。然而二次黨錮之禍，〔註10〕使他們的努力失敗，名士陳蕃、李膺等百餘人俱遭殺害，諸門生故吏死徒廢禁者又六七百人，誅連甚廣，此後朝政愈加昏暗。到黃巾起事之後，東漢的大一統政權實際上已不復存在，代之而起的是各割據軍閥間相互攻殺，兵連禍結。然而，漢室傾頹、群雄並起的形勢，使客觀上和大一統政權有密切依存關係，以通經求仕，得君行道的士人們，面對著「月明星稀，烏鵲南飛，繞樹三匝，何枝可依」（曹操《短歌行》）的迷惘與困境。為了避亂自保，先前與權勢相抗的獨立之士，或者主動擇木而棲，或身不由己的被有力者羅致，成了依附性的事功之臣。然而這些偏霸之主並非惜才之輩，對正直之士以勢相逼，以詐相待。士人們順之者昌，逆之者亡。

早在曹操之前，漢末遼東的公孫瓚、徐州的陶謙、荊州的劉表等均對士人採取既利用又加害的手法。〔註11〕那些仍抱儒學道義理想並對東漢王朝抱有微妙感情的士人，最後雖在身為漢相的曹操麾下找到一席棲身之地，然而奉行申

---

〔註9〕 見《後漢書·黨錮列傳》。自古士大夫以得君行道，致天下太平為人生價值的最高實現。東漢以來，由於光武帝等統治者的褒揚提倡，儒學知識份子的力量得到很大的發展，至東漢末期，甚至成為一股與宦官、外戚鼎足而三的重要政治勢力。士人們表現出強烈的社會責任感和極大的政治熱情。趙翼《二十二史箚記》卷五「黨禁之起」中言：「東漢風采，本以名行相尚，迨朝政日非，則清議益峻，號為正人者，指斥權奸，力持正論。」

〔註10〕 桓帝延熹九年（西元166年），名士李膺等與宦官張讓爭，失敗被捕，是為第一次黨錮之禍。靈帝建寧元年至二年（西元168至169年），名士李蕃聯合外戚竇武與宦官曹節、王甫爭，是為第二次黨錮之禍。

〔註11〕 《通鑑》卷六十一漢獻帝興平二年載，公孫瓚在幽州，對「衣冠善士，名在其右者，必以法害之。有材秀者，必扼困使在窮苦之地。」，割據徐州的陶謙，標榜禮賢下士，但實際上是親信讒佞小人而疏遠忠直士人，境內「刑政失和，良善多被其害」（見《三國志·陶謙傳》）。在荊州的劉表，自擬「西伯」，為實現其建立霸業的野心，恩威並用，延攬名士，立學講經。但同時卻對許多避地荊州，不順己意的士人肆行誅除。《通鑑》建安十三年曾載：「表辟南陽劉望之為從事，而其友二人皆以讒毀為表所誅殺，望之以正諫不合，投傳告歸，……尋復見害。」漢末名士彌橫，也因劉表借刀殺人而喪生。

商之術的曹操，對待士人更是嚴刑御下，以權術相馭。曹操出身寒族，雖好文學辭賦，但內心深處，對一般文士，懷有強烈的敵對猜忌之意；但其政治家的才能和遠見，又使他對士大夫在政治生活中的作用頗為重視。且當時天下多故，從利害上考慮，亦不可使士人散在民間，滋生事端，甚至用資敵國。因此，曹操在把持東漢朝政後，開始一再下令徵召士人中有「治國用兵之術」的人才為魏出謀劃策，運籌帷幄以獲培植魏基，統一天下之實利，且邀「得人之盛」之聲譽。對盛有才名的文學經術之士亦盡量網羅。但是，曹操對知識份子出仕與否並無尊重，甚且以脅逼的手段，命其歸於麾下。如《三國志‧王粲傳》注引〈文士傳〉中，有段建安七子之一阮瑀出任曹氏的記載：

> 太祖雅聞瑀名，辟之，不應；連見逼促，乃逃入山中。太祖使人焚山，得瑀，召入。

而對於已仕魏的士人亦未給予禮遇，立法嚴禁士人出仕後離職去官，違者將致殺身之禍。因曹操初建魏基之時，內外形勢皆未穩定，外有袁紹、呂布、陶謙、劉表等群雄割據於前，而吳、蜀並立於後，連年征戰；於內，漢室猶存，人心未附，反對篡政者遍佈朝野，故曹操對在政治上異己的士人保持高度警惕。若有異心，則多遭殺戮，如東漢末年邊讓與孔融被殺之事。興平元年，曹操先在袞州殺死不恭順的邊讓，又族滅其家，以震懾當地士人。孔融因是聖人之後，在士人中頗有號召力，故曹操雖對他懷恨，猶多加忍讓，希冀他改變立場，投入曹氏陣營，可利用其聲望收攬人心。但孔融始終無意與曹氏合作，曹操遂在建安十三年親率大軍征吳之前，為立威亦復為後方的安全，借口殺死孔融。又如楊修，因其父彪不與曹氏合作，舅氏袁術公開與曹氏為敵，其又與曹操政治上的反對派孔融、彌衡為友等背景，故終遭曹操所誅。其他如荀彧、崔琰、毛玠等人，亦因政治立場的不同，未支持曹氏篡漢而得罪被害。

然而，就在曹魏建國後不到四十年時間，司馬氏集團就在最高權力的角逐中占上風，成為王朝的主宰。一大批知識份子，亦在此政權轉換的混戰中，再一次遭遇到為權勢者刀俎上之魚肉的命運。陰鷙好殺的司馬氏為篡位而施行的殘暴手段，絕不亞於當年的曹操。司馬氏家族發跡於西漢初年，從高祖司馬鈞起，四世出仕東漢二千石之職，又有恪守禮法，重視儒學的傳統家風。因兼具高門大族和崇儒重教的雙重名望，故司馬氏對大族官僚和儒學之士頗具號召力，然而司馬氏在代魏的過程中卻極為殘酷陰狠，這或許與司馬氏的

家風有關。司馬家族家風極嚴，父子之間毫無溫情，《三國志‧司馬朗傳》(卷十五〈司馬朗傳〉引司馬彪《序傳》)中載司馬懿之父司馬防：

> 性質直公方，雖閒居宴處，威儀不忒。……諸子雖冠成人，不命曰「進」不敢進，不命曰「坐」不敢坐，不指有所問不敢言，父子之間肅如也。

如此壓抑僵冷的家庭氣氛所薰陶出的子弟，往往多屬兩種人，一種是端方守制，非禮勿動的迂腐之士，如司馬朗；一種則是心口不一，工於陰謀之偽君子，如司馬懿。而骨肉間親情的缺乏和相互防範，更易使後者在政治鬥爭中，採用殘忍凶暴的陰毒謀略。此或許可以說明司馬氏在篡位的過程中對士人芟夷之酷的性格因素。《晉書‧宣帝紀》指出司馬懿的殘酷：

> 平公孫文懿，大行殺戮：誅曹爽之際，支黨皆夷及三族，男女無少長，姑姊妹女子之適人者，皆殺之。

可以說，司馬氏代魏過程的每一步，都是以對政敵和無辜士人的屠殺來開路的：

> 正始十年（西元 249 年），策劃政變殺曹爽兄弟，何晏、鄧颺、丁謐、畢軌、李勝、桓範、張當等並俱夷三族起，屠殺即全面開始。
>
> 嘉平三年（西元 251 年），因王陵欲立楚王彪事件，迫王陵自殺，窮治其事，夷其三族，並賜楚王彪死。
>
> 嘉平六年（西元 254 年），殺中書令李豐，又將其子弟及夏侯玄、張輯等下廷尉治罪，並誅連者全部處死，並夷三族。同年九月，害死中領軍許允，不久又廢齊王芳。
>
> 甘露三年（西元 258 年），殺死起兵淮南的諸葛誕，夷及三族。
>
> 甘露五年（西元 260 年），公然弒逆，殺高貴鄉公曹髦。
>
> 景元三年（西元 262 年），再殺掉思想上不附司馬氏的嵇康、呂安，以壓制士人的反抗。

短短十五年中，被司馬氏所誅殺的，不僅是政治上屬敵對勢力的幾十個家族及其親黨，也有大批無辜的朝士。此時的朝廷官僚及一般士人，無論其思想崇尚與政治傾向如何，均生活在一種惝惝不安的恐怖氣氛之中。反對司馬氏者固難倖免，稍涉敵對嫌疑或與司馬氏僅有私怨者亦無法保存全，無端受池魚之殃者，更不可勝數，《晉書‧宣帝紀》載曹爽誅後「名士減半」，司馬氏對知識份子芟夷之酷於此可見。《世說新語‧尤悔》篇云：

> 王導、溫嶠俱見明帝，帝問溫前世所以得天下之由，溫未答，頃，
> 王曰：「溫嶠年少未諳，臣請爲陛下陳之。」王乃具敘宣王創業之始，
> 誅夷名族，寵樹同己，及文王之末高貴鄉公事。明帝聞之，覆面著
> 床曰：「若如公言，祚安得長。」

司馬氏之血腥篡位，令其後嗣在數十年後，亦爲之驚愧難以自容。在這險惡
多變的時代環境中，剛開始自我覺醒的士人，爲自身生命或思想信念付出沈
重的代價。《晉書・阮籍傳》中所謂「魏晉之際，天下多故，名士少有全者」，
正是此時代最眞實的寫照。

## 二、戰亂相尋

在此政局動盪的時代，亦是中國史上戰爭最頻繁的時期。前小節中乃是
以空間的角度，探索這個時代內的政治環境，以明瞭士人在此時期所受的衝
擊；而本小節則欲以時間先後論述自東漢靈帝中平元年（西元 184 年）至東
晉元帝元熙二年（西元 420）劉裕滅晉爲止，二百多年間的戰爭動亂。魏晉士
人在目睹連年的兵禍，使民生凋敝，白骨遍野的慘景，其內心的衝擊痛苦是
不言可喻的。以下乃擇其要者述之。

（一）漢魏之際──群雄征戰

1. 黃巾暴動

東漢靈帝中平元年（西元 184 年）時，鉅鹿人張角組織太平道，一稱黃
老道，自號賢良大師，以妖言授徒，並派遣弟子四出傳道，十餘年間，有徒
眾數十萬，分布於青、徐、幽、冀、荊、揚、兗、豫八州，傳播訛言「蒼天
已死，黃天當立」遂蓄意作亂。中平初年，其徒馬元義等謀起事，事跡敗露，
車裂於洛陽，張角乃馳敕諸方，一時俱起，皆著黃巾爲標幟，時人謂之黃巾
賊。黃巾徒眾殺人祀天，又四處剽掠，致使天下震動，爲患十餘年，後爲皇
甫嵩、朱儁等所平。

經歷此次動亂，漢朝國本益虛，民生日瘁，人民死於戰亂者，尤不可勝
紀。《後漢書・皇甫嵩傳》中記載當時百姓歌曰：

> 天下大亂分，市爲墟，母不保子分，妻失夫。

《三國志・王昶傳》中亦載：

> 漢末，黃巾賊起，天下饑荒，人民相食。

黃巾之亂雖終被平定，然而餘眾出沒不絕，造成地方的擾亂。當時，爲了鎮壓暴動，朝廷乃從劉焉建議，派朝中重臣爲牧伯，於是州鎮權重，漸至朝廷不能控制，逐開群雄割據的局面。

### 2. 董卓之亂

董卓是改變漢末政治局勢的關鍵人物。東漢末年，朝廷內部實已腐敗不堪，經董卓之亂後，國家終於分崩離析，天下成爲群雄角逐的戰場；皇帝只徒存名義，不過是權臣、軍閥掌中的傀儡罷了。

東漢少帝初立，何太后臨朝，當時宦官擅勢，權傾朝野，大將軍何進謀召涼州牧董卓入京誅滅宦官，卻反被宦官張讓等所殺。司隸校尉袁紹等舉兵攻入宮中，將宦官二千餘人全部屠戮，歷時百餘年的外戚宦官相爭局面至此結束。〔註12〕

袁紹既誅滅宦官，董卓適時率兵洛陽，奪取朝權，自立爲相國，攬重權於己，廢少帝劉辯，改立其帝劉協爲獻帝，其後逼弒何太后，淫亂兇暴，殘殺不辜，軍紀尤爲廢弛，大肆搜掠，使百姓飽受荼毒。袁紹乃號召東方州郡起兵討卓，董卓挾持獻帝遷都長安，自爲太師，益肆殘暴，有篡立意，司徒王允派呂布殺董卓。董卓的部下李傕、郭汜又殺王允，此後長安大亂，獻帝逃歸洛陽，旋爲曹操迎都許昌，王室已名存實亡。據《後漢書·董卓傳》中載：

> 是時洛中貴戚室第相望，金帛財產，家家殷積。卓縱放兵士，突其盧舍，淫略婦女，剽虜資物，謂之「搜牢」。人情崩恐，不保朝夕。及何后葬，開文陵，卓悉取藏中珍物。又姦亂公主，妻略宮人，虐邢濫罰，睚眥必死，群僚內外莫能自固。

關於董卓之亂，當時的女詩人蔡琰有極其悲痛的敘述，其〈悲憤詩〉云：

> 漢季失權柄，董卓亂天常，志欲圖篡弒，先害諸賢良。逼迫遷舊邦，擁主以自強，海內興義師，欲共討不祥。卒眾來東下，金甲耀日光，平土人脆弱，來兵皆胡羌。獵野圍城邑，所向悉破亡，斬截無孑遺，

---

〔註12〕宦官與外戚擅權，是漢末大一統政局崩毀的主因。宦官與外戚專權，應溯至王莽時代，王莽以外戚篡漢，開漢代近臣擅政以致奪權的先例。而引發東漢宦官、外戚交相干政的始作俑者，則是東漢光武帝。王莽篡漢留給他的教訓是防範士人輔政。因此施行中央集權政策，重用宦官，讓其參與政事。另外，他又分封建國有功的外戚。從此，外戚、宦官形成政治集團，勢力日增。自和帝年幼繼位起，一直至董卓廢帝爲弘農王，立獻帝止，外戚與宦官交相攻伐殺戮，操控廢立的亂局才結束。

> 尸骸相撐拒，馬邊縣男頭，馬後載婦女。長驅西入關，迴路險且阻，
> 還顧邈冥冥，肝脾爲爛腐。所略有萬計，不得令屯聚，或有骨肉俱，
> 欲言不敢語。失意幾微間，輒言斃降虜，要當以亭刀，我曹不活汝。
> 豈復惜性命，不堪其詈罵，或便加棰杖，毒痛參並下。旦則號泣行，
> 夜則悲吟坐，欲死不能得，欲生無一可。彼蒼者何辜，乃遭此厄禍。

實爲當時情景的紀實。可知當時因董卓之亂所造成的社會秩序混亂，農業生產銳減，以至人民大量死於戰爭與飢餓的怵目驚心。

3. 豪強互爭之亂

東漢自董卓之亂後，四方州牧郡守各自爲謀，紛紛據地稱雄。其中袁紹、袁術、劉備、曹操、孫權、呂布、張魯等，皆有問津九鼎之心，席卷天下之意，於是大動干戈，喋血盈野，整個中原幾無一處淨土，而人民生活益加艱苦流離。其中有幾場規模較大的戰役：

（1）漢獻帝初平四年（西元 194 年），曹操攻彭城，大敗陶謙，死者數萬，泗水爲之不流。

（2）漢獻帝建安三年（西元 198 年），曹操擊殺呂布於彭城，並屠之。

（3）建安五年（西元 200 年），曹操攻破袁紹於官渡，併有冀、青、幽、并四州，奠定統一北方之基礎。

（4）建安十三年（西元 208 年），曹操率大軍東下，孫權派遣周瑜魯肅等與劉備迎擊於赤壁，大破之，三國鼎立之局面於是形成。

在此數十年之大動亂中，人民死亡之多，流離之苦，實可推想而知之。況且當時群雄之戰，殺戮慘烈，人命微賤，甚且發生饑而相食的慘劇。《三國志》中各列傳記載了當時的情景：

> 興平元年，太祖復征陶謙，拔五城，所過多所殘戮。（〈魏武帝紀〉）
> 建安二十年 3 月，公西征張魯，至陳倉，將自武都入氐，氐王竇茂眾萬餘人，恃險不服，5 月，公攻屠之。（〈魏武帝紀〉）
> 自遭荒亂，率乏糧穀。諸軍並起，無終歲之計，飢則寇略，飽則棄餘，瓦解流離，無敵自破者不可勝數。袁紹之在河北，軍人仰食桑椹。袁術在江淮，取給蒲蠃。民人相食，州里蕭條。（〈魏武帝紀〉注引《魏書》）

而山簡上疏晉懷帝亦云：

> 自初平之元，迄於建安之末，三十年中，萬姓流散，死亡略盡，斯

　　亂之極也。(《晉書本傳》)
可知當年豪強互戰之際，對社會民生造成的巨大災害。

　　(二) 魏晉之際 —— 奪權之爭

　　1. 賈后及八王之亂

　　晉武帝開國以後，有鑑於曹魏孤立亡國之失，故大封宗室子弟於要地，
給予兵權，使其置吏治民，以郡爲國，冀望宗室能爲王都的屏藩，其後卻造
成尾大不掉的局勢。宗族之間，同室操戈，歷時達十六年之久，自晉惠帝元
康元年 (西元 291 年) 起至懷帝永嘉元年 (西元 307 年) 止。

　　元康元年 (西元 291 年)，武帝卒，子惠帝繼立，癡愚昏昧爲歷史上所少
見，而皇后賈南風之兇悍陰狠，淫妒險詐，亦是史上罕有，政權遂落入賈后
之手。當時楊駿輔政，勢傾天下，與賈后爭權。惠帝賈后於是密詔楚王司馬
瑋入朝殺楊駿，並弒太后，改以汝南王司馬亮輔政。不久，賈后又聯合楚王
殺汝南王，並乘機殺楚王。八王之亂，即自此開始。

　　永康元年 (西元 300 年)，賈后因無子而設計廢殺太子遹，趙王司馬倫舉
兵殺賈后，並滅其族，翌年僭位，以惠帝爲太上皇。

　　永寧元年 (西元 310 年)，齊王司馬冏與河間王司馬顒、成都王司馬穎起
兵攻殺趙王，迎惠帝復位。

　　太安元年 (西元 302 年)，惠帝復位後，以齊王爲大司馬，齊王遂驕奢擅
權。成都王、河間王則又聯結長沙王司馬乂襲擊齊王，同黨皆夷三族，死者
二千餘人。

　　太安二年 (西元 303 年)，齊王死後，成都王在鄴遙執朝政，驕恣尤過於
齊王，政事愈益廢弛。又疑忌在京師奉惠帝以禮，頗有才略的長沙王。故又
與河間王發兵攻洛陽，雙方大戰，死傷無數。當時東海王司馬越在京，料長
沙王將不濟，因而於永興元年 (西元 304 年) 暗中與禁軍將領拘執長沙王，
開門迎外兵入，河間王部將張方遂放火燒死長沙王。

　　光熙元年 (西元 306 年)，長沙王敗後，諸王之間以成都王聲勢最大，惠
帝爲其所俘。不久，幽州都督王浚、并州刺史司馬騰聯兵南下討伐成都王，
成都王挾持惠帝逃往長安，依附河間王。洛陽被劫掠一空。東海王聯合王浚
攻入關中，消滅成都王與河間王，奉惠帝還洛陽，隔年 (西元 307 年) 東海
王又弒惠帝，懷帝繼立，八王之亂結束，前後共十六年。

經過此十餘年諸王之間的相互攻殺，國政廢弛已極，難以重振。自古宗室內鬩交戰，鮮有如西晉者，故八王之亂，實為中國盛衰之一大關鍵。《晉書‧八王傳》序云：

> 有晉思改覆車，復隆盤石，或出擁旄節，莊嶽牧之榮，入踐台階，居端揆之重。然而付託失所，授任乖方，政令不恆，賞罰斯濫。或有材而不任，或無罪而見誅，朝為伊周，夕為莽卓。機權失於上，禍亂作於下。楚趙諸王，相乃構釁，徒興晉陽之甲，竟匪勤王之師。始則為身擇利，利未加而害及，初迺焦心憂國，國非憂而奚拯。遂使昭陽興廢，有甚弈棋，乖輿幽縶，更同羑里。胡羯陵侮，宗廟丘墟，良可悲也。

又云：

> 西晉之政亂朝危，雖由時主，然而煽其風，速其禍者，咎在八王。

而《晉書‧劉元海載記》中亦記載了匈奴酋豪劉宣所言：

> 昔我先人與漢約為兄弟，憂泰同之。自漢亡以來，魏晉代興，我單于雖有虛號，無復尺土之業，自諸王侯，降同編戶。今司馬氏骨肉相殘，四海鼎沸，興邦復業，此其時矣。

足見五胡亂華，皆由八王之亂後，朝政廢弛所致。

### 2. 永嘉及建興之亂

晉世因家族紛爭，法弛俗敝，邊疆守備不修，而士子又喜清談，不務實際，國力衰弱，遂使異族有機可乘，因而發生懷、愍二帝先後蒙塵的慘禍。

懷帝永嘉五年（西元311年），匈奴主劉曜遣石勒王彌入寇，晉太傅東海王司馬越率甲士四萬討伐，為石勒所敗，石勒於是乘機攻陷洛陽，拘執懷帝。當時太子司馬業即位於長安，是為愍帝。劉曜統兵屢攻長安，終於在建興四年（西元316年）時攻陷長安，愍帝出降，西晉亡。

永嘉建興年間的懷、愍之難，除了直接促使晉朝王祚的覆亡外，其間動亂給予社會及經濟的打擊亦無法彌補。

### （三）晉宋之際──內外交戰

### 1. 淝水之戰

東晉孝武帝太元八年（西元383年），秦王符堅大舉南侵，步騎八十餘萬，東西萬里，水陸並進，前軍至淝水（今安徽壽縣東），晉宰相謝安遣謝石、謝

玄等率兵八萬迎戰，大破秦軍，秦軍潰散，自相踐踏，死者及被俘者達七十餘萬，苻堅僅以身免。此一戰役實爲胡漢民族存亡的關鍵，幸而東晉大獲全勝，乃得偏安江左。

### 2. 強藩之亂

#### （1）王敦之亂

元帝時，王導爲相，王敦（王導之從兄）爲將，威望日隆，時人有「王與馬，共天下」之語。其後元帝欲奪王敦之權，敦遂起兵謀反。永昌元年（西元 322 年），自武昌舉兵東下，攻入京師，誅戮大臣，元帝憂憤而卒。明帝繼立，命溫嶠討伐，王敦適巧病歿，其餘眾爲蘇峻所平。〔註 13〕

#### （2）蘇峻之亂

蘇峻以平王敦之亂有功，加封冠軍將軍，成帝時聲威漸著，遂有二心，帝召之爲大司農，蘇峻疑懼，遂舉兵造反。咸和二年（西元 327 年）攻陷姑孰，翌年續陷建康，大肆屠掠，遷帝於石頭，溫嶠、庾亮、陶侃合兵平之。〔註 14〕

#### （3）桓玄之亂

安帝時，桓玄（桓溫之子）都督荊州等八州軍事，並荊江二州的刺史，聲勢極盛。元興元年（西元 402 年），舉兵謀反，直犯京師，逼迫安帝禪位，建國大楚，驕奢侈肆，四海鼎沸。此時劉裕、劉毅等舉兵討伐，桓玄敗走漢中，益州刺史毛據斬之於江陵。〔註 15〕

### 3. 北伐之師

東晉偏安江左，時以恢復中原爲念，百年之間，北伐凡十三次，茲將北伐概況列表如次：

附表三：東晉北伐表〔註 16〕

| 次數 | 主將 | 時間 | 目的 | 戰績 | 結果 |
|---|---|---|---|---|---|
| 1 | 祖逖 | 元帝建武元年（317） | 伐後趙 | 破石勒兵，恢復黃河以南地。 | 逖卒後，弟約嗣職，河南復爲後趙所陷。 |
| 2 | 庾亮 | 成帝咸康五年（339） | 伐後趙 | 無功 | |

---

〔註 13〕此事詳於《晉書‧王敦傳》。
〔註 14〕此事詳於《晉書‧庾亮傳》。
〔註 15〕此事詳於《晉書‧桓玄傳》。
〔註 16〕此表參見張仁青著《魏晉南北朝思想史》，頁 30 所列。

| 3 | 庾翼 | 康帝建元元年（343） | 伐後趙 | 無功 | |
| 4 | 桓溫 | 穆帝永和三年（347） | 伐前蜀 | 滅前蜀，恢復四川，盡有長江流域。 | |
| 5 | 褚裒 | 穆帝永和五年（349） | 伐後趙 | 大敗於代陂，狼狽退還。 | |
| 6 | 殷浩 | 穆帝永和九年（353） | 經略中原 | 爲前秦主苻健所敗。 | 激叛姚襄，爲桓溫奏免官。 |
| 7 | 桓溫 | 穆帝永和十年（354） | 伐前秦 | 大敗前秦兵於藍田。 | 以食盡而還。 |
| 8 | 桓溫 | 穆帝永和十二年（356） | 伐姚襄 | 大敗襄兵於伊水，收復洛陽。 | |
| 9 | 桓溫 | 廢帝太和四年（369） | 伐前燕 | 屢敗前燕兵，進至枋頭。 | 以運糧不濟，敗歸。 |
| 10 | 謝玄 | 孝武帝太元九年（384） | 伐前秦 | 前秦奉書請降，收復山東河南。 | |
| 11 | 楊亮 | 孝武帝太元十年（385） | 伐前秦 | 破前秦兵，收復梁益二州及陝西漢中道。 | |
| 12 | 劉裕 | 安帝義熙六年（410） | 伐南燕 | 滅南燕，恢復山東，並西平後蜀。 | |
| 13 | 劉裕 | 安帝義熙十二年（416） | 伐後秦 | 克復洛陽長安，滅後秦、西秦及西涼請降。 | 裕以急於山東歸受禪，遂再失關中河洛山東之地。 |

北伐十三次，次數實爲多矣。然而推究其始終不能成功的原因，大概有二：

（1）東晉君主多爲昏庸或幼弱，或者不長壽，不能大有作爲，故無收復失土之能力。

（2）東晉大臣多跋扈或叛逆，中央政府的實權或爲權臣所操縱，或者執政者常須分出大半精力對付強藩，或受強藩掣肘，不能全副精神對外，此其所以於北伐之事，師老無功。

西晉覆亡以後，漢族文化移於江南，但江南之武力，遠不及北方。而國內又多內亂，強臣大盜接踵而起，兄弟骨肉鬩牆之禍層出不窮，無暇也無力一意對外，此爲東晉南朝〔註17〕所以終不能恢復中原之因。

〔註17〕南朝立國一百六十九年，江山易姓者四次，君主更迭者二十四次，其間得善終者不及半數，臣弑其君者有之，子弑其父者有之，弟弑其兄者有之，奸淫殘殺，習以爲常。朝庭宮闈之間，內情多不堪聞，其間混亂情勢，較西晉爲甚。然而西晉的八王之亂，導致永嘉之慘禍，漢胡南北對峙的局勢因而形成，關係甚巨。

# 第二節 人倫衰朽——社會因素

魏晉時期是中國史上戰亂不絕，政權更迭頻繁的亂世。自漢末桓靈之世政風腐敗，導致政權瓦解，此後內有群雄競起，逞志干戈，篡奪相繼，外有戎狄交侵，兵燹遍地，生靈塗炭，中國即進入長期大動亂的時代。在此亂世裡百姓承受著轉死流亡的悲慘命運。由於人口銳減，從事生產者自然亦隨之銳減，土地遂任其荒蕪。加以烽火漫天，兵燹匝地，盜賊四起，土地都城橫遭破壞。而農民亦紛紛加入暴動，或被徵發以鎮壓暴動，因而導致社會秩序之混亂，與農村經濟的破壞。加以天災疾疫流行，民生疾苦，不言而喻。曹操〈令州郡罷兵詔〉中載：

> 今海內擾攘，州郡起兵，征夫勞瘁，寇難未弭，或將吏不良，因緣討捕，侵侮黎明，離害者眾。風聲流聞，震盪城邑，丘牆懼於橫暴，貞良化為群惡，此何異乎抱薪救焚，扇火止沸哉？今四民流移，託身他方，攜白首於山野，棄稚子於溝壑，顧故鄉而哀歎，向阡陌而流涕，饑厄困苦，亦已甚矣。（《三國志，魏書・陶謙傳》注引《吳書》載）

《三國志・吳書・駱統傳》亦記載：

> 今海內未义，三軍有無已之役，江境有不釋之備。……加以疢疫死喪之災，郡縣荒虛，田疇蕪曠。……生則困苦無有溫飽，死則委棄骸骨不反。又聞民間，非自處小能自供，生產兒子，多不起養，屯田貧兵，亦多棄子。

《晉書・呂隆載記》中更具體描繪出天災人禍下，人民的慘狀：

> 沮渠、蒙遜又伐隆，隆擊敗之，蒙遜請和結盟，留穀萬餘斛以振飢人。姑臧穀價踊貴，斗直錢五千文，人相食，餓死者十餘萬口。城門畫閉，樵採路絕，百姓請出城乞為夷虜奴婢者日有數百。隆懼沮動人情，盡坑之，於是積屍盈於衢路。

可見當日社會民生的困苦劫難。

隨著大一統觀念的瓦解，正統經學教育的不振，社會風氣失去約束力，士人在生活方式上也隨之改變，各行其是，各從所好，更大的趨向是任情縱欲。而許多功名俗世，將浮華交會視為獵取富貴的終南捷徑。許多豪門貴冑

---

而南朝之內亂，則對中國歷史影響較輕，而本論文限於筆者的時間學力，故對魏晉時代的情勢分析，僅至於劉裕滅東晉建國號宋之時，即西元 420 年。

奢侈縱欲，對良民長期剝削，更使百姓民不聊生。而作爲社會良心的士人，面對蒼生的慘境與社會的亂象，豈不痛心疾首？以下乃就社會因素探討造成魏晉士人悲情的外緣因素。

## 一、天災人禍頻仍

### （一）災疫流行

《老子》三十章言：「師之所處，荊棘生焉，大軍之後，必有凶年。」魏晉時期的民生疾苦，固然由於戰禍連年，然而各種天災、瘟疫的紛至沓來，亦造成百姓的大量死亡。以下列表述之：

附表四：漢末至兩晉災疫簡表〔註18〕

| 國號 | 帝名 | 時　　間 | 災疫種類 | 發生地區 | 災　　況 | 備　　註 |
|------|------|----------|----------|----------|----------|----------|
| 漢 | 靈帝 | 建寧三年一月（170） | 大饑 | 河內、河南 | 河內人婦相食，河南人夫食婦。 | 後漢書·靈帝紀 |
| | 獻帝 | 興平元年七月（194） | 大旱 | 三輔 | 人相食啖，白骨委積 | 後漢書·獻帝紀 |
| | | 興平二年四月（195） | 大旱 | | | 後漢書·獻帝紀 |
| | | 建安二年五月（197） | 蝗 | | 江淮間民相食 | 後漢書·獻帝紀 |
| | | 建安初年 | 大饑 | 冀州 | 袁紹在冀州時，滿市黃金，而無斗粟，餓者相食。 | 述異記 |
| | | 建安十七年五月（212） | 洧水、潁水溢；螟 | | | 後漢書·獻帝紀 |
| | | 建安十八年六月（213） | 大水 | | | 後漢書·五行志 |
| | | 建安十九年四月（214） | 旱 | | | 後漢書·獻帝紀 |
| | | 建安二十二年（217） | 大疫 | | 徐幹、陳琳、應瑒、劉楨俱逝。 | 後漢書·獻帝紀 |
| | | 建安二十四年八月（219） | 漢水溢 | | 流害民人。 | 後漢書·五行志 |

〔註18〕此表參見張仁青《魏晉南北朝文學思想史》中頁220中所列。

| | | | | | |
|---|---|---|---|---|---|
| 魏 | 文帝 | 黃初四年三月（223） | 大疫 | | 三國志‧魏文帝紀 |
| | | 黃初四年六月（223） | 穎水、洛水溢 | | 殺人民，壞廬宅。 | 三國志‧魏文帝紀 |
| | 明帝 | 太和二年五月（228） | 大旱 | | | 三國志‧魏明帝紀 |
| | | 太和四年九月（230） | 伊、洛、河、漢水溢 | | | 三國志‧魏明帝紀 |
| | | 太和五年三月（231） | 旱 | | | 三國志‧魏明帝紀 |
| | | 青龍二年四月（234） | 大疫 | | | 三國志‧魏明帝紀 |
| | | 青龍三年一月（235） | 大疫 | 京都 | | 三國志‧魏明帝紀 |
| | | 景初元年六月（237） | 地震 | 京都 | | 三國志‧魏明帝紀 |
| | 齊王 | 正始六年（245） | 鴻水溢 | 茶陵縣 | 流漂居民二百餘家。 | 三國志‧吳主簿 |
| 西晉 | 武帝 | 咸寧元年十二月（275） | 大疫 | 洛陽 | 死者大半 | 晉書‧武帝紀 |
| | | 咸寧二年閏八月（276） | 大水 | 荊州五郡 | 流四千餘家。 | 晉書‧武帝紀 |
| | | 咸寧四年七月（278） | 大水 | 荊、揚郡國二十 | | 晉書‧武帝紀 |
| | | 太康四年（283） | 大水 | 河內、荊州、揚州 | | 晉書‧武帝紀 |
| | | 太康五年九月（284） | 大水 | 郡國五 | | 晉書‧武帝紀 |
| | | 太康六年四月（285） | 大水 | 郡國十 | 壞百姓廬舍 | 晉書‧武帝紀 |
| | | 太康九年六月（288） | 大旱 | 郡國三十二 | | 晉書‧武帝紀 |
| | | 太康九年九月（288） | 螟 | 郡國二十四 | 傷麥 | 晉書‧武帝紀 |
| | 惠帝 | 元康二年十一月（292） | 大疫 | | | 晉書‧惠帝紀 |
| | | 元康七年七月（297） | 饑 | 關中 | 米斛萬錢，詔骨肉相賣者不禁。 | 晉書‧惠帝紀 |

| | | 元康七年七月（297） | 疫‧大旱 | 梁雍二州 | 傷秋稼 | 晉書‧惠帝紀 |
|---|---|---|---|---|---|---|
| | | 元康七年七月（297） | 大水 | 荊、豫、揚、徐、冀等五州。 | | 晉書‧惠帝紀 |
| | | 永寧元年十二月（301） | 旱‧蝗 | 郡國十二旱，六蝗 | | 晉書‧惠帝紀 |
| | | 太安元年七月（302） | 木水 | 兗、豫、徐、冀四州 | | 晉書‧惠帝紀 |
| | | 永興元年一月（304） | 大餒 | 長安軍中 | 人相食 | 晉書‧惠帝紀 |
| | 懷帝 | 永嘉三年三月（309） | 大旱 | | 江、漢、河、洛皆竭，可涉。 | 晉書‧懷帝紀 |
| | | 永嘉四年四月（310） | 大水 | | | 晉書‧懷帝紀 |
| | | 永嘉四年四月（310） | 大蝗 | 幽、并、司、冀、秦、雍六州 | 食草木牛馬毛，皆盡。 | 晉書‧懷帝紀 |
| | | 永嘉四年十一月（310） | 大疫 | 襄陽 | 死者三千餘人 | 晉書‧懷帝紀 |
| | | 永嘉五年五月（311） | 饑 | 京師 | 人杷食，百官流亡者十八九。 | 晉書‧懷帝紀 |
| | | 永嘉五年（311） | 饑 | 京師 | 懷帝遣人觀市，珠玉金銀闐委市中，而無粟麥。 | 述異記 |
| | | 永嘉六年（312） | 大疫 | | | 述異記 |
| | 愍帝 | 建興四年十月（316） | 饑 | 長安 | 米斗金二兩，人相食，死者大半。 | 晉書‧愍帝紀 |
| | | 建興五年七月（317） | 大旱 | | | 晉書‧愍帝紀 |
| | | 建興五年七月（317） | 螽蝗 | 司、冀、青、雍 | | 晉書‧愍帝紀 |
| 東晉 | 元帝 | 大興二年〈319〉 | 大饑 | 三吳 | | 晉書‧元帝紀 |
| | | 大興三年六月（320） | 大水 | | | 晉書‧元帝紀 |
| | | 大興四年五月 | 旱 | | | 晉書‧元帝紀 |

| | 大興四年七月 | 大水 | | | 晉書・元帝紀 |
|---|---|---|---|---|---|
| | 永昌元年十月（322） | 大疫 | | 死者十二三 | 晉書・元帝紀 |
| 明帝 | 大寧元年三月（323） | 大火 | 饒安、東光、安陵三縣 | 燒七千餘家，死者萬五千人 | 晉書・元帝紀 |
| 成帝 | 咸和五年五月（330） | 旱、饉、疫 | | | 晉書・成帝紀 |
| | 咸康元年（335） | 大旱 | | 會稽、餘姚尤甚，米斗五百價，人相賣。 | 晉書・成帝紀 |
| 穆帝 | 永和六年（350） | 大疫 | | | 晉書・穆帝紀 |
| 廢帝 | 永和六年六月（350） | 大水 | 京師、丹陽、晉陵、吳郡、吳興、臨海 | | 晉書・海西公紀 |
| 簡文帝 | 咸安二年（372） | 大旱 | 三吳 | 人多餓死 | 晉書・簡文帝紀 |
| 孝武帝 | 太元四年三月（379） | 大疫 | | | 晉書・孝武帝紀 |
| | 太元六年七月（381） | 大饉 | | | 晉書・孝武帝紀 |
| | 太元十七年六月（392） | 潮水湧起 | 永嘉 | 近海四縣多死者 | 晉書・孝武帝紀 |
| | 太元十九年七月（394） | 大水 | 荊徐二州 | 傷秋稼 | 晉書・孝武帝紀 |
| 安帝 | 隆安三年（399） | 大水 | 荊州 | 平地三丈 | 晉書・安帝紀 |
| | 隆安五年（401） | 饉 | | | 晉書・安帝紀 |
| | 義熙十年七月（414） | 大風 | 淮北 | 壞廬舍 | 晉書・安帝紀 |

　　由於上表所列之水災、火災、風災、旱災、震災、蟲災、瘟疫、饑饉等，以及長年戰禍連年，大肆屠殺，使人民大量死亡。自漢末至東晉末年，人口銳減，由五千六百餘萬降為四百六十餘萬，（參見上小節「屠戮大行」），令人

驚心動魄。屈原云：「長太息以掩涕兮，哀民生之多艱」（《楚辭‧離騷》），移之視魏晉士人百姓，仍令人掩卷嘆息。

（二）民生凋敝

綜前所述，可知魏晉時期兵禍連年，災疫頻至，人民處其間的苦痛遠較其他時代為甚。此時期中對社會民生的破壞甚巨，以下分二點敘之：

1. 人口之銳減

連年戰爭，人民一方面長期接受兵災之蹂躪，另一方面又飽嚐戰爭所引起之饑荒與疾疫，人口數量遂銳減。《三國志》中載：

> 自京師遭董卓之亂，人民流移東出，多依彭城間。遇太祖至，坑殺男女數萬口於泗水，水為不流。陶謙帥其眾軍武原，太祖不得進。引軍從泗南攻取慮、睢陵、夏丘諸縣，雞犬亦盡，墟邑無復行人。（〈荀彧傳〉注引〈曹瞞傳〉）

在東漢末年的大動亂後，人口銳減，歷久不復，陳群上疏魏明帝云：

> 今喪亂之後，人民至少，比漢文景之時，不過一大郡。（《三國志本傳》）

杜恕也上疏魏文帝云：

> 今大魏奄有十州之地，而承喪亂之弊，計其戶口，不如往昔一州之民。（《三國志本傳》）

至晉時，民不聊生的情況更烈，《晉書》中對此亦頗多記載：

> 及惠帝之後，政教陵夷，至於永嘉，喪亂彌甚。雍州以東，人蚀飢乏，更相鬻賣，奔迸流移，不可勝數。幽、并、司、冀、秦、雍六州大蝗，草木及牛馬毛皆盡。又大疾疫，兼以饑饉，百姓又為寇賊所殺，流尸滿河，白骨蔽野。劉曜之逼，朝廷議欲遷都倉垣，人多相食，饑疫總至，百官流亡者十八九。（〈食貨志〉）

> 自永嘉喪亂，百姓流亡，中原蕭條，千里無煙，飢寒流隕，相繼溝壑。（〈慕容皝載記〉）

> 臣自涉州疆，目睹困乏，流移四散，十不存二，攜老扶弱，不絕於路。及其在者，鬻賣妻子，生相捐棄，死亡委危，白骨橫野，哀呼之聲，感傷和氣。群胡數萬，周匝四山，動足遇掠，開目睹寇。（〈劉琨傳〉）

劉琨所敘，無異是一幅悲慘的難民流亡圖。

2. 土地城郭之荒蕪

由於人口銳減，從事生產者自然亦隨之銳減，土地遂任其荒蕪。加以烽火漫天，兵燹匝地，土地都城橫遭破壞。而農民亦紛紛加入暴動，或被徵發以鎮壓暴動，因而導致社會秩序之破壞，與農村經濟的破產。《後漢書·劉陶傳》中載：

> 比年以來，良苗盡於蝗螟之火，杼柚空於公私之求，所急朝夕之餐，所患靡鹽之事。……當今地廣而不得耕，民眾而無所食，群小競進，秉國之位，鷹揚天下，烏鈔求飽，吞飢及骨，並噬無厭。誠恐卒有役夫窮匠，起於板築之間，投斤攘臂，登高遠呼，使愁怨之民，嚮應雲合，八方分崩，中夏魚潰。

《三國志》中對土地之荒蕪，亦多記載：

> 今承大亂之後，民人分散，土業無主，皆為公田。(〈魏書·司馬朗傳〉)

> 當今千里無煙，遺民困苦。(〈魏書·衛顗傳〉)

> 今海內未乂，……郡縣荒虛，田疇蕪曠。(《吳書·駱統傳》)

而《晉書·孫綽傳》中載孫綽上疏陳言移都洛陽之弊時言：

> 懷愍不建，淪胥秦京，遂令胡戎交侵，神州絕綱，土崩之釁，誠由道喪。然中夏蕩蕩，一時橫流，百郡千城曾無完郭者。

當時中原的寥落，城郭荒蕪，令人怵目驚心。

## 二、政教中心破壞

長期的戰亂相尋，造成文化中心毀滅，國學大師錢穆在《國史大綱》中云：

> 兩漢統一時期，代表中國政治中心而兼文化中心的地點有兩個，一是長安，一是洛陽。長安代表的是中國東西部之結合，首都居在最前線，領導著全國國力，向外發展的一種形勢。洛陽代表的是中國的穩健狀態，南北部的融洽，首都居在中央，全國國力自由伸舒的一種和平形態。

洛陽與長安為漢朝時的政治文化中心，卻在東漢末年的董卓之亂中，遭受嚴

重的破壞。《後漢書・獻帝紀》中記載了洛陽的殘破情形：

> 建安元年 7 月甲子，車駕至洛陽，幸中常侍趙忠宅。……是時宮室
> 燒盡，百官披荊棘，依牆壁間，州郡各擁強兵，而委輸不至，至群
> 僚飢乏，尚書郎以下自出採穭，或飢死牆壁間，或為民所殺。

而長安的殘破，則又比洛陽為甚。《後漢書・董卓傳》云：

> 於是遷天子西都。初，長安遭赤眉之亂，宮室營寺焚滅無餘。是時
> 惟有高廟京兆府舍，遂便時幸焉。後移未央宮。於是盡徒洛陽人數
> 百萬口於長安，步騎驅蹙，更相蹈藉，饑餓寇掠，積尸盈路。卓自
> 屯留畢圭苑中，悉燒宮廟官府居家，二百里內，無復孑遺。又使呂
> 布發諸帝陵及公卿以下冢墓，收其珍寶。……時長安中盜賊不禁，
> 白日虜掠，催汜稠子參分城內，各備其界。猶不能制，而其子弟縱
> 橫，侵暴百姓。是時穀一斛五十萬，豆麥二十萬，人相食啖，白骨
> 委積，臭穢滿路。……初，帝入關，三輔戶口尚數十萬，自催汜相
> 攻，天子東歸後，長安城空四十餘日，強者四散，羸者相食，二三
> 年間，關中無復人跡。

其後歷經多年修復，洛陽及長安又成為西晉時之政治文化中心。然而再經八
王之亂與永嘉之禍，幾成荒土。《晉書・王彌傳》云：

> 彌後與曜寇襄城，遂逼京師。時京邑大饑，人相食，百姓流亡，公
> 卿奔河陰。曜彌等遂陷宮城，至太極前殿，縱兵大掠。幽帝於端門，
> 逼辱羊皇后，殺皇太子詮，發掘陵墓，焚燒宮廟，城府蕩盡，百官
> 及男女遇害者三萬餘人，遂遷帝於平陽。彌之掠也，曜禁之，彌不
> 從，曜斬其牙門王延以徇，彌怒，與曜阻兵相攻。

又《晉書・劉曜載記》云：

> 舊都宮室，咸成茂草，墜露霑衣，行人灑淚。

而《晉書・食貨志》載：

> 懷帝為劉曜所圍，王師累敗，府帑既竭，百官飢甚，比屋不見火煙，
> 飢人自相啖食。

其荒涼殘破之狀，可以想見。故穆帝永和十二年（西元 356 年），桓溫北伐，
收復洛陽，議請移都至洛陽，而為孫綽所反對，他所持的理由為：

> 自喪亂以來，六十餘年，蒼生殄滅，百不遺一，河洛丘墟，函夏蕭
> 條，井堙木刊，阡陌夷滅，生理茫茫，永無依歸。

至於長安之凋敝殘破，亦復如是。《晉書‧愍帝紀》云：

> 建興四年秋 8 月，劉曜逼京師，內外斷絕。……麴允與公卿守長安
> 小城以自固。……冬 10 月，京師饑甚，米斗金二兩，人相食，死者
> 大半。太倉有麴數十斛，麴允屑為粥以供帝，至是復盡。

雖貴為天子，亦僅能以粥餬口，其他可想而知。又云：

> 永嘉之亂，天下崩離，長安城中，戶不盈百，牆宇頹毀，蒿棘成林。
> 朝廷無車馬章服，唯桑版署號而已。

由此可知，魏晉時期的長期戰亂，使得國家文化中心毀敗，這對抱有濟世之志與文化使命感的士人而言，實為痛心疾首。

## 三、禮法變質敗壞

　　禮是人與人之間的一種道德規範，是儒家思想的基本範疇之一。《論語‧泰伯》曰：「興於詩，立於禮，成於樂。」認為學者之所以能卓然自立，不為事物所搖奪，乃在於能以禮之恭敬辭讓為本。〈顏淵〉篇言：「克己復禮為仁。……非禮勿視，非禮勿聽，非禮勿言，非禮勿動。」強調學者需仁存於心，禮見之行，內外心行合一始能成道。而《禮記‧曲禮》曰：「道德仁義，非禮不成；教訓正俗，非禮不備，分爭辯訟，非禮不決；君臣上下，父子兄弟，非禮不定……是故，聖人作為禮以教人，使人以有禮，知自別於禽獸。」將人與動物的最後區別定於是否知禮，可見禮在儒學思想體系中之重要性。因此，後世又將儒家的道德教育稱之為「禮教」，將儒家的政治制度稱之為「禮治」。

　　從儒家的角度看來，社會中若無共同的道德規範可遵行，必將導致無序而渙散，因而禮是不可少的。但專制政權為了鞏固其統治，常常強調其所謂的禮教，在社會現行的禮俗之細節處規行矩步，實質上是強求個人放棄個性，屈從專制制度。他們所謂的君臣之禮只是為臣而設，如此，禮便成為對人的基本情感的約束和禁錮。而漢魏之際的選官制度是薦舉制，其基本程序是政府根據鄉閭清議來進行察舉與徵辟。就在社會輿論對名教之禮的推崇膜拜中，必然出現禮的投機者。《後漢書‧陳蕃傳》載：

> 民有趙宣葬親而不閉埏隧，因居其中，行服二十餘年，鄉邑稱孝，
> 州郡數禮請之。郡內以薦蕃，蕃與相見，問及妻子，而宣五子皆服
> 中所生。

《禮記》載：「三年之喪，可復父母之恩也。賢者俯而就之，不肖者企而

及之。」服喪本是爲了表示對亡故父母的孝敬之情，《禮記》將服孝期強制規定爲三年，遂被欺世盜名之徒利用，以不近情理之舉以獲得聲名，離儒家所倡之禮已差之甚遠。葛洪在《抱朴子外篇·察舉》篇中即引時人對此現象的譏諷：

> 舉秀才，不知書。察孝行，父別居。寒素清白濁如泥，高廉第良將怯如雞。

在兩漢經學和禮教的薰陶下，社會上便充斥著所謂規行矩步的「儒雅君子」。《後漢書·張湛傳》載張湛爲人：

> 矜嚴好禮，動止有則，居處幽室，必有修整，唯遇妻子，若嚴君焉。及在鄉黨，詳言正色，三輔以爲儀表。人或謂湛僞詐，湛聞而笑曰：「我誠詐也。人皆惡詐，我獨詐善，不亦可乎？」

張湛的行爲幾乎成了禮的機器，在妻兒親朋前都道貌岸然，毫無人情味。而他還自認此種爲沽名釣譽的詐善言行比行惡者好。又如《後漢書·周澤傳》中形容其人：

> 清潔循行，盡敬宗廟。常臥疾齋宮，其妻哀澤老病，闚問所苦。澤大怒，以妻干犯齋禁，遂收詔獄謝罪。當世疑其詭激。

周澤的行爲如此違反人性，是禮的奴隸，禮教下的犧牲品。從張、周二人的表現，可看出禮教能異化、扭曲士人的心態。然而，當一種禁錮心靈的思想意識被推向極端時，與之相反的觀念、行爲必會衝破阻撓而產生。專制愈殘酷，渴望自由的願望愈強烈，追求自由的行動愈果敢。士人的情感在衝破禮教大堤之後，奔騰洶湧，一瀉千里。漢末魏晉的縱情放達之風或者即是因此形成。

縱情放達之風的形成，是沖決禮教大堤，顯現人的眞性情。然而從漢末桓、靈以來，閹宦擅權，軍閥割據，曹篡漢統，晉奪魏祚，其間變亂紛至，天下分崩離析，生靈塗炭。在如此惡劣的時代，與昏庸殘暴的統治主宰下，此縱情任達的表象背後，卻有不同的精神內涵。士人有因憤世嫉俗而放浪形骸以示抗議者，但更多的是因仰慕名流而盲目效法，或因道德淪喪而盡情縱慾者。如此造成禮法的敗壞與民風的不淑。

（一）競尚奢靡

東漢商業發達，富商大賈競以雄厚資本收購土地而成爲大地主，壟斷物價，與農夫小民對立。其尤者貪得無厭，或賄賂巨宦，甚或奪取政權，搶奪

地盤，以侵漁良民，度其奢靡淫佚的生活。而農民工人則終歲勤苦，不得溫飽。執政者縱欲於上，百姓受其殃毒於下，而商賈又乘機漁利，以致社會貧富懸殊愈甚，終於釀成黃巾之亂，以至國朝危亡崩潰。

及至曹魏，連年戰禍，當時四海困窮，而朝廷奢侈之風卻未革除，試觀曹植〈箜篌引〉所述：

> 置酒高殿上，親友從我遊，中廚辦豐膳，烹羊宰肥牛。秦箏何慷慨，
> 齊瑟和且柔，陽阿奏奇舞，京洛出名謳。樂飲過三爵，緩帶傾庶羞，
> 主稱千金壽，賓奉萬年酬。

詩中珍饈美味，酒醉飯飽，鬆衣寬帶，歌舞助興，呈現當日豪門遊宴之情景。而《晉書·宣帝紀》中亦記錄了帝王的奢汰：

> 魏明帝好修宮室，制度靡麗，百姓苦之。帝自遼東還，役者猶萬餘
> 人，雕玩之物動以千計。

足見朝野上下，奢靡成風。及至晉朝，奢汰之習，變本加厲，自古以來，史所未見。

自古立國之君大多提倡節儉，晉武帝為維護政權也屢下誡奢的詔令，咸寧四年十一月，太醫司馬程據獻雉頭裘，武帝以奇巧異服典禮所禁。焚之於殿前，並且下詔敢有再犯者將予以治罪。同年，又下禁立碑詔：

> 此後石獸碑表，既私褒美，興長虛偽，傷財害人，莫大於此。一禁
> 斷之。其犯者雖會赦令，皆當毀壞。（《宋書·禮志二》）

然而，武帝本人卻不是儉約克己之君，其言行相悖故無法真正制止奢靡之風。《晉書·劉毅傳》中載：

> 武帝嘗南郊，禮畢，喟然問毅曰：「卿以朕方漢何帝也。」對曰：「可
> 方桓、靈。」帝曰：「吾雖德不及古人，猶克己為政。又平吳會，混
> 一天下。方之桓、靈，其已甚乎。」對曰：「桓靈賣官，錢入官庫，
> 陛下賣官，錢入私門。以此言之，殆不如也。」

可知武帝之貪奢好財，實則與他所提倡的節儉克己完全相悖。也因而武帝一朝最豪奢的人，多是武帝的重臣，例如何曾、何劭父子。《晉書·何曾傳》中載：

> 然性豪奢，務在華侈。惟帳車服。窮極綺麗，廚膳滋味，過於王者。
> 每燕見，不食太官所設，帝則命取其食。……食日萬錢，猶曰無下
> 箸處。

而其子何曾之奢侈猶過之而無不及。《晉書·何劭傳》中言其：

> 驕奢簡貴，亦有父風。衣裘服玩，新舊巨積。食必盡四方珍異，一
> 日之供以錢二萬爲限。時論以爲太官御膳，無以加之。

武帝屢下明詔提倡儉約，而何曾竟敢於宴見之時公然自備廚膳，武帝不但未加責難，且命取其食。這在朝廷之上，無異於贊賞其豪奢，也是對提倡儉約的自我否定。如此，於其他大臣的奢靡，也就難於制止。《晉書·任愷傳》中載：

> 初，何劭以公子奢侈，每食必盡四方珍饌，愷乃逾之，一食萬錢，
> 猶云無可下箸處。

又如王愷與石崇，亦是史上有名極盡豪奢之能事之人物。《晉書·石崇傳》中載：

> 崇財産豐積，室宇宏麗。後房百數，皆曳紈繡，珥金翠。絲竹盡當
> 時之選，庖膳窮水陸之珍。與貴戚王愷、羊琇之徒以奢靡相尚。愷
> 以粘糒澳釜，崇以蠟代薪。愷作紫絲布步障四十里，崇作錦步障五
> 十里以敵之。崇塗屋以椒，愷用赤石脂。崇、愷爭豪如此。

《世說新語·汰侈》又載：

> 石崇與王愷爭豪，並窮綺麗，以飾輿服。武帝，愷之甥也，每助愷。
> 嘗以一珊瑚樹，言二尺許賜愷。枝柯扶疏，世罕其比。愷以示崇，崇
> 視訖，以鐵如意擊之，應手而碎。愷既惋惜，又以爲疾己之寶，聲色
> 甚屬。崇曰：「不足恨，今還卿。」乃命左右悉取珊瑚樹，有三尺四
> 尺，條幹絕世，光彩溢目者六七枚，如愷許比甚衆，愷惘然自失。

石崇與王愷鬥富中，武帝幫助王愷，無疑是默許臣下們這種極其放縱、窮極奢侈的生活，更在士人間搧起奢靡之風。競爲豪奢幾乎是一種榮譽，連武帝都參與其間。《世說新語·汰侈》載：

> 武帝嘗降王武子家，武子供饌，並用琉璃器。婢子百餘人，皆綾羅
> 袴褶，以手擎飲食。烝豚肥美，異於常味。帝怪而問之，答曰：「以
> 人乳飲豚。」帝甚不平，食未畢，便去。王、石所未知作。

王武子即是王濟，爲常山公主的駙馬，以貴戚之尊，又爲巨富，故揮霍無所忌憚。《晉書》本傳言其好馬射，當時洛陽人多地貴，他買地爲作爲跑馬場，在周圍挖壕溝，**裏**面鋪上編成串的銅錢，直至堆滿爲止，故時人稱爲「金溝」。王濟之豪奢，使武帝貴爲帝王，卻感到寒磣不平。此中未加以禁止責難，反

而不平的心態，說明武帝亦置身於競爲奢侈的風氣中。

上有所好，下必甚焉，朝廷上下的奢侈之風，有晉一代是日甚一日，成爲不可遏止之勢。然驕奢必敗，太康之世的窮侈極慾之風，使貪贓枉法之事益烈，社會財富極度浪費，終而由物資慾激發權力慾而引起八王之亂，社會又陷入黑暗無序之中。

東晉渡江以後，奢靡之習，依然未改。世族名士無不隨俗浮沈，極聲色之娛，即如名將陶侃，《晉書》本傳謂其：

> 媵妾數十，家僮千餘，珍奇寶貨，富於天府。

名士殷仲文，《晉書》本傳謂其：

> 以佐命親貴，厚自封崇，輿馬器服，窮極綺麗，後房伎妾數十，絲竹不絕音。性貪吝，多納貨賄，家累千金，常若不足。

又一代賢相謝安，亦以聚斂無厭，貽譏當世。《晉書》本傳謂其：

> 於土山營墅，樓館林竹甚盛，每攜中外子姪往來遊集，肴饌亦屢費百金，世頗以此譏焉，而殊不以屑意。

可知當世物欲橫流，沛然莫之能禦。而朝野競相以奢華相尙，促使政治愈加腐敗，因而不免於危亡。

### （二）淫佚荒誕

淫佚之事，歷代皆有，然以晉世爲盛。晉武帝即位之初，雖屢下禁侈之詔。然自身卻窮奢縱慾，言行相悖。《晉書‧武元楊皇后傳》中載：

> 泰始九年，博選良家以備後宮，先下書禁天下嫁娶，使宦者乘使車，給騶騎，馳傳州郡，召充選者使后揀擇。

《晉書‧后妃傳》中亦載：

> 泰始九年，帝多簡良家子女以充內職，自擇其美以絳紗繫臂。……時帝多內寵，平吳之後復納孫皓宮人數千，自此掖庭殆將萬人。而並寵者甚眾，帝莫知所適，常乘羊車，恣其所之，至便宴寢。宮人乃取竹葉插戶，以鹽汁灑地，而引帝車。

上行下效，於是淫佚之風大行。正始士人縱欲任情，是從放誕生活中得到感情慾望的抒解，主要表現在縱酒，不拘禮法，如居喪飲酒食肉，個別如劉伶等至於脫衣裸形。然西晉卻發展至縱慾淫亂，《晉書‧五行志》載：

> 自咸寧太康之後，男寵大興，甚於女色，士大夫莫不尙之，天下相倣效，或至夫婦離絕，多生怨曠。惠帝元康中，貴游子弟相與爲散

> 髮裸身之飲，對弄婢妾，逆之者傷好，非之者負譏，希世之士恥不
> 與焉。

「對弄婢妾，逆之者傷好，非之者負譏」，說明當時的淫佚之風已在貴遊子弟
中成一普遍、習以爲常的現象，且已波及婦女。且看《晉書》對賈后淫行之
記載：

> 賈后遂荒淫放恣，與太醫令程據等亂彰內外。洛南有盜尉部小吏，
> 端麗美容止，既給廝役，忽有非常衣服，眾咸疑其竊盜，尉嫌而辯
> 之。賈后疏親欲求盜物，往聽對辭。小吏云：「先行逢一老嫗，說家
> 有疾病，師卜云宜得城南少年厭之，欲宿相煩，必有重報。於是隨
> 去，上車下帷，內簏箱中，行可十餘里，過六七門限，開簏箱，忽
> 見樓闕好屋。問此是何處，云是天上，即以香湯見浴，好衣美食將
> 入。見一婦人，年可三十五六，短形青黑色，眉後有疵。見留數夕，
> 共寢歡宴，臨出贈此眾物。」聽者聞其形狀，知是賈后，慚笑而去。
> 尉亦解意。時他人入者多死，惟此小吏，以后愛之，得全而出。

西晉王朝中的宮闈不修，即使爲尊者諱的正史亦不能爲之諱。至東晉偏安江
左，放縱之風亦未加收斂。如東晉重臣周顗，有風流才氣，兼美姿容，然《世
說新語‧任誕》篇卻記載了一段有關他駭人聽聞的故事：

> 王導與周顗及朝士詣尚書紀瞻觀伎。瞻有愛妾，能爲新聲。顗於眾
> 中欲通其妾，露其醜穢，顏無怍色。有司奏免顗官，詔特原之。

周顗具有名士之名與風姿，卻有如此穢行。試想，在朝士匯聚之人前，在歌吹
舞蹈之際，竟然性慾勃發，不可自制，乃至於公然露其醜穢而欲通人妾。如此
穢行竟能爲他人所容，可知「對弄婢妾」已成一時風尚，故世人見怪不怪。

### （三）名教淪落

傳統士人，所重者禮教，所惜者名節。儒家建立起來的人倫關係，一向
是現實生活中行爲的準則與是非的標準，但隨著漢朝大一統政權的崩壞，這
些準則也就失去了它們的權威性，忠孝節義不再是士人謹守的信條。如東漢
以孝治天下，因孝可成名，亦可入仕。謹奉父母，不敢有違是爲人的準則。
然隨著正統觀念的動搖，「孝」便受到質疑，《後漢書‧孔融傳》中載：

> 融與白衣禰衡跌蕩放言，云：「父之於子，當有何親，論其本意，實
> 爲情欲發耳。子之於母，亦復奚爲，譬如寄物缻中，出則離矣。」

大膽對父子之倫提出否定，放言高論，敗倫亂理。君臣父子之義既不再是行

為準則，則臣弒其君、子殺其父無不可矣，無怪乎魏晉之世，風凋俗敝。

　　誠然，魏晉士人的縱情任性之舉，是時代人性解放、人的自覺的重要特徵。他們衝破禮教樊籬，尋覓自我，表現個性，自有其合情合理的因素。然而在此人性覺醒的旗幟下，亦有人性墮落的成分在。如曹丕一向縱聲色，尤有甚者乃至亂倫，《世說新語・賢媛》中載：

> 魏武帝崩，文帝悉取武帝宮人自侍。及帝病困，卞后出視疾。太后入戶，見直侍并是昔日所愛幸者。太后問：「何時來耶？」云：「正伏魄時過。」因不復前而嘆曰：「狗鼠不食汝餘，死故應爾。」至山陵，亦竟不臨。

曹丕放縱任性之行，已不顧禮教，連其母親亦厭惡不容。傅玄言：「魏文慕通達，而天下賤守節。」（《晉書・傅玄傳》）時人多視名教綱常為桎梏人心之工具，任情縱欲之風發展到極致，風教自是陵遲寡喪。

　　西晉立國之初，雖以名教立國，但其自身又以違背君臣綱紀奪得政權，因其立身不正，故多數士人不以忠節為念，此在八王之亂中充分表現。且其篡弒之前，濫行誅戮，名士多沈淪自晦，託為放逸；或置名節於腦後，趨權附勢。據《晉書・賈謐傳》所載，當謐權傾中外，炙手可熱之時，折節而禮事之者有石崇、歐陽建、潘岳、陸機、摯虞、王粹、裴秀、劉琨等二十四友，史上有名之名士文豪亦折節附勢，能不令人嘆息乎。以潘岳為例，《晉書》本傳中言其：

> 岳性輕躁，趨世利，與石崇等諂事賈謐，每候其出，與崇輒望塵而拜。

拜塵趨貴，名節掃地，只為安身求命。《晉書・惠羊皇后傳》中的一段記載，亦可見出在晉世名教之淪落，廉恥之寡喪：

> 懷帝即位，尊后為惠帝羊后，居弘訓宮，沒於劉曜。曜僭位，以為皇后。因問曰：「吾何如司馬家兒。」后曰：「胡可並言，陛下開基之聖主，彼亡國之暗夫，有一婦一子及身三耳，不能庇之。貴為帝王，而妻子辱於凡庶之手。遣妾爾時實不思生，何圖復有今日。妾生於高門，常謂世間男子皆然。自奉巾櫛以來，始知天下有丈夫耳。」曜甚愛寵之，生曜二子而死，偽諡獻文皇后。

惠羊皇后的苟媚取容，說明了當時士無節操，人多求全以自保的心態。葛洪言：「國之將亡，本必先顛，其此之謂乎！」（《晉記・總論》）名教的淪落，

既成了普遍的現象，風俗淫僻，恥向失所，求其不敗，其可致乎？

# 第三節　人心思變——學術因素

　　自漢武帝罷黜百家，獨尊儒術以來，儒學一直是社會的統治思想。在兩漢時期，這種統治思想是以摻雜著讖諱神學的經學形式出現的。東漢中期以後，傳統的經學由於其妖妄、附會、拘守章句，繁瑣考證等諸多流弊而日益衰弱。官方傳習經書的太學，儘管規模龐大，弟子逾萬，但「博士倚席不講，儒者競論浮麗」（《後漢書·樊宏傳》），學風已流於虛浮僞誕。而被東漢統治者奉爲治國之本的名教禮法，也由於被提高至極尊崇的地位，故走向極端，狼籍敗壞，成爲一切僞善矯情之行的淵藪。

　　由於衰朽的經學在維護政權統治和支持士人的人生信念及探索新知需求的層面上，都已難於發揮效用，所以漢魏之際的社會裡，無論是統治者還是士人階層，都急於尋找新的思想，以幫助維護政權或消解亂世中心靈的困惑不安。在此大一統政權的瓦解與儒學變質衰歇的時代背景下，先秦以來一度湮沒無聞的諸子之說又有復興之勢。

　　此時的思想領域，在動盪分化中表現出一種思想解放的格局，而崇尚自然的老莊思想開始在社會上流行。

　　知識份子階層，因受傳統儒學的深厚濡染，對人生原本具有政治和文化的雙重追求，既有「以天下爲己任」的政治抱負，亦有推行教化的文化使命感。但是社會的黑暗動亂、人生的苦難，使他們在精神上感到迷惘苦悶，因此渴望從更深的層面上認識體悟人生，超越生命，故產生對哲學、宗教的探索與研究。此時，他們從老莊思想中得到補充完善，將傳統的重視個人道德人格修養進一步發展爲對個體價值的看重，精神方面更加成熟，此爲人性覺醒的時代。但是儘管玄學興起，思想自由，然而統治者仍在政治上、思想上以綜覈名實爲手段，利用飾以儒家名教的刑名法術來對社會及知識份子進行殘酷的統治和嚴密控制，世途因此更加險惡。士人內心的思想自由與外界所加的政治迫害激蕩，此即是魏晉文化繁榮的痛苦實質。本節即欲從政治黑暗、社會動亂下，儒學的變質衰竭，人心思變、人性覺醒，於是莊老復興，玄風搧起，來談士人悲情意識形成的思想背景。

## 一、儒學變質

由孔子創立，中經子思、孟子、荀子發展的儒學是探求人性及政治思想的學說。認為宇宙人生的本質是生生之仁，人性即是惻隱的仁心，孔子率先提出「有教無類」、「四海之內皆兄弟也」、「天下為公」等人皆平等的思想，孟子高揚此一思想，進一步提出「人皆可以為堯舜」的命題，將中國人性思想提到空前的高度。儒學的政治思想也以仁為出發點，孔子主張「節用而愛人，使民以時。」（《論語・學而》），「博施於時而能濟眾」（《論語・雍也》），孟子發展了孔子的民本思想，認識到民心的向背關係到統治者的興亡繼絕，因而，孔孟要求統治者施行仁政，愛護人民。為了實現天下大同，達到「王道」的太平盛世，孔孟皆極為重視士人，視士人為實現王道的中堅力量。因而制定了許多士的行為規範，為後世儒士指明了修身養性的途徑。其中有三項原則：

1. 士志於道

孔子明確指出士人應該「志於道」（《論語・述而》）。

> 曾子曰：「士不可以不弘毅，任重而道遠。仁以為己任不亦重乎？死而後已，不亦遠乎？」（《論語・泰伯》）

> 王子墊問曰：「士何事？」孟子曰：「尚志。」（《孟子・盡心上》）

> 孟子曰：「天下有道，以道殉身；天下無道，以身殉道；未聞以道殉乎人者也。」（《孟子・盡心上》）

> 彼正身之士，捨貴而為賤，捨富而為貧，捨佚而為勞，顏色黎黑而不失其所，是以天下之紀不息，文章不廢也。（《荀子・堯問》）

孔子學派所謂的「志」，是以天下為己任，輔助君王施行仁義以統一天下，並創立太平盛世。

2. 從道不從君

士要實現其道，應當積極參與政治，故進入仕途必不可免。出仕之後固然須尊重君主，忠於職守，但必須「以道事君」（《論語・先進》），在任何情況下不允許放棄道。

> 篤信好學，守死善道。（《論語・泰伯》）

> 志士仁人，無求生以害仁，有殺身以成仁。（《論語・衛靈公》）

> 古之賢王好善而忘勢；古之賢士何獨不然？樂其道而忘人之勢，故

　　王公不致敬盡禮，則不得亟見之。見且由不得亟，而況得臣之乎？

　　（《孟子·盡心上》）

對無道之君可以不仕：

　　居天下之廣居，立天下之正位，行天下之大道，得志，與民由之；

　　不得志，獨行其道。富貴不能淫，貧賤不能移，威武不能屈，此之

　　謂大丈夫。（《孟子·滕文公下》）

士人居仁而守義，不爲權勢所屈服：

　　說大人則藐之。……在彼者，皆我所不爲也；在我者，皆古之制也。

　　吾何畏彼哉？（《孟子·盡心下》）

士人要敢於進言勸諫，不能被君王的地位、聲勢所震懾。當生命與道發生衝突時，孟子主張捨生取義，爲道而獻身。荀子在對待道與君的關係上與孔孟相同，他說：

　　義之所在，不傾於權，不顧其利，舉國而與之不爲改視，重死、持

　　義而不撓，是士君子之勇也。（《荀子·榮辱》）

3. 憂道不憂貧

　　孔子曰：「邦有道貧且賤焉，恥也；邦無道，富且貴焉，恥也。」（《論

　　語·泰伯》）

　　士志於道，而恥惡衣惡食者，未足與議也。（《論語·里仁》）

　　士而懷居，不足以爲士矣。（《論語·憲問》）

　　君子謀道不謀食。耕也，餒在其中矣；學也，祿在其中矣。君子憂

　　道不憂貧。（《論語·衛靈公》）

　　荀子曰：「古之賢人，賤爲布衣，貧爲匹夫。食則饘粥不足，衣則豎

　　竭不完。然而非禮不進，非義不受。」（《荀子·大略》）

儒家並非排拒人的基本物質需要，他們所強調的是：作爲士，不論窮達貧賤，都不能爲了物質享樂而放棄遠大的人生追求。爲了實現道，一定要承受生活的困頓窘迫，不計較個人的利益得失。

　　孔孟學派不僅在理論上作出了以上的規定，並且在行動中實踐，孔子爲了實現治平天下的理想，周遊列國，席不暇暖，他處在禮崩樂壞的亂世，知其不可爲而爲之，堅守理想，矢志不移。而孟子自覺承擔起天下大任，曰：「如欲平治天下，當今之世，捨我其誰也？」（《孟子·公孫丑下》）他以道

爲內核養成「浩然之氣」，蔑視諸侯，攻訐異端，宣揚儒家思想，而成爲儒家的「亞聖」。但是這種以民爲本的王道思想以及士人的修身規範卻在漢代失落了。

先秦以後，儒學在逐漸取得獨尊地位的同時，也在許多方面吸取了道、法、陰陽、五行等家的思想，而在漢武帝頒令「罷黜百家，獨尊儒術」之後，以高官厚祿高懸於上，公卿之位，未有不從經術而進者，故儒學成了一門官方的政治哲學。表面看來，雄才大略的漢武帝採納儒士董仲舒的主張，下令立五經博士，爲博士設立弟子員，推行郡國長官察舉制，聲稱以經學爲官方的主導思想。然而此時的經學已與原始孔孟之儒學相去甚遠，扭曲了原始儒學的重要內核。

原始儒學所倡導的民本思想逐漸失色，君權被極端擴大，就董仲舒本人而言，他所著的《春秋繁露》一書中，雖也論《春秋》的微言大意，但更多的是宣揚陰陽五行和五德終始，以及天人感應和君權神授的觀念。究其目的，旨在於神化人君，把帝王說成是「受命於天」，從而建立起絕對的君權政治。君權被極度擴張，臣民的地位愈被貶低。《白虎道德論・三綱六紀》中載：

> 三綱何謂也？謂君臣、父子、夫婦也。……三綱法天地人，六紀法
> 六合，君臣法天，取象日月屈伸，功歸天也。

視君臣爲不容懷疑的上下從屬關係，人臣只能侍奉、迎合君王而不得違逆。統治者對儒學，在很大的程度上是利用，其所看重和採納的，是儒學中最符合其治人需要的外層統治術。對此，漢宣帝曾作過精彩的自白：

> （元帝）八歲立爲太子，壯，大仁柔好儒，見宣帝多用文法吏，以
> 刑名繩下！……嘗侍燕從容言：「陛下持刑太深！宜用儒生。」宣帝
> 作色曰：「漢家自有制度，本以霸王道雜之，奈何純任德教用周政乎？
> 且俗儒不達時宜，好是古非今，使眩於名實，不知所守，何足委任！」
> 乃嘆曰：「亂我家法者，太子也」（《漢書，元帝本紀》）

這就是兩漢「以儒治國」下的政治實質。

現代學者景蜀慧在《魏晉詩人與政治》中指出儒學在漢代獨尊儒術以後雖成爲社會中的主要意識形態，但同時產生不同的層次內涵，社會中不同階層的人各有所取捨：

> 在經董仲舒等漢儒的改造後，儒學實際上已變成一個頗龐大的思想

> 系統。在結構上，由內而外，大致具有三個層次：其最內層，是孔
> 孟最爲看重的仁愛之說及對理想人格、完美道德的追求精神；其第
> 二層，是反映其保守的政治哲學特點的名教禮法、綱紀倫常等一整
> 套統治思想和制度；其第三層，即最外層，即是旨在保證統治者絕
> 對政治權威的各種統治之術。〔註19〕

兩漢魏晉的統治者即是第三層，他們利用儒術以保障統治權威，而士人中一
些毫無人格，完全依附者，曲學阿世以獵取榮華富貴的「小人之儒」，對儒學
的態度亦正與統治者相同。

　　而眞心信奉儒學的士大夫，也隨其思想深度的差異而有不同的了解。有
一部分的士人，對儒學是「知其然而不知其所以然」，並不能深入其內核，他
們所崇奉的，是儒學強調上下尊卑等統治秩序的名教思想，這其實是對政治
權勢的潛在認同與服從。而另一些士人，對儒學的態度則是將其視爲內心的
一個目標，一種人生態度。他們除了多取其仁愛忠恕，汲汲進取的精神實質
之外，尤其執著於對人生志業的理想追求。此所以漢末黨人以道自任，以澄
清天下爲己志的群體運動產生。由於他們看重的是儒學的實質與神髓，故有
時不免得意忘象而忽略某些淺層禮法規範，在政治上，也往往堅持一種不以
權勢者的是非爲是非的獨立不羈態度，故面對政治迫害，常無法自保。

　　因此兩漢經學顯示的盛況，其實是一種扭曲儒學的繁榮，經學研究的弊
端叢生：

> 自武帝立五經博士，開弟子員，設科射策，勸以官祿，訖於元始，
> 百有餘年，傳業者浸盛，枝葉蕃滋，一經說至百餘萬言，大師眾至
> 千餘人，蓋祿利之路然也。（《漢書·儒林傳》）

官學地位所牽動的「祿利之路」，使經學研究興盛，然而士人研究經典的動機
不是爲了追求眞理，弘揚文化，而是以之爲攫取功名利祿的工具，其心志難
脫俗諦桎梏，則必然喪失獨立的人格，所以兩漢多曲學阿世之輩。

> 竊見當今年少，不復以學問爲本，專更以交游爲業。國士不以孝弟
> 清脩爲首，乃以趨勢游利爲先。（《三國志·魏書·董卓傳》）

而當時儒者治學的方向，乃致力於辨章析句，詁字訓音，使秦焚書以來支離
的經典能還其本來面目，然而諸儒以祖傳秘籍爲經典，分爲許多家法經法，
門類森嚴，士人要嚴守門戶，不得越雷池半步。《後漢書·魯丕傳》載魯丕言：

---

〔註19〕見《魏晉詩人與政治》，頁14，台北文津出版社，民國80年11月。

> 臣聞說經者,傳先師之言,非從己出,不得相讓;相讓則道不明,
> 若規矩權衡之不可枉也。

由此反映出當時儒士抱殘守缺、僵化封閉的學術心態。故弊端叢生,《漢書‧藝文志》言:

> 後世經傳既已乖離,博學者又不思多聞闕疑之義,而務碎義逃難,
> 便辭巧說,破壞形體,說五字之文,至於二三萬言。後進彌以馳逐,
> 故幼童而守一藝,白首而後能言,安其所習,毀所不見,終以自蔽。
> 此學者之大患也。

此即當時儒者治學之寫照,皓首窮經地拘泥在文字上的訓詁,通經卻不能致用,不能施之於世務。且東漢黃巾之亂後,群雄割據、天下紛爭的紊亂局面,作為官方之學的儒術,終被魏晉士人所厭棄,而另尋身心依託安頓的重心。

總體而言,由於儒術在當時社會中為官方欽定的統治思想和權威理論,所以號稱服膺儒術者甚眾,但其中大多是無真實情感的隨波逐流之徒。而真正能達到儒學思想的高層境界者如鳳毛麟角,且也為此較他人在所處的時代和社會中感受更多的內在痛苦。尤其是在天下紛亂、民不聊生的形勢中,以孝悌仁義治天下的理想與現實衝突下,知識份子失去了精神支持,只能在殘酷險惡的現實中徬徨苦惱。陳寅恪《王觀堂先生輓詞‧序》中深刻指出:

> 凡一種文化值衰弱之時,為此文化所化之人,必感痛苦,其表現此
> 文化之程量愈宏,則其所受之苦痛愈盛甚。

然而,從中國文化思想發展的角度觀之,儒學的變質衰微,使得士人掙脫精神的枷鎖,使學術思想自由。在理論主張、政治信仰、人生理想和道德觀念上,都顯現出多元共存的傾向。處在此思想巨大的動盪中,士人從聖人崇拜轉向自我體認,人性和人生,受到極大的重視。人們重新思考自我的價值、新的人生觀,因而人性覺醒的思潮在此時興起。

## 二、人性覺醒

人們的生活,包括自然的、個人的本性生活及倫理的、社會的道德生活。人不能離開社會,而社會則為人與人之間關係的總合。作為儒家的人生哲學,強調的是修身、齊家、治國、平天下,它要求人們必須遵守古代聖賢遺訓,從個人修身做起,按照禮法之制和固定的道德規範,克己復禮,控制人性中的七情六慾,排除自然人的本態,去過一種合乎倫常道德的理智生活,使自

己能夠在社會上立足，成為一個正人君子，而且要肩負建設社會、改造社會的重任，以積極態度去濟世和救世，使之實現「大同」社會。

儒家的人生哲學，從理論上來說有其積極意義，而且在培養人才的教育方面也頗有成效，但在生活行為方面，它要求人們循規蹈矩、進退揖讓的繁文縟節，忽略了人的本性真情，壓抑了人的生活趣味。所謂絲竹五音之娛，男歡女愛之戀，香甜五味之欲，穿綾佩玉之求，皆受到禮法名教的約束，使得自然的人性倍受壓抑和限制。由於人性的至真之情得不到抒發，一切虛偽、欺詐、陰謀、暴力等醜惡行為便因此而生。可知，作為經國治世的儒家學說，由於過分強調人生的倫理化和道德的規範化，使得在一些失意的士人心中，不禁發出疑問：人生的意義為何？如何面對充滿挫折的人生？

尤其是，士人在經歷東漢後期的兩次黨錮之禍，讓一向奉儒家學說為圭臬的士人們遭受沈重的打擊。此後數十年間，黃巾之亂爆發，軍閥豪強混戰，魏蜀吳三國鼎立，接著是曹魏政權內部曹氏、司馬氏之間的明爭暗鬥，真可謂天下大亂，政局動盪，了無寧日。此時，儒家的學說更失去維繫人心的力量，繼李膺、范滂等人之後，孔融、彌衡、何晏，鄧颺、嵇康等一批又一批的名士遭受迫害。而執政者，表現高舉禮法名教，實際上卻大行不義，將儒家學說的仁義道德作為篡權奪位的工具。於是，清醒的士人質疑起儒學與名教對人生的價值。這些昔日追求功名事業的士人，由於現實的殘酷和對政治的絕望，不得不由積極濟世的人生觀，轉向適情任性的逍遙，並在行為上表現出種種違禮背俗的舉止來，借以撫慰痛苦的靈魂。這種因對儒家人生哲學的逆反、對人生價值的重新思考即士人的自我覺醒。然而此種人性的覺醒，卻使士人同時承擔著深刻的悲哀，何以如此？以下就建安時期思想價值的新舊衝突以及正始士人的心靈重負論述：

（一）思想的新舊衝突

儘管建安時期士人的思想已從兩漢經學的狹隘中解放出來，然而，此時並沒有一種可以真正撫慰人心的人生哲學產生（玄學的建立尚有待之後早慧的王弼等玄學家的思考探究）。此時，儒家一尊時期形成的思想習慣、社會生活準則仍存在著，抗拒著新的人生理想、新的行為方式、新的生活方式，造成了思想領域中的新舊衝突。這是一個在兩漢經學及魏晉玄學之間的過渡期。因此，我們一方面能看到建安諸傑的思想行為，仍保留著兩漢士大夫的遺風。其建功立業、拯濟生民的的人生目標，本質上和東漢知識份子「澄清

天下」的理想追求相近相通。另一方面，士人的自我人格意識，在對宇宙人生的探索中，有了初步的體認。陳寅恪先生在《元白詩箋證稿》中指出：

> 凡士大夫階級之轉移升降，往往與道德標準與社會風氣之變遷有關。當其新舊蛻嬗之間際，常呈一紛紜綜錯之情態，即新道德標準與舊道德標準，新社會風氣與舊社會風氣並存雜用。各行其是，而互非其非也。……雖然，值此道德標準與社會風氣紛亂變易之時，此升降轉移之士大夫階級之人，有賢不肖巧拙之分別，而其賢者拙者，常感受痛苦，終於消滅而後已。其不肖者巧者，則多享受歡樂，往往富貴榮顯，身泰名遂。其故何也？由於善利用或不善利用此兩種以上不同之標準及風俗，以應付環境而已。

建安時期，正是這樣一個轉換之際，社會中的一切原則準則，都可能存在兩種判斷標準，兩種品評方式；士人的作為，也往往呈現複雜和矛盾的一面。〔註20〕處其間的「賢者拙者」，因堅持自身的理想，將不知如何自處於道德標準與社會風氣紛亂變易之時，而深感痛苦。

　　由於剛從兩漢迷茫混沌的天人之學中走出，對宇宙人生的一切認知都尚模糊、陌生，無從把握，此時期士人內心存在著一種政治和思想上的失重感。社會的黑暗動亂、人生的苦難、思想的探索過程中價值準則的無確定性等，都使他們在精神上感受到惶惑、迷惘，甚至悲哀。文人在人性意識覺醒之初，面對的事實是：和天地宇宙萬物相比，人的生命是極其短暫和渺小的。一切人世間的功業榮名、富貴權勢都將瞬即消逝。這種從思想心靈深處發出的悲哀之氣，正是建安文人「慷慨以任氣，磊落以使才」的風骨內涵。

　　而這種生命的悲哀之氣，在漢末建安以來文人的思想中大致有四個傾向：

　　其一是追求及時行樂，享受人生，留戀生命。這種消極的人生選擇，體現了初為覺醒的士人無法把握生命的惶然與無奈。

---

〔註20〕建安時期的知識份子往往呈現其複雜和矛盾的一面。如曹操，既是申商權術政治的信奉者，一個「亂世之奸雄，治世之能臣」，同時又是一位不拘小節，情感真摯的詩人；其子曹丕，一方面是個工於心計，虛偽矯飾的權力爭權者，冷酷猜忌的皇帝，另一方面則是個對文人頗為欣賞理解和頗有見地的文學評論家，不乏細膩感情的詩作家。而建安諸子中的許多人，一方面是骨鯁的知識份子，情感上眷戀故國，有高遠理想，同時卻又卑恭的屈事曹氏，安於逢迎的文學侍從之地位。

其二是追求建功立業，實現濟世理想，以把握生命。多數建安士人，都抱有這樣的人生宗旨，並將它們表現在作品之中。

其三是追求立言，希望在傳世的作品中延續人生的價值，實現精神生命的不朽。這是建安以來「文的自覺」的基礎。

其四是追求在更深的層面上認識體悟宇宙人生，超越生命，因此產生對哲學、宗教的探索。此為其後玄學與佛學興起的基礎。

### （二）文士心靈的重負

經過建安時期的初步覺醒之後，正始年間的士人，對哲學思維表現出更濃厚的興趣。同時他們面對的是更為險惡多變的環境，在惡劣的外在環境下深化發展內心的哲學思維，士人自我意識有了進一步的覺醒。但同時許多文士，卻為自身思想信念的堅持付出生命的代價。

一般而言，傳統的士人是以儒學道義理想作為精神上的支柱以向權勢者不義的行為作對抗。但假使仁義道德異化為不義行為的裝飾，違背典制恣意為惡之舉以禮教之名合法化時，士人可能因內心道義觀的潰解而喪失反抗權勢暴政的正義和勇氣。正始士人面臨的正是生命和人生信念受到嚴重威脅的時代。

出身儒家世族的司馬氏具有高門大族和崇儒重教的雙重名望，因此在官僚中頗具號召力。在篡魏過程中，他們不難憑藉門第家風，利用士大夫對曹氏政風的不滿，拉攏名德碩儒，發展實力。然而在魏晉禪代的過程中，陰鷙好殺的司馬氏卻是以對政敵和無辜士人的屠殺來開路的。《晉書·宣帝紀》中載：

> 平公孫懿，大行殺戮：誅曹爽之際，支黨皆夷及三族，男女無少長，姑姊妹女子之適人者，皆殺之。

從正始十年（西元 249 年）策劃政變，在高平陵事件後殺曹爽兄弟、何晏、鄧颺、丁謐、華軌、李勝、桓范、張當等並俱夷其三族起，屠殺即全面開始，至景元三年（西元 262 年）殺嵇康、呂安，以壓制知識份子的反抗為止，短短十五年中，被司馬氏所誅殺的，不僅有屬於其政敵的幾十個家族及其親黨，也有大批無辜的朝士。〔註21〕由於血腥的屠殺，朝中官員及士人，無論其思想宗尚與政治傾向為何，均生活在一種惴惴不安的恐怖氣氛中。而且，司馬

---

〔註21〕高平陵事件的屠殺後，士人面對的是一段腥風血雨的恐怖時代。此可參見本章第一節論政治環境的〈大行屠殺〉。

集團所作的這些篡逆屠戮，是在禮法名教的名義中進行的，故格外令有志之士反感。如殺高貴鄉公曹髦，〔註22〕明明是違背君臣綱紀的公開弒君，卻演出一齣弒君者譴責弒君的戲，先是自投於地，繼之對廷臣哭泣，以表明罪不在己。然後以成濟作爲替罪羔羊，夷其三族，來爲自己的弒君之舉脫罪。司馬昭在給太后的殺成濟的奏章中言：

> 臣聞人臣之節，有死無貳，事上之義，不敢逃難。……臣忝當元輔，義在安國，即駱驛申敕，不得迫近輿輦。而濟妄入陣間，以致大變，哀怛痛恨，五內摧裂，濟干國亂紀，罪不容誅。（《晉書·文帝紀》）

他仍在表面上維護君臣綱紀來提倡名教。但另一方面卻進封奉司馬昭之命入

〔註22〕高貴鄉公被殺的經過。《三國志·三少帝紀》裴注引《漢晉春秋》、《魏氏春秋》、《晉書·文帝紀》《晉書·賈充傳》、《資治通鑑》均有詳細記載，而以《資治通鑑》所記最爲詳盡：

> 帝（曹髦）見威權日去，不勝其忿。5月己丑，召侍中王沈、尚書王經、散騎常侍王業，謂曰：「司馬昭之心，路人所知也。吾不能坐受廢辱，今日當與卿自出討之。」王經曰：「昔魯昭公不忍季氏，敗走失國，爲天下笑，今權在其門，爲日久矣，朝廷四方皆爲之致死，不顧逆順之理，非一日也。且宿衛空闕，兵甲寡弱，陛下何所資用；而一旦如此，無乃欲除疾而更深之邪！禍殆不測，宜見重詳。」帝乃出懷中黃素詔投地，曰：「行之決矣！正使死何懼，況不必死邪！」於是入白太后。沈、業奔走告昭，呼經欲與俱，經不從。帝遂拔劍升輦，率殿中宿衛蒼頭官僮鼓噪而出。昭弟屯騎校尉伷遇帝於東止車門。左右呵之，集眾奔走。中護軍賈充自外入，逆與帝戰於南闕下，帝自用劍，眾欲退，騎督成倅弟太子舍人濟問充曰：「事急矣，當云何？」充曰：「司馬公畜養汝等，正爲今日，今日之事，無所問也！」濟即抽戈前刺帝，殞於車下，昭聞之，大驚，自投於地，太傅孚奔往，枕帝股而哭甚哀，曰：「殺陛下者，臣之罪也。」昭入殿中，召群臣會議。尚書左僕射陳泰不至，昭使其舅尚書荀顗召之。……子弟內外咸共逼之，乃入，見昭，悲慟。昭亦對泣曰：「玄伯，卿何以處我？」泰曰：「獨有斬充，少可以謝天下耳。」昭久之曰：「卿更思其次。」泰曰：「泰言惟有進於此，不知其次。」昭乃不復更言。……戊申，昭上言：「成濟兄弟大逆不道，夷三族」（卷七十七）
>
> 王沈和王業賣主告密之後，司馬昭立刻作了周密的安排，賈充奉其命入宮弒君。《晉書·文帝紀》中載：「沈、業馳告於帝，帝召護軍賈充等爲之備。」可知司馬昭是弒君的主謀，賈充只是執行者。此事「司馬昭之心，路人所知也」，然而無人敢指出他的不義。而曹魏名臣陳群之子陳泰卻大膽指出司馬昭的弒君之罪，陳泰是名臣，亦是司馬昭之友，司馬昭欲藉其名望代爲處理此事，以免司馬氏政權在道義上處於被審判者的處境。然而陳泰要斬司馬昭的心腹賈充以謝天下。司馬昭不願，否則其後無人能爲其效力。故又問其他方法，陳泰卻答「泰言惟有進於此，不知其次」，胡三省注曰：「言當以弒君之罪罪昭。」故事後陳泰即以不明原因暴薨。可知是陳泰的回答使司馬昭在弒君之罪面前全無退路，故導致了陳泰必死的結局。

宮弒君的賈充爲安陽鄉侯,加散騎常侍;賣主告密的王沈也封爲安平侯(見《晉書‧王沈傳》、〈賈充傳〉)。

　　司馬昭在殺曹髦之前已經剪除異己,曹魏一邊,已經沒有任何反抗的力量(曹髦的不得已而率官僮以攻相府,正是這種無力反抗的說明),曹髦只是一個可以隨時可抹去的傀儡。然而禪讓的形式未舉行,君臣名份仍在。在之前激烈凶殘的奪權之爭中,每次的剪除異己,畢竟還以維護君權的名義進行,然而此次卻是公開弒君,此在士人心理上的衝擊可想而知。

　　司馬氏表面上對官制朝儀婚喪祭祀等虛禮極爲講究,選舉用人亦以儒學倫理道德爲主要標準,褒揚仁孝,獎勵名德;其實際行爲,卻是篡逆弒君,從根本上踐踏了儒家禮制和忠君原則。除了社會中極少數特立卓行之士,很少有人敢於承擔「不義」的罪名來反抗眞正的不義。因此造成士人思想的衝擊和精神的重負。

　　綜言之,東漢以來士人的自我覺醒,是以社會政治的壞亂和經學意識形態的衰落爲前提的。由於世路的黑暗和處境的險惡,士大夫的生命和人生信念受到嚴重的威脅。堅守志節的仁德君子,不免遭受禍患;弒父弒君之輩,反而成爲忠臣。是非善惡無復標準,正直之士慟哭窮途。這一切都在士人傳統的人生價值觀和道德觀上留下陰影,引起他們內心的焦慮、緊張、抑鬱、苦悶等等情緒。作爲發洩,服散、飲酒等矯性違禮的生活方式成爲時尙,影響逐漸滲透於整個社會和時代風氣之中。〔註23〕所謂「天下多故」,除了指人們在生命方面隨時面臨不測之禍外,尤其還包括了士人在精神、心理和思想信念方面所發生的嚴重危機。受這種社會心態影響,思想學術也相應地發生轉變。如湯用彤先生所言:「經世致用至此轉爲個人的逍遙抱一」。〔註24〕由於自我意識的覺醒,促使廣大的知識份子在惡劣的外在條件下深化發展內心的哲學思維,在思想上對更深哲理的探究,於此時成爲必然的趨勢,故玄風搧起。

---

〔註23〕正如人本心理學家馬斯洛在《超越性動機論——價值生命的生物基礎》一文中所分析的,傳統外在價值的喪失,將引起種種矛盾心緒和內心價值的喪失。而長期追尋某種可信仰的東西與失望懊惱的混合物,會引起一系列不正常的心態和行爲,造成整個社會的價值匱乏和價值飢荒,並導致傳統價值的反向價值產生。(見《人的潛能與價值》徐經采、劉小楓譯,華夏出版社,1986年版,此處轉引景蜀慧《魏晉詩人與政治》,頁85)。而有關士人抒解抑鬱苦悶的生活方式,留待第六章論《魏晉士人悲情意識的消解》時,再加以詳論。

〔註24〕見〈魏晉玄學和文學理論〉,載《中國哲學史研究》1980年第一期。

## 三、玄風搧起

玄學的產生在中國文化思想史上有其重大的地位，〔註 25〕同時它對魏晉時期的文學藝術，乃至士人的生活習俗都有深刻的影響。故今探討魏晉士人的悲情意識，不能不對籠罩整個魏晉時期的玄學稍作探討，方能深切了解士人在化解其自身的悲情意識時，以此玄學背景作爲內心的依撐，所形成的魏晉風度。

### （一）玄學的興起

玄學思潮的興起有其思想發展的演變與現實的需要等歷史原因。儒學在兩漢發展至極盛階段，與強大的一統政權緊密聯結。在成爲官學之後，無可避免地走向僵化與繁瑣，成爲一種思想的束縛。因此逐漸地出現了自我改造的趨勢，刪繁就簡，思想開始從僵化轉爲活躍，從重章句趨向重義理，從實證慢慢地向著思辨發展。學術思想的這種演變，已經爲一種新的哲學思想出現的準備。

兩漢經學衰落以後，許多在秦以後湮沒的諸子學說又重新出現，佛教等外來宗教也開始進入社會。這些因素促使士人的思想從漢代注解經書的狹隘樊籬中解放出來，也給正統儒學帶來挑戰與生機。此時，思想界出現了一股崇尚老莊學的思潮。以老莊學說爲主體的道家影響漸次廣泛，乃出之士人的人生需求和選擇。老莊學說是亂世中，中國士人特有的人生庇護和心靈依歸，是舊的正統價值潰然之後的內在支撐。道家的人生解脫和精神自由的哲理，給予文人們獨特而深長的心靈啓示，士人由此發現、培植起人生的新理想。這一思潮當時人稱之爲「清談」、「清言」，或稱之爲「玄遠之談」、「虛談」、「玄論」等等。亦可稱之爲老莊之學（如老學、莊學等）。它的特點是長於言談，以辯論取勝，所以能參與這一思潮論辯的士人，時人譽之爲「名士」。而其言談的內容則以先秦的《老子》、《莊子》和《周易》（以老莊思想解釋之）三書爲中心，所以後人又把這一思潮稱之爲三玄之學，〔註 26〕或簡稱爲玄學。〔註27〕

〔註25〕 魏晉玄學，是中國哲學史乃至整個中華文化發展史上的重要階段。它上承漢代的儒學與道家思想，並加以改造；下開東晉、南北朝、隋、唐的佛學，直至影響宋明理學的建立。其思想體系及派別深刻複雜，前人多所論述，木文乃僅就玄學的興起對士人的心理安頓及生活風尚的影響處論述。

〔註26〕 「三玄」之名最早見於《顏氏家訓‧勉學》。其文曰：「自於梁世茲風復闡，《莊》《老》《周易》總謂『三玄』」。爲什麼又把它稱爲玄學呢？「玄」這一概念來自《老子》一書。《老子》言：「道可道，非常道；名可名，非常名。無名，天

在人性覺醒思潮下，老、莊思想被廣泛地用來解釋現實生活中種種新的行為。老莊思想在任自然這一點上，無疑給重個性、重情感、重欲望的風尚找到了理論根據。但是，老、莊思想，特別是莊子思想，它在實質上與任情縱慾不同。它是任自然、重心靈的自由，輕物質享受，賞心賤身；是超越慾念，超越人生。它無法滿足魏晉士人的現實需要，因為魏晉士人的任自然，是既重心靈自由，又貴身。老、莊思想在新的現實情境中被加以新的闡釋。這個過程便從人性覺醒之後慢慢開始，從清談、談玄、注玄、論玄中，玄風搧起。一種新的思想理論——「玄學」產生。

玄學之所以一出現，就為士人所普遍接受，並且成為兩晉主要的思想潮流，決非一種偶然現象。它乃是一種更為廣泛、更為深遠的現實生活的要求。如羅宗強先生於《玄學與魏晉士人心態》中所言：「一種理論的產生，它為社會所接受的程度，取決於社會對它的需要的程度。」〔註28〕

從社會的原因方面看來，玄學的出現，是魏晉時代整個政治形勢發展的結果。東漢黃巾之亂後，社會處於長期分裂戰亂，門閥世族割據稱雄，統治階層內部的互相殺伐，異族的欺凌攻戰，使得社會動盪不定，人民生活不安，

---

地之始；有名，萬物之母。故常無欲以觀其妙，常有欲以觀其徼。此兩者，同出而異名，同謂之玄，玄之又玄，眾妙之門。」(《老子》一章) 在此，「玄」是用來形容「道」。王弼《老子注》中謂：「玄者，冥也。」「而言謂之玄者，取於不可得而謂之然也。」《老子指略》中亦言：「玄，謂之深也。」此即是指「玄」是深遠而不可得而名之意，如此玄學即是指一種研究深奧理論的學問。以當時的清談家看來，《老子》、《莊子》、《周易》三者皆是研究深奧的世界本源，「玄之又玄」，故同列為「三玄」。

〔註27〕 魏晉玄學是研究自然與人類社會的本性，主張順應自然。它是先秦道家崇尚自然思想的繼承與發展。認為人的本性是自然的與生俱有的東西，因此人的活動與人類社會的活動，都不應當違背人的自然本性，而應當順應人的自然本性。就其主張順應人的自然本性而言，玄學各派思想的主張皆相通，但在如何順應自然本性的問題上，則玄學各派的講法，則存在著頗大的差異。如以何晏、王弼的觀點，人類社會的名分等級制度，正是順應人的自然本性的需要表現。王弼的《周易·損卦》注中言：「自然之質，各定其分，短者不為不足，長者不為有餘，損益將何加焉。」他認為人的等極差別是自然之質，即人的自然本性的表現。而竹林七賢的玄學家嵇康則不同意這樣的看法，他認為名教是違背和桎梏人的本性。人的本性在於順應人心之自然，因此他提出了「越名教而任自然」和「越名任心」的思想，主張隨任人的意志的活動，而不主張用名教禮制來鉗制人的自然所好。至於向秀、郭象等一類的玄學家，則認為名教即自然，「合儒道為一」，故提出游外（任心之自然）宏內（從事名教）合一的思想。

〔註28〕 參見《玄學與魏晉士人心態》，頁78，台北，文史哲出版社，民國81年初版。

士人們處於朝不保夕的境地。政治上既沒有產生一個相對穩定的至高無上的政權，因而思想界也就不能產生那種維護大一統中央政權的官方哲學，此時儒家的名教思想已經無法維繫社會的生活，《三國志‧魏書‧王肅傳》指出：

> 從初平之元，至建安之末，天下分崩，人懷苟且，綱紀既衰，儒道尤甚。

天下分崩，原來的思想統治已經失去效用，價值觀念開始動搖，原來篤守忠孝仁義的士人可以加官進爵，而今負污辱之名、見笑之行，或者不仁不孝之士，只要有治國用兵之才，即可當官入仕，高人一等，故士人既有的價值崩潰、信仰失落。士人以往所信奉的儒家一套人生理想、行為規範，已經失去了它的吸引力，任情而行成為一時風尚。但這種任情而行的風尚，只能是一種過渡的現象，一個社會不能沒有它的思想信仰。此時，篤信道家的王弼提出了以道為本統綜諸子的思想，指出各家偏頗之處。其於《老子指略》〔註29〕言：

> 法者尚乎齊同，而刑以檢之。名者尚乎定真，而言以正之。儒者尚乎全愛，而譽以進之。墨者尚乎儉嗇，而矯以立之。雜者尚乎眾美，而總以行之。夫刑以儉物，巧偽必生；名以定物，理恕必失；譽以進物，爭尚必起；矯以立物，乖違必作；雜以行物，穢亂必興。斯皆用其子而棄其母。

他認為人們各執一偏，沒有抓住根本（「母」），因而造成了思想混亂。只有用「道」（或稱「母」）這一個根本，才能貫通各家思想：

> 夫途雖殊，必同其歸；慮雖百，必均其致。（《老子指略》）
> 事有宗而物有主，途雖殊而同歸也，慮雖百而其致一也。道有大常，理有大致。（《老子道德經》四十七章注）

王弼等玄學家關於統綜百家的看法，是符合當時代的要求的，因而顯出了生命力，成為風行一時的學術思潮。因此可知，玄學是因應魏晉時代需要的產物，它是士人尋找來的思想歸宿，一種用以填補儒學失落之後的思想位置以及新的理性依歸。

### （二）玄學的發展

玄學的發展，〔註30〕萌芽於漢末與魏初的清談思想。漢末清議的權柄逐

---

〔註29〕見樓宇烈校釋《王弼集校釋》，台北，華正書局，1983年版。

〔註30〕關於魏晉玄學的發展與分期，乃濫觴於東晉袁宏的〈名士傳〉，《世說新語‧文學》註：「宏以夏候初、何平叔、王輔嗣為正始名士，阮嗣宗、嵇叔夜、山

漸移入名士之手，演變爲人物品評。人物品評從重道德判斷，逐漸轉向重才
性風姿。重才性風姿很自然地便將談論的重心轉向自我，與道家思想聯繫起
來，由是人物品評便成了由清議向著清談發展的中間環節。清談的談義理，
乃是一種自然的發展過程，而清談止是玄學理論探討的一種方式。

其後，魏曹芳的正始年間，正式產生了以夏侯玄、何晏、王弼爲代表的
玄學貴無論思想，此派的玄學，主要以老學爲主，他們提出了一個以無爲本、
以有爲末的宇宙本體論學說。由於這個學說以無爲本，視「無」爲世界的根
本、本體，所以一般稱之爲玄學貴無論。稱之爲「正始之音」。

正始之後的魏朝末年產生了以嵇康、阮籍爲代表的竹林玄學。嵇康、阮
籍等人，都崇尚老莊之學，高揚道家的自然主義思想，抨擊虛僞的儒家名教，
嵇康提出了「越名任心」的思想，反對用儒家的名教來禁錮人心，主張順應
人心之自然。阮籍則具有不拘禮教的放達風度。他們批判儒家名教的思想是
針對司馬氏集團篡奪活動而發。

之後，阮籍的放達風度又流變爲西晉元康年間的狂放時風。元康以來的
這些所謂的放達派人物，徒求狂放的形式而缺乏思想，他們之所謂「放」，只
是放縱於邪僻而已。〔註31〕針對著當時盛行的崇尚虛無的玄學思想和元康放
達之風，裴頠、郭象等人，揭起了玄學崇有論的旗幟，〔註32〕起來批評何晏、
王弼的玄學貴無論思想和當時所謂的放達之風。從而將玄學哲學理論發展至

---

巨源、向子期、劉伯倫、阮仲容、王濬仲爲竹林名士，裴叔則、樂彥輔、王
夷甫、庚子嵩、王安期、阮千里、衛叔寶、謝幼輿爲中朝名士。」而此後論
玄學發展者，有以歷史的演進分者，如許抗生《魏晉玄學史》分爲：正始、
竹林、西晉元康、兩晉之際玄學、東晉玄學五期：有以凸顯義理的轉向分者，
如莊耀郎先生在〈魏晉玄學釋義及其分期之商榷〉一文中分爲創始期：以何
晏、王弼爲代表。分裂期：以阮籍、嵇康爲代表。轉變期：以向秀、郭象爲
代表。衰退期：以列子書、張湛爲代表。(《鵝湖學誌》第六期，1991年6月，
頁42)二者分期中，各期代表人物並無分別，只是名稱不同。本節論玄學的
發展即以莊氏爲本。

〔註31〕元康時期的放達派人物，他們企慕林下之風，然不懂得林下之志，致使他們
只知「或亂項科頭，或裸袒蹲夷，或濯足於稠眾，或溲便於人前，或停客而
獨食，或行酒而止所親。」(《抱朴子·刺驕》)故東晉戴逵評論説：「放者似
達，所以亂道。然竹林之爲放，有疾而爲顰者也：元康之爲放，無德而折巾
者也。可不察乎？」(《晉書·戴逵傳》)。

〔註32〕裴頠從維護儒家禮教的立場，著〈崇有論〉一文，批評了玄學貴無論和玄學
放達派思想。郭象則從調和儒道的立場出發，提出了名教即自然的主張，在
哲學上也批評了何晏王弼的貴無論，而堅持自己的崇有思想。

高峰。故東晉以降，玄學在理論上也就再無超過貴無及崇有兩大派的思想。東晉張湛《列子》注〔註33〕的玄學思想，只不過是企圖把何、王玄學，林下老莊之學和郭象玄學三者思想加以綜合雜揉而已，並無更多的創見。

### （三）自然與名教的衝突

魏晉時期，由於人性覺醒，加以政治環境日益凶險，影響士人出處進退。在思考自身的命運，必會面對自然〔註34〕與名教〔註35〕的衝突與調和的問題。此不只是哲理上的沈思與觀念上的思辨，更關係到切身的政治立場與應世態度。

自然與名教之爭是魏晉玄學中的重要課題。基本可分爲三派：

### 1. 名教本於自然 —— 以王弼爲代表

王弼認爲名教建立在自然基礎之上，使得名教、自然在調和儒道過程中得到統一，這就是他所說的「則天成化，道同自然」。道家思想所強調的自然，所謂「道法自然」是也。如《莊子·秋水》中言：

> 天地有大美而不言，四時有明法而不議，萬物有成理而不說。聖人

---

〔註33〕 《列子》一書據稱爲先秦時期的列御寇所著。然經歷代學者的仔細考辨，認爲《列子》一書當爲僞書。出於何人之手，則有王弼及張湛二說，但均無可信證據。依許抗生先生的考辨，此書應成於西晉元康年間，反映的是元康放達派的思想（見《魏晉玄學史》，頁403）。

〔註34〕 「自然」一詞，最早見於《老子》書中：「人法地，地法天，天法道，道法自然」（二十五章）。對此道家哲學的重要概念的討論歷來甚多，大致上是泛指人的本性，隱藏在文明教化之下的自然眞性情而言，擴而大之，也可指宇宙本體、世界本源，或是宇宙萬物本來的樣子（參見湯一介先生《郭象與魏晉玄學》，頁47，台北，谷風出版社，1987年版）。亦有學者認爲「自然」一詞代表一種價值判斷，一種對眞生命的護持（參見〈論中國思想中的自然主義〉，頁1，杭州大學學報，1991年第四十四期）。

〔註35〕 「名教」一詞，據張蓓蓓在《中古學術論略》，頁3～12（台北，大安書局，1991年版）中考證，最早的出處是嵇康〈釋私論〉中的「越名教而任自然」。而今人對「名教」一詞的意義探討甚多，如陳寅恪先生所言：「名教者，依晉人解釋，以名爲教，即是以官長君臣之義爲教，亦即入世求仕者所宜奉行者也。」（《陳寅恪史學論文選集·陶淵明之思想與清談之關係》，頁311，上海，古籍出版社，1992年版）而余英時先生則認爲此定義過於偏重政治觀點，他認爲「魏晉所謂名教乃泛指整個人倫秩序而言，其中君臣與父子兩倫更爲被看作是全部秩序的基礎。」（《中國知識階層史論》古代篇，頁332，台北，聯經出版社，1980年版）此後學者多不離陳、余之說，本文無意就此問題多所著墨，只是藉前人的研究成果，對魏晉士人處此自然與名教的爭論中，所表現出的行爲思想及文化意蘊，有更深的探討。

> 者，原天地之美而達萬物之理，是故聖人無爲，大聖不作，觀于天
> 地之謂也。

王弼的理論雖以道家思想中「道法自然」的觀點出發，但並沒有導致反名教的結論，如他在注《老子》三十二章「始制有名，名亦既有，夫亦將知止。知止可以不殆」時言：

> 始制，謂散爲官長之時也。始制長，不可不立名分以定尊卑，故始
> 制有名也。過此以往，將爭錐刀之末，故曰：「名亦既有，夫亦將知
> 止」也。遂任名以號物，則失治之母也，故「知止所以不殆」也。

他肯定「立名分以定尊卑」，即制定官長劃分階層的必要，他認爲上下尊卑的產生是道的自然所爲。但他卻反對以人爲的方式去標榜名、分，以致於形成名實不符的情況。他認爲如能去除名教的形式化及虛僞性，在自然的狀況下形成名、分，形成政治的等級，那麼「名教」就不再與「自然」衝突，也不需受到反對。

王弼注《老子》時，對老子思想作了新的發揮，把萬物之源歸結爲「無」，即精神本體的「道」。一切都是順應自然的，而不是對抗或阻塞自然的。《老子・五章》注曰：

> 天地任自然，無爲無造。萬物自相治理，故不仁也。

《老子・六十章》又注曰：

> 神不害自然也，物守自然，則神無所加；神無所加，則不知神之爲
> 神。

儒家名教是經過人爲加工的，在東漢顯得陳腐而僵化，虛僞而矯飾，王弼在《老子指略》中說，名教之末已流于「智愚相欺，六親相疑」，「父子兄弟，情懷失直，孝不任誠，慈不任實」，要改變這種狀況，王弼提出要「崇本息末」。他具體說道：

> 嘗試論之曰：夫邪之興也，豈邪者之所爲乎？淫之所起也，豈淫者
> 之所造乎？故閑邪在乎存誠，不在察善；息淫在乎去華，不在滋章；
> 絕盜在乎去欲，不在嚴刑；止訟存乎不尚，不在善聽。故不攻其爲
> 也，使其無心于爲也；不害其欲也，使其無心于欲也。謀之于未兆，
> 爲之于未始，如斯而已矣。故竭聖智以治巧僞，未若見質素以靜民
> 欲，興仁義以敦薄俗，未若抱樸以全篤實；多巧利以興事用，未若
> 寡私欲以息華兢。故絕司察，潛聰明，去勸進，翦華譽，棄巧用，

　　賤寶貨。唯在使民愛欲不生，不在攻其為邪也。故見素樸以絕聖智，

　　寡私欲以棄巧利，皆崇本以息末之謂也。

崇本，即推原事物的本源——「無」，也就是為了承認「有」，即萬事萬物的存在，是為了明事物的自然之性。反言之，承認萬物的存在，就是崇本，本即是「道」，是自然。故要順其自然之性，不要人為地干預它。「崇本息末」論在根本上是老莊之論，以絕聖棄智，泯滅欲念來抑制各種腐惡的社會現象。因此，《老子指略》提出「素樸可抱，而聖智可棄」。因此「名教」應建立在「自然」的基礎上。

　　王弼又建立了「貴無論」，此一問題的提出，正是要從根本上解決現實生活中自然與名教的矛盾，將漢儒所建立的宇宙構成論推進到宇宙萬物的本源論上。〔註36〕《三國志・魏書・鍾會傳》注引何劭《王弼傳》中，記載了王弼與裴徽之間的一段對話。王弼未弱冠時，往見當時的吏部裴徽。裴徽問他：「夫無者，誠萬物之所資也，然聖人莫肯致言，而老子申之無已者何？」王弼問答曰：「聖人體無，無又不可以訓，故不說也；老子是有者也，故恆言無所不足。」此段話反映了王弼的基本觀點。他認為聖人不是不體認「無」，而是體認了不說，因「無」不可以訓說，而說「有」。老子之所以說「無」，是因為他承認「有」，說空無難以說清，故以「有」說「無」。如此孔、老都承認「有」與「無」，不過闡釋的側重點不同而已。

　　王弼的「無」是本，不是空無，而是萬有、全有之本，是自然的有，是存在於自然萬物自身之中，即存在於「有」自身的。故他注《老子》四十章：「天下萬物生於有，有生於無」時言：

　　天下之物，皆以有為生。有之所始，以無為本。將欲全有，必反於

　　無也。

全有，即是純然有，實在有。要承認實在有，只有返歸於「無」才能得到解釋。據王弼《論語釋疑》的解釋：「道者，無之稱也，無不通也，無不由也。」

---

〔註36〕漢儒講宇宙構成，便講陰陽五行，由此進一步講天人感應，天也就成了有意
　　　　義的天。清談興起之後，人物品評講才性，加入老、莊思想，強調人的自然
　　　　本性，講人的自然氣質。但是最後仍歸結到五行、五常、五德，即最終還是
　　　　落實到儒家的綱常名教上。雖說才性與稟賦有關，但也推證五常與稟賦有關，
　　　　故證明五常的合理性。但正始玄學家講本末、有無，撇開了五行五德，追究
　　　　宇宙萬物的本源，才以此問題從理論上解決。（參見羅宗強《玄學與魏晉士人
　　　　心態》中論〈正始玄學的現實主題〉，頁98，台北，文史哲出版社，民國81
　　　　年版）。

「道」即是「無」，就是無不由無不通，存在於宇宙萬物之中。其注《老子》四十一章：「大方無隅，大器晚成，大音希聲，大象無形。道隱無名，夫唯道善貸善成」時，又言：

> 凡此諸善，皆是道之所成也。在象則爲大象，而大象無形；在音則爲大音，而大音希聲。物以之成，而不見其形，故隱而無名也。貸之非唯供其乏而已，一貸之則足以永終其德，故曰：「善貸」也。成之不如機匠之裁，無物而濟其形，故曰：「善成」。

道無物不在，自然地生成萬物，但不見其生成的過程。它不僅可使物有象，而且可以使它有其品質，故曰：「善貸」；它不僅可以成一物，而且可以成一切物，故曰：「善成」。此皆是說明，一切「有」皆推源於「無」，而「無」就存在於一切的「有」中。

王弼所確立的玄學理論命題是：隨因自然。故處處講「順」，講「隨」，講「因」。《老子》二十九章注：

> 凡此諸成，言物事逆順反復，不施爲執割也。聖人達自然之性，暢萬物之情，故因而不爲，順而不施。除其所以迷，去其所以惑，故心不亂而物性自得之也。
>
> 萬物以自然爲性，故可因而不爲也，可通而不可執也。物有常性，而造爲之，故必敗也。物有往來，而執之，故必失也。

《老子》五十六注：

> 因自然也。

《老子·四十五章》注又集中寫道：

> 隨物而成，不爲一象，故若缺也。大盈充足，隨物而與，無所矜愛，故若沖也。隨物而直，直不在一，故若屈也。大巧因自然以成器，不造爲異端，故若拙也。大辯因物而言，己無所造，故若訥也。

不是不言、不巧、不直、不成、不盈，而是隨因自然，因物隨物而言，隨物而直，隨物而與，隨物而成，故不是完全否定，不是違忤和抗拒物性之自然，而是順應物的本性。從這樣的理論前提出發，在名教與自然的關係上也應該是：名教順應自然，因此王弼在《論語》注〈學而章〉：「孝悌也者，其爲仁之本與！」中說道：

> 自然親愛爲孝，推愛及物爲仁也。

不是不要孝的禮教，而是不要僞飾的徒具形式的孝，要自然親愛、發自內心

的孝。在《老子》三十八章注中，他在理論上進一步闡述這一思想：

> 夫仁義發於內，爲之猶僞，況務外飾而可久乎！……仁義，母之所
> 生，非可以爲母；形器，匠之所成，非可以爲匠也。捨其母而用其
> 子，棄其本而適其末，名則有所分，形則有所止。雖極其大，必有
> 不周；雖盛其美，必有憂患。功在爲之，豈足處也。

母，是自然，此指人的自然本性。仁義是人的自然本性發出來的，不應捨棄
人的自然本性去追求仁義。若捨棄人的自然本性去追求仁義與孝悌，其僞必
生。故應該保持自然的原生態和既有運行規則，不要人爲加工或扭曲，擺脫
現實的扭曲或塗飾狀態，返樸歸眞。《老子指略》言：

> 夫素樸之道不著，而好欲之美不隱，雖極聖明以察之，竭智慮以攻
> 之，巧愈思精，僞欲多變，攻之彌甚，避之彌勤。則乃智愚相欺，
> 六親相疑，樸散眞離，事有其奸。蓋捨本而攻末，雖極聖智，愈極
> 斯禍。況術之下此者乎！夫鎭之以素樸，則無爲而自正。攻之以聖
> 智，則民窮而巧殷。故素樸可抱，而聖智可棄。

王弼「名教出於自然」之說，有著巨大的現實意義，對於自然與名教的矛盾，
他找到了解決的方法：承認名教的存在，但它應是順物之性，因而不爲，把
名教引向自然。既能從老莊的理論中建立起理據，也能符合一般士人既要求
政治秩序又反對虛僞名教的精神取向，因此得到很多士人的贊同。王弼的表
述，不僅可以從理論上解釋正始前後士人在對待仁義孝悌上重眞情而不重禮
的形式的行爲，而且可以作爲這些行爲的合理性的理論依據。

　　2. 越名教而任自然──以嵇康、阮籍爲代表

　　此派意見的激烈與徹底程度遠遠超過王弼的名教以自然爲基礎論。嵇康
在〈與山巨源絕交書〉〔註37〕中公然宣稱「每非湯武而薄周、孔」，以儒學直
接否定者的姿態出現，其思想的基礎本之於老莊。曾言：：「老子、莊周，吾
之師也。」其〈釋私論〉〔註38〕言：

> 夫稱君子者，心無所措乎是非，而行不違乎道者也。何以言之？夫
> 氣靜神虛者，心不存乎矜尚；體亮心達者，情不系於所欲。矜尚不
> 存乎心，故能越名教而任自然；情不系於所欲，故能審貴賤而通物
> 情。物情通順，故大道無違；越名任心，故是非無措也。是故言君

〔註37〕見崔富章注《嵇康集校注》，頁137，台北，三民書局，民國87年5月版。
〔註38〕同前註，頁297。

> 子，則以無措爲主，以通物爲美；言小人，則以匿情爲非，以違道
> 爲闕。匿情矜吝，小人之至惡；虛心無措，君子篤行也。

在嵇康看來，要能順應「自然」，主體必須「無措」、「通物」。所謂「以無措
爲主，以通物爲美」。「無措」及「通物」的核心涵義是超越，當然亦包含「越
名教」。而所謂「名教」，即是將符合統治者利益的政治觀念，道德觀點，立
爲名分，定爲名目，號爲名節，制爲功名，以之來進行「教化」、規範人們的
言行。自漢武帝獨尊儒術以來，名教在社會生活中的地位也變得神聖不可侵
犯，就像是一條無形的繩索，牢牢地禁錮著人們的思想，束縛著人們的行爲。
至魏晉之際，司馬集團一面大行篡逆，屠殺異己，一面又高舉名教，屠戮與
己意見相左者。面臨著如此「天下多故，名士少有全者」的局面，嵇康毅然
選擇了「文明在中，見素抱樸，內不愧心，外不負俗，交不爲利，仕不謀祿」
（〈卜疑〉）的處世態度，即是「越名教而任自然」。

「越名教」不僅是要衝破傳統的道德規範的羅網，而且是要拋棄一切功
名、利祿和其他的個人得失。「任自然」就是因順客觀世界的自然之道、人的
自然本性和無私之心。嵇康對公、私的區別與他人不同，他所謂「公」不是
指天下，國家，他所謂「私」也非指個人，〈釋私論〉中言：

> 故論公私者，雖云志道存善，（心）無凶邪，無所懷而不愚者，不可
> 謂無私。雖欲之伐善，情之違道，無所抱而不顯者，不可謂不公。

指出雖然懷有善念，但是隱而不宣，也叫作「私」；情欲雖有不善，仁能無所
隱匿，這也就作「公」。可見他所謂無私之心即指人的眞實情感。不管一個人
的思想、心念如何，只要不隱瞞自己的眞實情感，即爲「無私」。

> 夫私以不言爲名，公以盡言爲稱；善以無名爲體，非以有措爲質。（〈釋
> 私論〉）

有私、無私，有措、無措是本質上區分人之善惡的標準。嵇康認爲，人的思
想和行爲，動機和效果之間的關係是複雜的，二者之間往往不相一致，他指
出這種複雜的現象給辨別是非善惡帶來了一定的困難。〈釋私論〉中言：

> 然事亦有似非而非非，類是而非是者；不可不察也。故變通之機，
> 或有矜以至讓，貪以至廉，愚以成智，忍以濟仁。然矜吝之時，不
> 可謂無廉；猜忍之形，不可謂無仁；此似非而非非者也。或讒言似
> 信，不可謂有誠；激盜似忠，不可謂無私；此類是而非是也。

在社會生活中常常出現許多是非不明、善惡不分的情況，這種社會現象是如

何造成的呢？嵇康認爲，此是有些人「抱隱而匿情」的結果。〈釋私論〉中指
出這些人：

> 乃心有是焉，匿之以私；志有善焉，措之爲惡；不措所措，而措所不
> 措。不求所以不措之理，而求所以爲措之道，故明爲措，而暗於措，
> 是以不措爲拙，以致措爲工。唯懼隱之不微，唯患匿之不密；故有矜
> 忤之容，以觀常人；矯飾之言，以要俗譽。謂永年良規，莫盛於滋；
> 終日馳思，莫闚其外，故能成其私之體，而喪其自然之質也。

這種由名教造成的僞君子行爲，不只使人喪失了自己的自然本質，而且嚴重
地危害了社會的政治和道德。因此嵇康指出，正確地區分是非善惡不能只看
行爲不問動機，只聽其言不觀其理，只看一時一事，不看長遠表現。故他提
出了一個無私、無措的道德標準，希望以此來判明二者之間的本質界限。此
即〈釋私論〉中言：

> 論其用心，定其所趣；執其罕以準其理，察其情以尋其變；肆乎所
> 始，名其所終；則夫行私之情，不得因乎似是而容其非；淑亮之心，
> 不得蹈乎似非而負其是。

故「越名教而任自然」不僅是一種道德標準，而且是一種道德境界。嵇康雖
然把一切言行一致、表裡如一的行爲都稱之爲善，但他所提倡的還是那種「傲
然忘賢，而賢與度會；忽然任心，而心與善遇；儻然無措，而事與是俱」（同
上）的至善。他心目中的理想道德人格是〈釋私論〉中所描述的：

> 言無苟諱，而行無苟隱。不以愛之而苟善，不以惡之而苟非。心無
> 所矜，而情無所繫，體清神正，而是非允當。忠感明天子，而信篤
> 乎萬民。寄胸懷於八荒，垂坦蕩以永日。斯非賢人君子，高行之美
> 異者乎？

此一玄學命題具有較濃的人格哲學色彩。

「任自然」的第二個內容是因任人的自然本性。嵇康認爲人的本性是好
安惡危、好逸惡勞的。故原始蒙昧時期，一切聽其自然，並無所謂仁義之教、
禮律之文，卻反而人人自得其樂，而萬物無損而事理合順。其〈難自然好學
論〉〔註39〕中言：

> 民之本性，好安而惡危，好逸而惡勞。故不擾，則其願得；不逼，
> 則其志從。昔洪荒之世，大樸未虧，君無文於上，民無競於下，物

---

〔註39〕同前註，頁347。

> 全理順，莫不自得。飽則安寢，饑則求食，怡然鼓腹，不知爲至德
> 之世也。

他認爲若沒有外部力量的逼迫，人們「飽則安寢，饑則求食」，生活怡然自得，並不需要所謂「仁義之端，禮律之文」。可知「名教」是後人造出來抑制人的自然本性。因此，大道衰微，始作文墨，勸學講文，開榮利之途。人們學習的目的是爲了求取榮華富貴，「好學」並非出於自然本性。就如同鳥獸不會自動棄群以求人之馴養一樣，人的天眞本性也不會自然愛好六經、仁義、禮律之學。而那些所謂聖人爲了統治人民的需要，便以「名教」來桎梏人的自然本性。故他在〈難自然好學論〉中又言：

> 大道陵遲，乃始作文墨，以傳其意。區別群物，使有類族。造立仁
> 義，以嬰其心。制爲名分，以檢其外。勸學講文，以神其教。故六
> 經紛錯，百家繁熾，開榮利之途，故奔騖而不覺。是以貪生之禽，
> 食園池之梁菽；求安之士，乃詭志以從俗。操筆執觚，足容蘇息；
> 積學名經，以代稼穡。是以困而後學，學以致榮；計而後習，好以
> 習成，有似自然，故令吾子謂之自然耳。推其原也：六經以抑引爲
> 主，人性以從欲爲歡。抑引則違其願，從欲則得自然。然自然之得，
> 不由抑引之六經；全性之本，不須犯情之禮律；固知仁義務於禮理
> 僞，非養眞之要術；廉讓生於爭奪，非自然之所出也。

由上之引文，可知嵇康認爲所謂「名教」，是以威逼利誘的手段，嚴重的扭曲「自然」。二者是水火不容，互相衝突的。故他主張「越名教而任自然」，超越名教對人的束縛，恢復人的自然本性。

嵇康是個「口與心誓，守死無二」的人，在「越名教而任自然」問題上，他不但是言者，而且是行者，他立下志向要爲實現這個主張奮鬥到底。嵇康出身低微，自幼「不涉經學」，養成了傲然不群的個性，再加上老莊思想的薰陶，致使他超越「名教」的外在桎梏，突破榮華富貴等的羈絆，走向道家的逍遙。猶如野外長大的禽鹿，受不了人爲的束縛。〈與山巨源絕交書〉中表明了他放蕩不羈的性格是難以改變的：

> 此猶麋鹿，少見馴育，則服從教制；長而見羈，則狂顧頓纓，赴湯
> 蹈火。雖飾以金鑣，饗以嘉肴，愈思長林，而志在豐草也。

故他寧可赴湯蹈火，也絕不肯就範於名教。誓不與司馬氏一夥爲伍，不與名教之徒合污。

　　然而嵇康終歸是一個孤軍奮戰的書生，又受了老莊思想的熏陶「榮進之心日頹，任實之情轉篤」（〈與山巨源絕交書〉）。在司馬氏逼迫加重的情況下，他一度產生了遁入山林，消極出世的思想，並且真的避世河東，三年不出。然最終仍選擇了一條與名教以死相拚的道路，為了推翻加在呂安頭上「不孝」罪名，奮然出面與呂巽對質，揭露了呂巽等人的偽君子面目。由於他與名教勢不兩立，終為名教所不容，被司馬氏藉故殺害了。

　　阮籍在對自然與名教的態度上則更表現出一種情感激憤的色彩，但在應世上則是遊走在名教的邊緣，他雖以情性之自然對抗禮教，但時時謹慎小心以保身。〔註40〕他認為名教對社會與個人的危害極巨，加深了人與人之間的爭奪，破壞了社會的和諧與安定。在〈大人先生傳〉中言：

> 今汝尊賢以相高，競能以相尚，勢以相君，寵貴以相加，驅天下以趣之。此所以上下相殘也。竭天地萬物之至，以奉聲色無窮之欲，此非所以養百姓也。於是懼民之知其然，故重賞以喜之，嚴刑以威之。財匱而賞不供，刑盡而罰不行，乃始有亡國、戮君、潰敗之禍。此非汝君子之為乎？汝君子之禮法，誠天下殘賊、亂危、死亡之術耳。

由於名教強調社會的等級差別，促使人們拚命向上爬。上層統治者利用名教殘酷地欺壓、掠奪百姓，致使百姓無法生活，鋌而走險。因此歷史上才會有亡國、戮君、潰敗之禍的不斷產生。其次，名教破壞了人們的自然本性，使人不能按照自然本性正常地生活。故在〈達莊論〉言：

> 凡耳目之者，名分之施，處官不易司，舉奉其身，非以絕手足、裂肢體也。然後世之好異者，不顧其本，各言我而已矣，何待於彼？殘生害性，還為仇敵，斷割肢體，不以為痛。目視色而不顧耳之所聞，耳所聽而不待心之所思，心奔欲而不適性之所安，故疾病萌則生不盡，禍亂作而萬物殘也。

人的機體和社會一樣是個自然和諧的統一整體，各個部位相互配合、相互照應才能正常的生存。可是名教妄加分別，使各種器官只顧自己的需要，不願意維護整體。目不顧耳，耳不顧心，心不顧性，整個機體四分五裂，相互賊

---

〔註40〕《世說新語・德行》十五條注引李秉〈家誡〉中載司馬昭對阮籍的評語：「天下之至慎，其唯阮嗣宗乎！每與之言，言及玄遠，而未嘗評論時事、臧否人物，可謂至慎乎」而阮籍之好友嵇康也言：「阮嗣宗口不論人過，吾每師之，而未能及。」（《與山巨源絕交書》）可見其沈潛隱忍的應世態度。

割，使人無法正常的生活。

而且名教更造就了一批僞君子。這些人爲了個人名利而刻意矯情，適應名教的需要，爲獲得社會的讚譽，喪失了人的眞實本性和正常情感。阮籍對這些人深惡痛絕，視他們爲名教的幫凶加以無情的批判。他在〈大人先生傳〉中挖苦道：

> 且汝獨不見蝨之處於禪之中乎！逃於深縫，匿乎壞絮，自以爲吉宅
> 也。行不敢離縫際，動不敢出禪襠，自以爲得繩墨也。饑則吃人，
> 自以爲無窮食也。然炎丘火流，焦邑滅都，群蝨死於禪中而不能出。
> 汝君子之處寰區之內，亦何異夫蝨之處禪中乎？

他認爲那些「唯法是修，唯禮是克」，「上欲三公，下不失九州牧」，一心想著「揚聲名於後世，齊功德於往古」（同上）的僞君子們，實際上不過是一群褲襠中的蝨子。

阮籍痛恨名教，憎惡靠名教的惡勢力謀權謀利的僞君子，但是他又無法消滅他們，於是不得不追求精神解脫。他在〈大人先生傳〉中寫道：

> 超世而絕群，遺俗而獨往，登乎太始之前，覽乎忽漠之初，慮周流
> 於天外，志浩蕩而自舒，飄颻於四遠，翻翱翔乎八隅。

他以孫登爲本，塑造了一個「微道德以久娛，跨天地而處尊」，「不避物而處，所睹則寧，不以物爲累，所逌則成」，「無是非之別，無善惡之異」（同上）的「大人先生」，作爲自己的理想人格，希望能像「大人先生」那樣不爲名教所束縛，不爲世務所煩惱，飄然出世，自由自在的生活：

> 今吾乃飄飄於天地之外，與造化爲友，朝餐陽谷，夕飲西海，將變
> 化遷易：與道周始，此之於萬物，豈不厚哉！故不通於自然者不足
> 以言道！

誠然，他的激憤和神往超自然的境界，具有避禍全身之現實用意，但是既然確定了任自然的理想境界，當然也就包含了對禮教的超越、蔑視及在行爲方式上不爲禮法所拘約。

阮籍深懷崇高理想，面對錯亂的價值觀，不斷更迭的政治新局，日趨慘烈的殺戮，頓失安身立命的依據，甚至與世浮沈、苟全性命都是不易的事，所以阮籍的佯狂任誕，不遵禮教，實皆藉由曲折的方式以對抗名教。他的與嫂見別、醉臥鄰家婦側、母喪飲酒吃肉，都是不合禮教的行爲，他並高唱「禮豈爲我輩設也？」，阮籍以實際行動揭露名教的不合理與虛僞性，充分展現越名教而任自

然的思潮，自然、眞實的情感才是禮教的根本，因此母喪時的行爲違禮，但哀思萌動時卻吐血數升。爲了平衡現實中的痛苦，乃藉著奇特的行爲表現對現實的不滿，如《晉書》本傳中言其善作青白眼；而爲了拒絕與司馬氏聯姻，連續大醉六十日，此皆說明他沈潛於世的用心。雖不論人過，口不臧否人物，行爲至愼，而終得善終，但其任達行爲之下，是一顆更孤獨痛苦的心靈。

　　3. 調和名教與自然──以裴頠、郭象為代表

　　經過嵇、阮提出的「越名教而任自然」的思潮後，名教的虛僞性及桎梏人心的實際意義被突顯出來，在重群性的名教與重個性的自然間，也日漸引發強烈的衝突。但他們的超越論與現實的統治秩序所不容，嵇康便被刑戮東市，阮籍常年酣醉以避害。至晉帝元康時期，司馬氏政權幾十年的統治所造成的各種危機積重難返，遂使西晉王朝開始走向全面崩潰的混亂時代。在此「姻黨相扇，毀譽交紛」，「朝榮夕滅，旦飛暮沈」的元康之際，政治上的混亂與黑暗給當時的知識份子帶來了心理上更大的刺激。加速了他們分化的過程。有些人不滿門閥世族的腐敗，「退而窮處，遂終於里閭」(《晉書·王沈傳》)，走上與世隔絕的隱逸道路。更多的人則「尸祿耽寵，任不事事」(《晉書·裴頠傳》)，逍遙卒歲，與時浮仰。更有甚者，則「縱酒荒放」、「脫衣裸裎」，走上縱慾的生活方式。

　　《世說新語·德行》注引王隱《晉書》言：

> 魏末阮籍，嗜酒荒放，露頭散髮，裸袒箕踞。其後貴游子弟阮瞻、
> 王澄、謝鯤、胡毋輔之徒，皆祖述於籍，謂得大道之本。故去巾幘，
> 脫衣服，露醜惡，同禽獸。甚者名之爲通，次者名之爲達。

故當時即有「四友」、「八達」之稱，均此類。又據《世說新語·任誕》載：

> 諸阮皆能飲酒，仲容（阮咸）至宗人間共集，不復用常杯斟酌，以
> 大甕盛酒，圍坐，相向大酌。時有群豬來飲，直接去上，便共飲之。

以嵇康、阮籍爲代表的「越名教而任自然」的思潮，是有所激而發，還未失其哲學創造力。但至元康時期，這股思潮便由竹林時期所謂的「放達」，一轉爲「狂放」，一味追求「放蕩形骸」，以醉眼看世界的這些名士，實際上對客觀世界已無清醒的認識，是放而不達，在哲學的發展上也毫無建樹。故在思想上有人起而反對任誕，把名教與自然加以徹底調和。〔註41〕其中以裴頠〔註42〕的〈崇有

---

〔註41〕事實上，西晉統一天下後，社會秩序日趨穩定，對於穩定社會結構的名教需
　　　　求也趨於殷切；然而終西晉之朝，幾乎都籠罩在八王之亂的陰影中：「數十萬

論〉和郭象的《莊子注》爲代表。裴頠抨擊放任自達的時代習尚《晉書‧裴頠傳》載：

> 頠深患時俗放蕩，不尊儒術，何晏、阮籍素有高名於世，口談浮虛，不遵禮法，尸祿耽寵，任不事事；至王衍之徒，聲譽太甚，位高勢重，不以物務自嬰，遂相仿傚，風教陵遲，乃著〈崇有〉之論，以釋其蔽。

裴頠在〈崇有論〉〔註43〕中主張：

> 居以順仁，守以恭儉，率以忠信，行以敬讓。

順仁、恭儉、忠信、敬讓，都是儒家名教持重的處世原則，亦即裴頠推重的「有」在名教上的具體化；他反對玄學中的「以無爲本」，強調事物的本源和本體是「有」。

> 夫總混群本，宗極之道也；方以族異，庶類之品也。形象著分，有生之體也。化感錯綜，理跡之原也。夫品而爲族，則所稟者偏，偏無自足，故憑乎外資。是以生而可尋，所謂理也。理之所體，所謂有也。（同上）

「總混」包括自然萬物在內，自非是「無」。而萬物以族類，以形分，其品類或個體，均爲實在，而且萬物之間並非各自孤立，而是相互聯繫，而理即寓

---

　　衆並垂餌於豺狼，三十六王咸隕身於鋒刃。禍難之極，振古未聞。」（《晉書‧八王列傳》卷五十九），西晉禍起蕭牆，玄學家面對宗室相殘的局面，如何避免捲入戰端，使成爲自保的首要之務，這種微妙的轉折對名教的意義則有新的詮釋。故士人中對名教的思考轉爲肯定。

〔註42〕 裴頠（西元267～300），宇逸民，河東聞喜（今山西聞喜縣）人。是尚書令、地理學家裴秀之子，爲司徒、玄學家王戎的女婿，又是晉惠帝賈皇后之表兄弟。爲人弘雅有遠識，博古通今，初爲太子中庶子、散騎常侍，屢遷國子祭酒、侍中、尚書左僕射，是晉惠帝一朝的重臣。晉惠帝司馬衷痴愚，大權爲賈皇后所握。裴頠雖與賈皇后爲表親，但立身公正，光明磊落，他鑒於賈皇后專權肆姿，生活不檢點，曾與司空張華計議，要廢賈后另立謝淑妃爲皇后。期間，他多次直言上疏，詳論古今朝政的得失成敗，虔虔之心，使他在朝中威望日隆。他用人不拘出身貴賤，只求德才兼備。對於那些出身貧賤而又上進的年輕人，他更是關懷備至，大膽提拔重用。此在當時門閥世族專權的時代中，十分難得。然而，時不我濟，裴頠由於堅決反對貪賊凶暴的趙王司馬倫，終於被其殺害，年僅三十四歲，成了「八王之亂」的犧牲品。

〔註43〕 〈崇有論〉全文見於《晉書‧裴頠傳》中，中華書局標點本，頁1044～1046。據《三國志‧魏書‧裴頠傳》（中華書局標點本，頁673）注謂裴頠作有〈貴有〉、〈貴無〉二論，可惜他的〈貴無論〉已佚，否則我們當可更全面地了解裴頠的觀點。

於有生之體的物中，這樣便不會有超越於「有」之上的「無」。他的「崇有」論具有較濃的現實哲學色彩，他對「貴無」論的抨擊也是立足於此：

> 遂薄綜世之務，賤功烈之用；高浮游之業，卑經實之賢。……是以
> 立言藉於虛無，謂之玄妙；處官不親所思，謂之雅遠；奉身散其廉
> 操，謂之曠達。故砥礪之風，彌以陵遲。放者因斯，惑悖吉凶之禮，
> 而忽容止之表，瀆棄長幼之序，混漫貴賤之級。其甚者至於裸裎，
> 言笑忘宜，以不惜爲弘，士行又污矣。

他從理論根源上批評「忽防」、「忘禮」的社會風氣。將哲學探微與政治之學結合，以積極態度去尋求「自然」與「名教」之間的調和與統一。裴頠論「有」，主要是側重於儒家的「有爲」。他不滿意玄學家何晏、阮籍等人的「口談虛浮」和「仕不事事」，對當時的玄學領袖王衍、樂廣等人「不以物自纓」的態度也進行抨擊，〔註44〕認爲君子立言「在乎達旨」，要力求做到「崇濟先典，扶明大業，有益於時」。因此，他的理論是以名教爲指歸，將政治與哲學相結合。

　　裴頠在強調「崇有」的基礎上，還提出了一個特別的人生哲學觀──「於無非無」、「於有非有」。他在〈崇有論〉中，對老子著書立說的意圖做了重新解釋。他說：

> 老子既著五千之文，表摭穢雜之弊，甄舉靜一之義，有以令人釋然
> 自夷，合於《易》之〈損〉、〈謙〉、〈艮〉、〈節〉之旨。……觀老子
> 之書雖博有所經，而云「有生於無」，以虛爲主，偏立一家之辭，豈
> 有以而然哉。人之既生，以保生爲全，全之所賴，以順感爲務。……
> 夫有非有，於無非無，於謬，存大善之中節，收流遁於既過，反澄
> 正於胸懷。宜其以無爲辭，而旨在全有，故其辭曰：「以爲文不足」。

裴頠之意爲老子的宇宙觀強調「有生於無」，以無爲本，但其主旨卻是在於「全

〔註44〕裴頠的〈崇有論〉發表之後，王衍、樂廣等人立刻與之辯論。《世說新語·文學》十二條中載：「裴成公作〈崇有論〉，時人攻難之，莫能折，唯王夷甫來，如小屈。時人即以王理難裴理，還復申。」又載：「樂廣與顗閒，欲說理，而顗辭喻豐博。廣自以體虛無，笑而不乎復言。」據此可知，以裴頠爲代表的「崇有」派，在西晉後期曾一度開展了對王衍爲首的「虛無」派的批判。〈崇有論〉一文，亦被譽爲「文辭精富爲世名論」。貴無、崇有二派的辯難是當時清談界的大事，也是玄學發展史上的一件大事，尤其對「有無本末」此一玄學基本命題的進展與完善有極重要的意義。從正始末何晏、王弼逝世後，到元康間王衍、裴頠崛起，魏晉清談經過四十餘年的低谷與斷層，終又出現了第二個高峰。然而隨著裴頠在永康初年（西元299年），爲趙王倫所殺，這場學術論辯遂終止。

有」，表現在人生哲學上，是要做到「於無非無，於有非有」。換言之，人生不能走向極端，偏執於「無」或「有」。人的生活不能脫離衣食，但也不能沒有減省節制，過份去奢求錦衣玉食，沈迷於聲情色欲，而應該做到「存大善」、「收流通」和「反澄正」，以守天理之真，以舉靜一之義。

　　裴頠的「於無非無，於有非有」的人生哲學，旨在匡時救世，扭轉社會上種種傷風敗俗的現象。以日常生活為例：偏執尚無的一派如阮籍「不拘禮教」，劉伶「不以家產有無介意」，王衍「口未嘗言錢」；偏執尚有的一派如何曾「日食萬錢，猶曰無以下箸處」，石崇「絲竹盡當時之選，庖膳窮水陸之珍」。在裴頠看來，這些士大夫們的生活態度都是不足為效的，它使人扭曲變形，失去常態。作為賢人君子，應該「躬其力任，勞而後餐」，做到「居以仁順，守以恭儉，率以忠信，行以敬讓，志無盈求，事無過用」，這才是人生的真諦。他心目中的賢人君子，是像伊尹、傅說、呂望（姜太公）、蕭何、張良、樊仲那樣的歷史名臣，因此，裴頠的「於無非無，於有非有」的主張，是他「崇有」哲學在人生態度、政治抱負的一種補充，它不僅指出偏執「虛無」、「貴有」兩個極端的錯誤，而且揭露和批判了官場上的歪風邪氣，樹立起一個正面形象。這種安邦濟世的人生觀，就是在今天也有它的積極意義。〔註45〕

　　郭象〔註46〕以高明的方法把名教與自然調和起來。他是以自己的理論來

─────────────

〔註45〕裴頠的主張並非魏晉思想的主流，影響力雖不如郭象，但在風氣的轉變上，也為郭象的「名教即自然」的理論提供成型的背景。

〔註46〕郭象（西元252～312年），字子玄，河南（今河南洛陽）人。他是西晉後期最為著名的玄學家。當時「貴無派」玄談領袖王衍，很是激賞他玄談的機鋒，稱讚他清談時如「懸河瀉水，注而不竭」口才甚佳（《世說新語‧賞譽》三十二條）。他官職不高，屢遷黃門侍郎，後為東海王司馬越所器重，引為太傅主簿。在玄學派中，郭象以「獨化」派自成一家，並被評為魏晉玄學的高峰。其「獨化」之說的全部內容，體現在《莊子注》一書中。「獨化」一詞，是郭象在探求事物發展變化時獨創的一個學術用語，也是其哲學思想的一條主線。所謂「獨化」，郭象在〈齊物論〉注中說：「若責其所待，而尋其所由，則尋則無極，卒至於無待，而獨化之理明矣」其意是指事物的產生和變化，既不受外力的推動，也沒有內在的根據，如果要尋找事物賴以產生的根源，則推上去無窮無盡，無所結果，故得出事物是自己產生和自己運動的「獨化之理」。他認為世界萬物具有「各足其性」的本能。它們「生而自生」「順乎物性」，形狀和作用自是不同，如大鵬善飛，燕雀能躍，牛羊吃草，菇菌初生，白日高照，陽春熙和，秋霜普降，木葉自凋。這些率性而動的萬物，獨化而足，自足而得。於是，茫茫宇宙，氣象萬千，生者自生，去者自去。其意融融，其樂陶陶，是為自然。郭象的「獨化」論，是針對王弼、何晏「貴無」說的批判，也是對所謂「真宰」、「造物主」的否定，它指出「無」不能生「有」和物各「自造」之理。郭象的

解釋和重塑莊子思想的，他作《莊子注》〔註47〕把莊子思想闡釋爲「內聖外王」之道，認爲內聖即順於自然，外王即不廢名教，是任自然而不廢名教，此即是他試圖把名教調和起來的理論。〔註48〕

　　如前所述，儒家學說在東漢後期陷入了困境，以至於到魏正始年間，出現了研究《老子》、《莊子》、《周易》的「三玄」之學。但是，不管是正始玄學的「名教本於自然」說，還是竹林玄學的「越名教而任自然」論，都無法否認儒家綱常名教的政治作用。曹魏政權和西晉王朝的統治者，儘管改朝換代，也一無例外地要以儒家學說去加強統治。於是，表現在學術思想上，便出現了援道入儒，崇尚自然的一派，以及以儒釋道，重在名教的一派。郭象《莊子注》序中闡述的「明內聖外王之道」的宗旨，便是他儒道合一的思想

哲學是魏晉玄學發展的又一個新階段，對士人的生活方式與處世態度亦深具影響。然關於郭象的哲學思想，則已超出本篇範圍，此處暫置不論。可參見湯一介先生《郭象與魏晉玄學》（北京，1982 年）。

〔註47〕關於《莊子注》的作者問題，曾在學界引起一番爭論，起因在於《晉書·郭象傳》中載：「先是注《莊子》者數十家，莫能究其旨統。向秀於舊注外而爲解義，妙演其致，大暢其風，惟〈秋水〉、〈至樂〉二篇未竟而秀卒。秀子幼，其義零落，然頗有別本遷流。象爲人行薄，對以秀義不傳於世，遂竊以爲己注，乃自注〈秋水〉、〈至樂〉二篇，又易〈馬蹄〉一篇，其餘眾篇或點定文句而已。其後秀義別本出，故令有向、郭二《莊》，其義一也。」學界對此的爭論約可歸納爲二種看法：第一種認爲《莊子注》作者，應爲向秀。如侯外廬、杜國庠等著的《中國思想通史》第三卷《向秀與郭象的莊注疑案與莊義隱解》一文中，從晉人張湛注《列子》中所引的《莊子》向秀注文中，與今本郭象《莊子注》的注文加以比較，證明郭象確有「爲人行薄」剽竊向秀注文之事。第二種看法認爲《莊子注》的作者應是向秀與郭象並列。如范文瀾《中國通史簡編》修定本第二編，頁 298，中指出：「向秀曾注《莊子》，郭象據向秀注再加修定，成爲《莊子注》的定本。《莊子》書得郭象注，對玄學來說是一個大發展」。持這個看法的學者頗眾，如任繼愈《中國哲學史》第二冊，頁 210 所論：及湯用彤《魏晉玄學論稿》，頁 103：另馮友蘭《中國哲學史》，第 643 頁等所論。可以推斷《莊子注》應是郭象在向秀注的基礎上述而廣之，他根據自己的思想體系有選擇地引用向注。余敦康《中國古代著名哲學家評傳》第二卷《郭象》，頁 261～262 中言：「儘管郭象在個別的枝節問題上吸收了向秀注的成果，但是貫穿於《莊子注》全書的獨化論思想體系都是郭象個人的發明創造。」又言：「這個獨化思想體系是向秀所無而郭象卓然成家的主要依據」。因此，我們可知《莊子注》的作者，應是向秀、郭象二人並列，方能以正視聽。

〔註48〕湯用彤先生《魏晉玄學論稿》中認爲郭象雖不廢名教，但名教爲末，自然爲本，所以《莊子》注出而「儒墨之跡見鄙，道家之言遂盛」。頁 134，台北，里仁書局，1984 年。

理論。此說亦繼承了向秀希望「以儒道爲一」的理念，呼應了竹林玄學創造的任自然風潮，也解決了任自然可能產生的流弊。

在論證「名教即自然」的命題上，郭象首先對「自然」提出自己的解釋，認爲「自然」與「名教」並無矛盾。〈在宥〉注中言：

> 夫任自然而居當，則賢愚諉褒情而貴賤履位，君臣上下莫匪爾極，而天下無患矣。

> 師夫天然而去其過分，則大隗（道）至也。（〈徐無鬼〉注）

他將道家的「任自然」解釋爲各階層的人安於自己的本分。他認爲，如果像元康名士那樣「任自然」而不「居當」，「師天然」而過其分，如此既非是「任自然」，又違背儒家的等級尊卑貴賤之序，此實際上亦違背了道家的天理自然。故〈天道〉注：

> 明夫尊卑先後之序，固有物之所不能無也。

> 治道先明天，不爲棄賞罰也，但當不失其先後之序耳。

他又論證了仁義即人性的內涵：

> 夫仁義者，人之性也。人性有變，古今不同也。故游寄而過去則冥，若滯而係於一方則見。見則僞生，僞生而貴多矣。（〈天運〉注）

> 夫仁義自是人之情性，但當任之耳。恐仁義非人情而憂之者，眞可謂多憂也。（〈駢拇〉注）

郭象認爲所謂的仁義，其實是人性的外顯，這個觀點乃直取儒家，[註49] 禮樂的內在精神即是仁，也是所謂的善端；郭象將儒家的仁義道德納入道家的「自然」之中，把仁義道德當作是人生具有的本性。他藉用儒家名教道德精神轉化爲自然思潮的本體論模式，使名教有了形上學的基礎：

> 仁者，兼愛之跡；義者，成物之功。（〈大宗師〉注）

仁義只是「跡」，是「現象」，自然的人性、人情才是「所以跡」，才是本體；[註49] 但是「跡」與「所以跡」必須冥合，才是眞正的自然境界。因此，「人性有變」當指人性外顯的社會價值觀，或因古今不同而有不同的價值認定，

---

[註49] 正如《論語‧八佾》三章中：「人而不仁，如禮何？人而不仁，如樂何？」
[註49] 在郭象《莊子注》中，經常出現「跡」與「所以跡」的哲學概念。「跡」是指事物活動留下的痕跡，如人走路踏出來的足跡，亦稱爲「有跡」；「所以跡」則可以理解爲之所以「有跡」的緣故，亦稱爲「無跡」。從現代哲學概念上看，可以歸入現象與本體關係範疇。

若執著於外顯的價值觀，忽略自然的人性本質，則一味提倡仁義而終致虛僞
亂行叢生。此即是其言：

> 若夫揭仁義以趨道德之鄉，其猶擊鼓而求者，無由得也。（〈天運〉
> 注）

以此觀點，郭象認爲六經是聖人教化施行的文字依據，亦視之爲「跡」，因此
六經亦不違「所以跡」的眞性。郭象的高明即在他以反對「以名爲教」化解
了名教危機的爭議，又從形上學的角度將名教與自然作一冥合，產生了「名
教即自然」的結論。

郭象雖然論證了名教即自然，但體契這個命題的最高境界仍在於「忘」，
忘禮義、忘仁愛，忘名教才是眞正的自然：

> 至（人）極忽無親，孝慈終於兼忘，禮樂復乎已能，忠信發乎天光。
> 用其光則其樸自成，是以神器獨化於玄冥之境而源遠深長也。（《莊
> 子注》序）

至仁、孝慈、禮樂、忠信，這些名教所標舉的道德，都應相冥於獨化之境，
其功方能自顯，所以郭象雖論證了「名教即自然」，但名教、自然兼忘，純任
二者的跡冥圓融才是這個主題的眞義，用這種「無心」的態度應世，才是理
想的人格典範；名教的存在是自然的存在，既然存在便具存在的合理性，不
該以彼正此，或以此正彼，名教、自然不應互相排斥。

因爲名教即自然，所以對所處境遇，郭象強調「任分」，亦即安於名教給
人的適當位置：

> 人之生也，可不服牛乘馬乎？服牛乘馬，可不穿落之乎？牛馬不辭
> 穿落者，天命之固當也。苟當乎天命，則雖寄之人事，而本在乎天
> 也。（〈秋水〉注）

本則注文是郭象解釋《莊子》對穿牛鼻，落馬首的看法，莊子以爲牛馬四足
才是天生自然，落馬首，穿牛鼻是人從自己需求的觀點改變了天理自然，牛
馬原不爲人的需求而存在，自各有其存在的價值。但郭象此注卻改造了莊子
的原意，他從現象界存在的事實談自然，所以穿牛鼻，落馬首反而變成是天
理自然；郭象的這種轉化實基於名教合理化的需求。漢代強調以名教治國，
經過漢末、三國到西晉，名教的危機關鍵在於嚴重桎梏人的自然性情，但竹
林玄學毀棄名教的結果只是造成更大的個人與名教危機，也間接地證明了這
種方式有實際上的不可爲。因此，郭象試圖從根本問題著手，重新建立一套

融合的理論，對名教的安、任、自得，更是郭象的企圖。人類是群居動物，有生存上密不可分的關係，所以「類聚群分，自然之道」（〈德充符〉注），名教創製的原始動機也在規範日趨複雜的群體關係，使社會結構達到一定的穩定性，這種穩定性的維繫必須靠群體中的每一個個人安於名教規範下的位置，並在這個位置上充分扮演好這個角色。所以郭象認為：

> 夫工人無為於刻木而有為於用者，主上無為於親事而有為於用臣。
> 臣能親事，主能用臣，斧能刻木而工能用斧；各當其能，則天理自
> 然，非有為也。（〈天道〉注）

君上用臣，臣下親事，工人用斧，斧能刻工，君上、臣下、工人都在自己的位置上從事有為的工作，但這種有為是名教規範下的為，所以即是無為、無跡，即是自然。但從社會整體和諧性看來，卻是無為而無不為的，因此，郭象指出臣妾之才必須安於臣妾之任，故〈齊物論〉注云：

> 臣妾之才，而不安臣妾之任，則失矣。故知君臣上下，手足外內，
> 乃天理自然，豈真人之所為哉！

又在〈天運〉注中言：

> 夫人之一體，非有親也；而首自在上，足自處下，府藏居內，皮衣
> 在外。外內上下，尊卑貴賤，於其體中各任其職，而未有親愛於其
> 間也。然至仁足矣。故五親六族，賢愚遠近不失分於天下者，天理
> 自然也，又奚取於有親哉。

經郭象如此辨析，君臣上下的存在是合理的，貧賤富貴的存在亦是必然的，社會上的諸般現象，正如同身體中的各種器官，各司其職，各守其位，各安所處，各盡其能，一切均是合理自然。郭象此說有自然命定的思想傾向，但隨任命運擺佈實非郭象的哲學精髓，他真正的意旨在於「逍遙」。唯有能真正解決外在名教與內在自然之性的衝突時，才能獲得生命中真正永恆的逍遙。所以理解名教存在的合理性與必要性，如何在這個直觀自然存在的狀態中，作自我的提昇與完成，既滿足了個體自然情性的需求，又不違反名教規範；為政者也能體悟自然情性存在的客觀性與合理性，不作違背人性自然的名教之治，使如在〈逍遙遊〉注中所言：

> 苟足於其性，則雖大鵬無以自貴於小鳥，小鳥無羨於天池，而榮願
> 有餘矣。故小大雖殊，逍遙一也。

大鵬與小鳥，一大一小，它們的能力不同，差別甚大，但只要它們各自滿足

於自己的自然本性，就可以同樣逍遙自得。同理，各階層的人都能自安其分、各適其志，自然形成一個大無待境地，或許這才是郭象思索名教、自然融合的真正意涵。故郭象對名教與自然的融合，和他的形上哲學一樣，都達到西晉玄學的顛峰，最大的關鍵就在他將正始玄學的「名教本於自然」轉化為「名教為自然」的命題。

考察自魏至西晉的玄學發展史，我們可以看出自然與名教之辨一直是一條與本末有無之辯平行的重要線索。簡略來說，它大約經歷了三個階段，各自產生了不同的影響。第一階段是王弼、何晏，他們在這個問題上的觀點是「名教出於自然」。名教是「有」，自然是「無」，既然「有生於無」，那麼「名教出於自然」就是順理成章的事。王弼崇尚「天地任自然，無為無造」（王弼《〈老子〉五章注》）的自然哲學觀，追尋「無」的本體和行為，因此，一切應保持原生態和本來面貌，故產生了哲學上的素樸論。前引《老子指略》云：

> 夫素樸之道不著，而好欲之美不隱，雖極聖明以察之，竭智慮以攻之，巧愈思精，偽愈多變，攻之彌甚，避之彌勤。則乃智愚相欺，六親相疑，樸散真離，事有其奸。蓋捨本而攻末，雖極聖智，愈致斯禍。況術之下此者乎！夫鎮之以素樸，則無為而自正。攻之以聖智，則民窮而巧殷。故素樸可抱，則聖智可棄。

正是在這種提倡素樸自然的潮流中，孕育了陶淵明平淡自然的人格與作品。

第二階段是阮籍、嵇康，他們提出「越名教而任自然」，認為名教和自然是某種對立的關係，主張只要自然不要名教。這是一種因為對當時司馬氏的統治嚴重不滿而產生的過激觀點，顯然與魏晉玄學調和儒道的總目標是不一致的。「越名教而任自然」的思想在哲學上的影響更深，它促進了任達之風的發展，這裡有調笑鄰家女，被女投梭折其雙齒的謝鯤（《晉書‧謝鯤傳》），有在狗洞中窺探而大叫的光逸（《晉書‧光逸傳》，有的竟然「相與為散髮裸身之飲」，更有「對弄婢妾」之舉（《晉書‧五行志》）。越名教而任自然的最大意義是出現了超越性的思維要求和心理願望，超越功利，達於精神。

第三階段是裴頠、郭象，尤其是郭象，他認為「名教即自然」。這是從「獨化論」必然得出的結論。既然萬物都是「塊然自生」，各各「獨化」，世界從來沒有經過「末有」的狀況，那麼「有」即自然；而名教是「有」，當然「名教即自然」了。如此不僅取消了名教與自然的對立，儒與道的對立，

也一起消失，融合儒道的目的於是實現。由此角度觀之，魏晉玄學可說是起於王、何，而成於裴、郭。

## 小　結

　　特定的時空背景是展現文化思潮的舞台，魏晉是一個在文化史上有特殊意義的時代。充滿戰爭和饑饉，陰謀和殘忍，悲歌慷慨和背信棄義，尋歡作樂和瀟灑風流的環境，卻也是思想最活躍、感情最豐富的時代。經過多次嚴重的天災、人禍，造成人口的大量減少與外移，直接衝擊到的即是名教基礎，導致倫理結構的鬆動，個體生命有機會從龐大的名教系統釋放出來，個體的自覺運動，又引發生命安頓的新思維。在這個環境中，中國士人走過了一段充滿悲情的心路歷程。而作為士人群體的一種普遍心態，其背後有著深刻的社會歷史原因。其中一個重要因素，即是政局。

　　中國士人在傳統上與政治有著極為密切的聯繫，他們往往以國之治亂為己任。士人的整個人生，似都與政局的變化息息相關。兩漢之後這種傳統精神更有了發展。

　　兩漢定儒術於一尊，儒家的倫理道德規範成為士人終身奉行的人生準則。他們把自己的一生和大一統政權聯繫在一起。在漢代士人的心中，君權是至高無上，終其一生為君為朝廷而存在。忠於君忠於朝廷，被視為士人之理想品格。士人對大一統的政權，有一種親近感，同時也有一種依附感。

　　但是東漢末年之後，接受儒家傳統思想薰陶的士人，面對的卻是一個由宦官和外戚專權的腐敗政權。他們懷著既忠誠又悲慨的情懷，從維護者變為批評者，一次次上疏反宦官反外戚又一次次失敗。士人忠而被疑，忠而見棄，他們忠心耿耿為之憂思勞瘁的政權給予他們的報答，卻是殺戮與監獄。兩次黨錮之禍對士人心靈的震動極大。霎時間，悲壯情懷席捲士林。以此為契機，士人的心態起了變化，他們從與大一統政權一體中脫離出來，在感情上由親近而走向疏離。士人既失了他們忠於君主忠於朝廷的信仰，他們的視野便回歸自我。這無疑對於士人個性覺醒起重要的作用。既然忠而被棄，他們便渴望用另一種方式來表現自己的存在，於是名士風流，互相題拂，走向了自我的感情天地。

　　於是，士人精神上傳統的儒家倫理觀念的種種束縛鬆動了，重感情、重個性、重才能、重自我成了一種普遍的心理趨向，或慷慨悲涼，走向追求功業；或任情放縱，走向享樂的人生；或以高潔自恃，而歸隱山林。他們從定

儒學於一尊時的那個理性的心靈世界，走到一個以自我爲中心的感情世界中。然而，重自我、重感情、任情放縱，與傳統的觀念發生種種矛盾，此即是史學家們所言的自然與名教的矛盾。這些矛盾需要從理論給予解釋釐清。於是士人們以一種極大的熱情，在哲學的層次上思考著現實生活中提出來的各種問題。在此思潮下，他們有意識地探討自己的理想人生。被桎梏的個體情性，也在自覺的過程中重新得到正視。一連串脫離傳統人文社會的自覺運動，使文化生命推向宇宙自然，在大自然中尋求新的生命安頓；也在宇宙自然的流動中，重新面對個體生命本質性的自然。所以從人文社會的瓦解、傳統價值觀的陷落、身心安頓的新趨向，逐步形成一種文化運動，這個文化運動由個體自覺，逐步形成群體自覺。

另一方面，人性覺醒的初期，用老莊思想來解釋任自然的合理性。但是原始老莊思想本身，任自然是貴心賤身，超越欲念超越人生，不可能滿足此時士人的實際需要。人性覺醒的思潮既貴心，又貴身，既重心靈的自由又重物質的滿足。故在新的時代思潮下，老莊思想需要給予新的闡釋。而儒家經學思想權威的失落需要有一種新的理論來填補它的位置，玄學即是士人尋來用以代替儒家思想的新的理論依歸。因此玄學的出現，乃是漢末以來士人心態轉向自我，人性覺醒思潮的一種理性思考及理論闡釋。

然而儘管價值取向從大一統時期的一元化轉爲多元化，自正始之後，玄風成爲一股巨大不可阻擋的力量，席捲士林，滲透到士人生活的一切方面，迅速改變著他們的價值取向、生活情趣以及風度容止。然而玄學思想雖爲人性的覺醒、自我的肯定找到了理論上的根據，但是它卻沒有能夠解決個體與群體、自我與社會的關係提出一套足以取代儒家倫理道德規範的規範。

玄學爲任自然以適情性的合理找到了理論根據，因此它受到剛剛從大一統思想的僵化、窒息的環境中解脫出來的士人的歡迎。在玄學的理論指引下，他們追求縱情自適、追求個人慾望的滿足，他們的情性受到極大的弘揚。此即是後人所欣賞讚揚的魏晉風度。然而人究竟是處於社會之中，他既是自我，又是社會群體中的一員；既追求人性的自由，又不可能不受任何約束而獨立於群體之外；既要滿足個人的欲望，又要承擔社會的責任。玄學所關注的只是個人性情的舒展，卻未能解決中國士人立身處世的理論基礎。故魏晉時期深受儒學薰陶的士人們，目睹政治的黑暗，社會的紊亂，新舊價值觀的衝突，其內心多有一種對時局人生無可奈何的深沈悲哀。

# 第五章　魏晉士人悲情意識的基調

　　文學是歷史之光的心靈折射。從詩人的作品爲出發點來深入了解社會歷史，所側重和期望的，正是中國古典詩歌中潛在包含著正史中不具備的揭示歷史眞相的因素。甚且比正史中透露出更多的社會深層心態，因爲詩歌本身具有抒情言志的特質。詩人透過其詩作表現出來的深層心態，不僅反映了詩人個人的人生理想、生活中的哀樂悲歡等價值判斷與思想感情，也有助於我們深刻認識社會中士階層的基本精神思想特徵。

　　寫作材料的同質、文化心理的同步、價值系統的同構、時地遭遇的同趣，造成不同時代的各別詩人有相通的審美意識，何況時代相近，地域相當的魏晉士人？前章論及魏晉士人悲情意識形成之外緣內因，若天下多故（政治因素）、人倫衰朽（社會因素）、人心思變（思想因素）等諸大端，其中自有歷史與時代交綜之影響所形成之共識在。今以此爲基礎，分別就表現的主題與主體之脈注綺交，以見魏晉士人悲情意識之基調。

## 第一節　悲情意識表現的主題

### 一、與天地獨往來

　　如前章所論，魏晉在中國歷史上是一個重大變化時期。無論經濟、政治、軍事、文化和整個意識形態，包括哲學、宗教、文藝等等，都歷經轉折。這是一個突破數百年的統治意識重新尋找和建立理論思維的時代。被「罷黜百家，獨尊儒術」壓抑了數百年的先秦的名、法、道諸家，重新爲人們所著重

探索。在當時文化思想領域較為自由開放，議論爭辯的風氣盛行的基礎上，產生了一股新思潮。從漢末至魏晉，這股新思潮反映在文化上的基本象徵，即是人的覺醒。在人的活動和觀念完全屈從於讖緯宿命論的兩漢時代，是很難有此覺醒的。而這種覺醒，是通由種種迂迴曲折、錯綜複雜的歷程去探索和實現的。儒學的衰微，人倫關係的崩壞，使魏晉的士人對政治社會均喪失了信心，產生深重的危機感與失落感。何以人的性命如蟻如草芥？人生的價值為何？這些沈重嚴峻的問題擺在士人的面前，使他們感到自身價值失落所帶來的孤獨與痛苦。《世說新語，棲逸》〔註1〕中載：

> 阮籍常率意獨駕，不由徑路，車跡所窮，輒慟哭而反。

此具體地描繪了阮籍這類早年信奉儒學、積極入世的名士在荒誕無序歲月中無路可走的痛苦心態。人對自身價值的反省，是魏晉以來學術文化的中心所在。這種反省，是人對自身與宇宙關係的重新體認與重新定位。它在自然與社會的外在環境作參照來省思。在這種省思過程中，士人擯落了「天人合一」的神學迷霧，直接以自身的價值凸現在歷史的屏幕上，人們既感到自身存在的莊嚴可貴，發出「天地間，人為貴」的宣言，同時也深深地體會到在永恆的宇宙中、在動盪流離的茫茫人海中，孤舟漂泊的孤獨與恐懼感。故魏晉士人的覺醒，總是伴隨著深沈悲哀的人生短促的「憂生之嗟」。特別是當時動盪歲月中的兵燹、疾病、政治爭鬥等人生海洋上的狂風巨浪、急流漩渦，隨時會將一葉扁舟掀翻，捲入深淵，而人生無常的孤獨，催發了他們超越塵世的逍遙任達，同時凝聚了他們孤獨而壓抑的心靈，而詩人心靈敏銳和情感豐富，反映在作品中則更為直接和清晰。

（一）人生的自我觀照

當人從蒙昧混沌狀態中脫離出來時，首先就對自身的價值發出了疑問：人到底在宇宙中處於什麼地位？這是自我意識的體現，意味著人有了直觀自身的能力，這也是人與動物相區別的根本標誌。在遠古人類的視野中，自身與自然天地是合一的，人們沒有自我意識，當然也就覺察不到孤獨憂懼。故儘管先民的生活艱難、環境險惡，但是當時人的心態卻是和諧的，莊子〈盜跖〉中言：

> 神農之世，臥則居居，起則于于，……無有相害之心。

但是人類的進化過程是以戰爭、屠戮、財富的分割以及人性的淪喪作為代價。

---

〔註1〕 見余嘉錫《世說新語箋注》〈棲逸〉第十八引《魏氏春秋》，頁648。

在愈趨污濁險惡的社會中，不願隨波逐流者自然感到深重的孤獨和失望。敏銳如莊子意識到人在空間上的渺小，只是巍巍大山中的一塊小石小木，茫茫大海中的一葉扁舟。他在〈秋水〉中借北海若所言指出：

> 吾在天地之間，猶小石小木之在大山也，方存乎見少，又奚以自多！
> 計四海之在天地之間也，不似礨空之在大澤乎？計中國之在海內，
> 不似稊米之在大倉乎？

人在空間上如此渺小，在時間上又來去勿勿，若「白駒之過隙，忽然而已」（〈知北遊〉）。故莊子又假托盜跖之口悲哀地指出人：

> 目欲視色，耳欲聽聲，口欲察味，志氣欲盈；人上壽百歲，中壽八
> 十，下壽六十，除病瘦死喪憂患，其中開口而笑者，1月之中，不
> 過四五日而已，天與地無窮，人死者有時，操有時之具，而托於無
> 窮之間，忽然無異騏驥之馳過隙也。（〈盜跖〉）

人有各種情欲追求，而人生卻爲死喪憂患所困，歡樂苦少，憂愁實多。與永恆的天地相比，人生如白駒過隙，瞬息即逝，豈不哀哉！在時空長存而人生短暫的巨大壓力下，人們自然感到壓抑和孤獨。這種基於孤獨的哀怨悲憤，凝成了中國古代士人的悲情意識。明代胡文英曾比較莊子與屈原的哀怨：「蓋三閭之哀怨在一國，而漆園（莊子）之哀怨在萬世。」（《莊子獨見》），因莊子深刻地揭示了人生悲情與孤獨的根本來源。

兩漢是一個政教合一的時代，政教的中心是人的教化問題。在天人合一的宗教薰染下，將人的道德品行成了感應天地、潤化萬物的橋樑。董仲舒在《春秋繁露・天地陰陽》中言：

> 人之超然萬物之上，而最爲天下之貴也。人，上長萬物，上參天地。

又言：

> 三者（天、地、人）相爲手足，合以成體，不可一無也。（《春秋繁
> 露・立元神》）

漢代的儒生大都推崇人在宇宙中的地位。如《禮記・禮運》云：

> 人者，其天地之德，陰陽之交，鬼神之會，五行之秀氣也。
> 人者，其天地之心也，五行之端也，食味別聲被色而生者也。

人之所以爲天地之心，是因爲人有弘大的道德追求與人性修養。爲了高揚這種道德作用，漢代儒生將天地自然予以道德神學化，使原本屬於人類社會的道德被擴充成包孕和涵蓋宇宙的主體。故《禮記・中庸》提出：

> 唯天下之至誠，爲能盡其性，能盡其性，則能盡其人之性，能盡人
> 之性，則能盡物之性，能盡物之性，則可以贊天地之化育，可以贊
> 天地之化育，則可以與天地參矣。

《中庸》認爲超找的道德律令是大地之至性的體現，人能進入這種道德境界，則可以遺棄一己之私念而與沛然化育的天地相周始，從而感受到一種崇高的情懷與美感，無論在任何環境下，都能達到人格的峻潔光明。在這種與天地相參的人生境界中，當然也就不會感到孤獨無助了。或者說，即使產生孤獨，也能夠居正體中，弘道揚義，走出這種心境。此一道德境界，確實灌育了漢代像蘇武、張騫那樣歷經磨難，矢志不渝的堅貞人格。但是，漢儒這種道德境界與理想人世的基礎是建立在每個人的道德自我完善上。面對統治者來說，這種道德缺乏任何制約能力，沒有法制的維繫爲監控，因此十分脆弱。一旦這種道德崩壞，社會陷入混亂動盪時，人們就倍感自身價值的失落，從而產生了更深的孤獨與迷茫。漢末《古詩十九首》中所詠嘆的人生飄忽、及時行樂的情緒就證明了這一點。至魏晉時期的縱欲肆情，亦是對此道德至上論提出的詰問與否定：既然無論賢愚皆無可避免地面對死亡，則修身養性、勞形苦神又有何意義？這種及時行樂、醉生夢死的情緒，可以說是曲高和寡的道德論衰頹之後必然產生的社會心理，也可以說是人在天地大化前的恐懼、孤獨心態的轉化，正因爲人生短暫、孤苦無援，所以才要抓緊時光盡情享樂。

魏晉以後，玄學興起，王弼、何晏，融合儒道，創建以無統有、崇本息末的玄學本體論。此論以士族理想人格的概念化——「無」作爲框架，擯棄禮教，將人的問題以玄學抽象思辯的形式加以探微索隱。兩漢的儒學逐漸爲玄學所取代。其實玄學的興起表述了魏晉動盪歲月中孤獨、憂懼的士人對黑暗現實的超脫心態。它將天地自然再次推舉爲最高的範疇，天地自然是永恆無待的，而人類則是宇宙的一部分，王弼言：

> 天地之中，蕩然任自然，故不可得而窮。
>
> 天地任自然，無爲無造，萬物自相治理，故不仁也。(《老子・五章
> 注》)

聖人的要務則是順應自然。《老子・二十九章注》中言：

> 聖人達自然之至（神明），暢萬物之情（五情），故周而不爲，順而
> 不施，除其所以迷，去其所以惑，故心不亂而物性自得之也。

王弼玄學的意義，在於它擯落兩漢以來天道觀的泛道德色彩，使天地自然以

其自在真實的形貌呈現於人們面前，而人類則是這個永恆存在的一部分。在天人關係中，人只有順應自然，才能獲得精神自由。所以，王弼的玄學可以說是繼老莊之後，士人對人在自然宇宙之間的自我覺醒。在自我意識覺醒的背後，深藏著孤獨憂傷的心靈。因為人們終於痛苦地認識到：人不是宇宙的主宰，而是宇宙中微不足道的顆粒，孤海行舟，前途渺茫。

而魏晉士人的人生孤寂之嘆，大多通過吟詠一山一水、一草一木而體現出來，在對外觀察中省照自身，發現自身，具體而言，又可分為兩種方式：

一種是從自然物的流逝和人事變遷中看到物換星移、凋落無常，既而想到人生倏忽、性命無常。《古詩十九首》中有：

> 四顧何茫茫，東風搖百草，所遇無故物，焉能不速老？

詩人從沿途所見的變化中推想到人生也如白駒之過隙。而這種睹物興感，哀嘆人生如夢的心態在偏安江左的東晉深獲共鳴。《世說新語・言語》載：

> 王孝伯在京行散，至其弟王睹戶側，問古詩何句為佳？睹思未答。
>
> 孝伯詠「所遇無故物，焉能不速老」，此句為佳。

王孝伯在京漫步發散五石散一類藥物，看到沿途景觀轉換，聯想到這兩句詩，不禁深有同感，擊節共鳴。尤其是在戰火頻仍的年代，興廢無常，物換星移，常常使人恍若隔世，滄海桑田之慨。如曹植〈送應氏〉寫洛陽殘破後，「不睹舊耆老，但見新年少」。又如桓溫嘆柳之事，《世說新語・言語》載：

> 桓公北征經金城，見前為琅琊時種柳，皆已十圍，慨然曰：「木猶如
>
> 此，人何以堪？」攀條執柳，泫然流淚。

桓溫從柳樹的年輪變化中體悟到人生易老、世道滄桑，從而發現了人生最深刻的悲哀之處。

第二種興嘆方式是從恆久不變的物態與業已消逝的人事對照中來深發感喟。如《晉書・羊祜傳》中載：

> 祜樂山水，每風景，必造峴山置酒，言詠終日不倦，嘗慨然嘆息，
>
> 顧謂從事中郎鄒湛等曰：「自有宇宙，便有此山。由來賢達勝士，登
>
> 此返望，如我與卿者多矣，皆煙滅無聞，使人悲傷。

羊祜從山的亙古長存與人的流逝不定中，得出了天地無窮而人生有限的哲理。至晉宋易代之際的陶淵明亦時有此嘆：

> 天地長不沒，山川無改時。草木得長理，霜露榮悴之。謂人最靈智，
>
> 獨復不如茲！（〈形贈影〉）

天地長存，草木秋衰春長欣欣向榮，而人號稱天地之心，萬物靈長，實際上生命卻是最脆弱不堪的。故嘆曰：

> 人生似幻化，終當歸空無。（〈歸田園居〉）

> 宇宙一何悠，人生少至百。歲月相催逼，鬢邊早已白。（〈飲酒〉其十五）

陶淵明的詩道出了人生的真相，故蘊含著深邃感人的意蘊。

對美好而短暫的生命的感慨，是自《離騷》、《古詩十九首》以來，在詩人騷客的作品中最頻繁出現的聲音之一。但至嵇康、阮籍的詩裏再現這一主題，則更多了一層哲學的含義。在自我意識和思辯能力已有相當發展而又親身經歷了這一時期普遍的社會和人生悲劇之後，魏晉之際的知識份子覺悟到個人的存在，同時也感知了威脅各限制存在的非存在因素。一方面，人的個體在宇宙間極為渺小和軟弱，生命存在的終結是不可避免的；另一方面，理想主義所追求的志業傾向於無限高遠，但能成為現實的卻微不足道，許許多多的偶然因素，如社會的治亂、政治的際遇或歷史的機緣等等都可能礙及個體價值的實現，使之賫志以沒，抱恨終天。生命的悲哀是永恆的，正如弗洛姆所指出的：

> 人的生存在族內進化過程的某一偶然的時刻誕生和消亡，因而與個體全面實現自己的種種潛能的要求產生悲劇性的衝突。這一個體能夠實現的潛能和個體實際上的潛能之間的抵觸，至少使人具有了黯淡的觀念。〔註2〕

魏初曹植的詩裏，已表現了理想難遂之傷感，並托喻韶華易逝的佳人，深嘆其「時俗薄朱顏，誰為發皓齒，俛仰歲將暮，榮耀難久恃」。而在嵇、阮的時代，他們對生命的惋惜傷感，更已不僅限於曹植所執著的政治生命，也包括了人的自然和精神之存在。嵇阮都有像「生若浮寄，宿見忽終」，「人生壽促，天長地久」（嵇康〈兄秀才公穆入軍贈詩〉）；「朝為美少年，夕暮成醜老」（阮籍〈詠懷〉其四），「人生若塵露，天道竟悠悠」（〈詠懷〉其十）。尤其嵇康，一向真誠熱衷於「煉形易色」，要「採藥鍾山阿，服食改姿容」，最終達到「逍遙天衢，千載長生」。而阮籍則更多地思慮對生命本質的哲學把握和對生死的精神超越。〈詠懷〉第八十一首中有「人生樂長久，百年自言遼。白日隕隅谷，

---

〔註2〕 見劉小楓譯《人的潛能與價值》中〈人的境遇〉，華夏出版社，1987年版。

一夕不再朝。豈若遺世物，登明逐飄飆」的詩句，即表現了詩人齊生死，遺世事，以求精神之永存的超脫態度。

而向秀〔註3〕聞笛之事，則是從物存人亡的角度來發思古之幽情。其在〈舊思賦〉的序言中言及自己創作動機時言：

> 余逝將西邊，經其舊廬，於時日薄虞淵，寒冰淒然，鄰人有吹笛者，
>
> 發聲寥亮，追思曩昔游宴之好，感音而嘆。

向秀在從山陽赴洛的途中，經過好友嵇康的故居，物存人亡，婉轉的笛聲，勾起了詩人的悲慨孤苦之情，於是感而作賦。這類睹物興思的傷感情思，成爲魏晉以後士人或憑弔古跡，或借古自傷，或慨嘆人生無常的精神來源。而在他們悲懷傷感的背後，則是一個孤哀悲憤的靈魂在天地之間徘徊。

## （二）人生無常的孤哀

從漢末到魏晉時期，在社會心理意識形態上具有重要位置，成爲人們世界觀、人生觀核心部分的，是一種對時光飄忽、生命短促的悲情意識。究其發生的背景，我們可以看到漢帝國的崩潰以及各王朝的興替，各統治集團盛衰中的黑暗和政治上的傾軋失序、社會的混亂和戰亂、人民的苦難、生命的無保障，人爲因素帶來的大量死亡，使人感到前途的渺茫和悲哀；另一方面儒家思想的式微、讖諱學說、陰陽家之說受到懷疑；各種舊說復興，尤其是道家的學術思想受到重視，因此對生死問題的態度由儒家「未知生，焉知死」的逃避轉而面對並引起疑問。人們開始對生命反省，不僅是本能地感受到，而且理智地體認生命中的缺憾。王瑤的《中古文學史論》〔註4〕指出：

> 我們念魏晉人的詩，感到最普遍，最深刻，最能激動人心的，便是
>
> 那在詩中充滿了時光飄忽和人生短促的思想與情感。阮籍這樣，陶
>
> 淵明也是這樣，每個大家，無不如此。生死問題本是人生中很大的

---

〔註3〕 向秀，字子期，河內懷人。少年清悟有遠識。青年時期和嵇康、呂安等人頗友善，同爲「竹林之遊」。《晉書‧秀傳》載：「康善鍛，秀爲之佐，相對欣然，旁若無人。又共呂安灌園於山陽。」嵇康、呂安被誅殺時，向秀年約三十六歲，他不得已應徵入京。後返本郡繞道山陽，身臨舊居，好友已故，自己前途如何不可得知，萬感於心，忽聞鄰人笛聲，懷念亡友，淒愴怨憤之情不能自己，提筆作〈思舊賦〉。後官雖至黃門侍郎、散臨常侍，但所任皆虛職，且未盡而卒。向秀好老莊之學，曾注《莊子》，現在還保留著他的一部遺著，但大部分已經佚失了。

〔註4〕 文見王瑤《中古文學史論》〈文人與藥〉，北京大學出版社，1986 年 1 月，頁132。

事情,感覺到這個問題的嚴重和親切,自然是表示文化的提高,……

但這種感覺,也要文化到了一定的水準以後,才會意識到。

可以說,生命短促、人生無常的強烈感受,是生命意識覺醒的標示。這種對生死存亡的重視、哀傷,對人生短促的感慨、喟嘆,從建安直到晉宋,從中下層直到皇家貴族間彌漫開來,成為整個時代的典型音調。從《古詩十九首》開始,幾乎每位詩人的作品,都可以看到這種悲情:「人生天地間,忽如遠行客」;「人生寄一世,奄忽若飆塵」;「人生非金石,豈能長壽考」;「萬歲更相送,聖賢莫能度」;「出郭門直視,但見丘與墳」;「生年不滿百,常懷千歲憂」表現了對生命的強烈留戀和對於不可避免的自然命運來臨的焦慮。諸如此類的嘆惋,並不是來自某一具體的生活事件,也不僅僅是來自東漢末年那黑暗、動盪的社會現實,而是一批高度敏感的無名詩人在生命意識徹底覺醒後產生的對生命本身的苦悶與憂患,也是對整體生命現象的宏觀考察與反省。

據《三國志》及《後漢書》等史書記載,建安時期「天下戶口減耗,十裁一在」,此固由於戰亂相尋,然亦因當時各種天災、瘟疫的紛至沓來有關,此造成了人們的大量死亡,〔註5〕加深了人們的恐懼。曹植〈說疫氣〉記錄了疫癘流行,死亡接踵的慘景:

> 建安二十二年,癘氣流行。家家有僵尸之痛,室室有號泣之哀。或闔門而殪,或覆族而喪。或以為疫者鬼神所作。夫罹此者,悉被褐茹藿之子,荊室蓬戶之人身!若夫殿處鼎室之家,重貂累蓐之門,若是者鮮焉。

瘟疫肆虐,吞噬了無數人的性命,甚至整家整戶地死亡。尤可痛者,死的人大多為草民,鐘鼎之家鮮有罹難者。大批的生命消逝,使士人痛感天地無情,人生無常,孤淒悲憤緊纏心靈,即如雄才大略,為人通脫的曹操〔註6〕也深感世道滄桑、人生無常之孤哀,其詩云:

> 對酒當歌,人生幾何?譬如朝露,去日苦多。(〈短歌行〉)

---

〔註5〕 大規模的戰爭造成「白骨露於野,千里無雞鳴」的悲慘情景,腐屍在溽熱的空氣中,容易引起瘟疫流行。窮苦人家由於飲水、居住和醫療條件惡劣,更易染上瘟疫。瘟疫一流行,頃刻間奪去千家萬戶生靈的性命。此參見第四章第二節中〈天災人禍頻仍〉所敘,及附表「漢末至兩晉災疫簡表」。

〔註6〕 下引曹操詩,見逯欽立輯校《先秦漢魏晉南北朝詩》上冊〈魏詩〉卷一,北京:中華書局,1983年9月版。曹丕詩,見夏傳才、唐紹宗《曹丕集校注》,河南:中州古籍出版社,1992年10月版。曹植詩見清・丁晏編,黃節注《曹子建集評注》,台北,世界書局,1998年12月二版。

老驥伏櫪，志在千里。烈士暮年，壯心不已。(〈步出夏門行〉)

冉冉老將至，何時返故鄉？……狐死歸首丘，故鄉安可忘？(〈卻東西門行〉)

月盈則沖，華不再繁。古來有之，嗟我何言！(〈丹霞蔽日行〉)

此皆屬於生死主題的傷逝之嗟，訴說人生的短暫，而喚起主體之人生無常之悲情感。身爲王侯的曹丕亦在〈又與吳質書〉沈痛地寫下：

昔年疾疫，親故多離其災，徐(幹)、陳(琳)、應(瑒)、劉(楨)，一時俱逝，痛可言邪！昔日游處，行則連輿，止則接席，何曾須臾相失，每至觴酌流行，絲竹並奏，酒酣耳熱，仰而賦詩，當此之時，忽然不自知也。謂百年已分，可長共相保，何圖數年之間，零落略盡，言之傷心！

曹丕眼見志同道合的文友頃刻沒世，在悲痛之餘，深感自己失去了知音，孤獨寂寞，同時也聯想到自己的生命朝不保夕，故自傷自憐。如其詩云：

人生如寄，多憂何爲？今我不樂，歲月其馳。(〈善哉行〉)

其物如故，其人不存。……人亦有言，憂令人老，嗟我白髮，生亦何早！(〈短歌行〉)

不悲身遷移，但悲歲月馳。(〈清河見挽船士新婚與妻別〉)

四時舍我馳驅，我今隱約欲何爲？人生居天地間，忽如鳥飛棲枯枝。我今隱約欲何爲？(〈大牆上蒿行〉)

曹植有：

人生處一世，去若朝露晞。年在桑榆間，景響不能追。自顧非金石，咄昔令心悲。(〈贈白馬王彪〉其五)

詩中採用對比的手法，將人的生命與金石相比，突出人的性命的短促，從而產生了悲哀之情。又如：

虛無求列仙，松子久吾欺。變故在斯須，百年誰能持。離別永無會，執手將何時。(〈贈白馬王彪〉其七)

驚風飄白日，光景馳西流，盛時不再來，百年忽我遒。生存華屋處，零落歸山丘。(〈箜篌引〉)

天地無窮極，陰陽轉相因。人居一世間，忽若風吹塵。(〈薤露行〉)

儘管生前錦衣玉食，富貴風流，死後卻是歸於山丘，成爲一堆白骨。生命的

流轉如此無奈又無可抗拒。舉凡朝露、朝霜、老驥、故物、遷移、驚風、桑榆、薤露、風塵等各種變遷流動的意象，都能令人感受到憂從中來的蒼涼。這種傷感在建安文學的其他作家之中也是常見的，如孔融〔註7〕的〈雜詩〉：

　　人生有何常？但患年歲暮。（其一）

　　人生自有命，但恨生日希。（其二）

徐幹〔註8〕〈室思〉：

　　人生一世間，忽若暮春草。時不可再得，何爲自愁惱？

劉楨〔註9〕〈失題〉：

　　天地無期竟，民生甚局促。爲稱百年壽，誰能應此錄？低昂倏忽去，炯若風中燭。

阮瑀〔註10〕〈七哀詩〉：

　　丁年難再遇，富貴不重來。良時忽一過，身體爲土灰。冥想九泉室，漫漫長夜臺。身盡氣力索，精魂靡所能。

這些詩中，〔註11〕又以暮春草、風中燭、九泉室、長夜臺、歲暮、土灰等形象語言，以比況歲月易逝，生命無常的悲情意識。至阮籍的〈詠懷〉詩，也多有此感慨，如：

---

〔註7〕　孔融，字文舉，魯國（今山東曲阜）人。曾任北海相，世稱孔北海。與陳琳等被稱爲建安七子，但陳琳等皆爲曹操屬官，孔融卻例外。他非但沒有頌揚過曹氏父子，而且常與曹操作對。如曹丕納袁熙之妻甄氏後，孔融在致曹操信中有「武王伐紂，以妲己賜周公」語，曹操問其出典何在，他竟答：「以今度之，想當然耳。」其他譏弄曹操之言亦多類此鋒芒畢露。後被曹操藉故殺之。曹操令文中有「雖肆市朝，猶恨其晚」語，可見其痛恨之切。

〔註8〕　徐幹，字偉長，邊海郡（今山東昌樂附近）人。少年勤學，處陋巷而不隨流俗。建安初，曹操授以司空軍師祭酒掾屬，又轉五官將文學。後因病辭職，死於大疫。

〔註9〕　劉楨，字公幹，東平（今屬山東）人。曾被曹操召爲丞相掾屬。他在〈贈五官中郎將〉（即曹丕）稱曹操爲「元后」，以豐沛比曹操故鄉，曾爲後人譏評。但亦曾因曹丕宴飲時，命甄氏出拜，眾人皆伏拜，只有劉楨平視。曹操聞知大怒，將楨拘捕，罰以勞役。劉勰《文心雕龍》將曹植與劉楨並稱；劉熙載《藝概》將劉楨與王粲並提，可知後人對他的推崇。

〔註10〕阮瑀，字元瑜，尉氏（今屬河南）人。阮籍之父。童年時受學於蔡邕。初曾避都護曹洪（曹操從弟）之微召，後應曹操召，掌記室。才思敏捷，隨曹操外出時，常於馬上擬文書。

〔註11〕建安七子之詩，見郁賢皓、張采民《建安七子詩箋註》，四川，巴蜀書社，1990年5月。

　　朝爲暮少年，夕暮成醜老。自非王子晉，誰能常美好？（其四）

　　開軒臨四野，登高望所思。丘墓蔽山岡，萬代同一時。千秋萬歲後，
　　榮名安所之？乃悟羨門子，噭噭今自蚩。（其十五）

　　朝陽不再盛，白日忽西幽。去此若俯仰，如何似九秋？人生若塵露，
　　天道邈悠悠。齊景升丘山，涕泗紛交流。孔聖臨長川，惜逝忽若浮。
　　去者余不及，來者吾不留。願登太華山，上與松子遊。（其三十二）

阮籍當然別有心境，才託旨玄遠，使百代之下難以情測，但他經常用此類句
子來宣洩他胸中的積鬱，其實也是時代的共同感受。

　　在此之後，抒發人生無常之感的詩仍多。西晉年間，司馬氏代表世族在
血與火的交搏中從曹魏手中取得政權，繼而又滅了吳、蜀，統一了天下。太
康年間出現了短暫的興盛與繁華，大批士人相繼加入了統治集團中。他們既
想及時用世，求取功名，又對天道人事懷有深深的怵惕，於是，在他們熱衷
宦海生涯的心態中，亦深染濃重的孤寂之情，回蕩著低迴哀婉的悲歌，如陸
機〔註12〕在〈傷逝賦〉中傷感地寫下：

　　昔每聞長老追計平生同時親故，或凋零已盡，或僅有存者。余年方
　　四十，而懿親戚亡多存寡，暱交密友亦不半在。或所曾共游一途，
　　同宴一室，十年之內，索然已盡，以是思哀，哀可知矣。乃爲賦曰：
　　「伊天地之運流，紛升遷而相襲。日望空以駿驅，節循虛而警立。
　　嗟人生之短期，孰長年之能執！

陸機年屆四十，而同齡人卻死亡過半。昔日親友，多已作古，詩人油然感到

---

〔註12〕陸機，字士衡，華亭（今上海市松江）人。生於魏曹奐景元二年（西元 261
　　　年），死於晉惠帝泰安二年（西元 303 年），年四十三歲。華亭當時屬吳郡。
　　　其祖陸遜、父陸抗，皆吳之名將。吳滅，閉門勤學達十年。晉太康十年與弟
　　　陸雲入洛陽，次年太傅楊駿任爲祭酒。此爲他生命史上的一個重大轉捩點。
　　　後受知於趙王司馬倫，倫被殺，陸機以涉嫌被拘。賴成都王司馬穎等之救，
　　　減死徙邊，遇赦而止。司馬穎又薦其爲平原内史，世稱陸平原。司馬穎討長
　　　沙王司馬乂，任機爲前將軍前鋒都督，兵敗，宦官孟玖告機有反意遂被殺於
　　　軍中，臨刑前嘆曰：「華亭鶴唳，尚可聞乎？」（陸機爲華亭，華亭位於山明
　　　水秀之江南，據聞常有許多白鶴聚居於此。故陸機臨刑前有此慨嘆。）陸機
　　　起先曾聞警角之聲，對屬史孫拯說：「聞此不如華亭鶴唳」，故臨刑而嘆。其
　　　弟雲、耽，其子蔚、夏同時遇害。陸氏是吳郡望族，二陸是西晉名士。陸機
　　　本欲藉功名而有所作爲，但恃才而結交權門，當時晉室腐敗，庸主、裙帶、
　　　宗室、嬖人，交相亂政，加上五胡侵擾，身處危邦，讒人從而構陷，終於使
　　　兄弟父子同受此慘酷的冤折。

在天地大化面前，人生如白駒過隙，忽然而已，不禁孤悲難抑，「雖不寤而可悲，心惆焉而自傷」。〈大暮賦〉中慨嘆：

> 夫生死是得失之大者，故樂莫甚焉，哀莫深焉……夫何天地之遼闊，而人生之不可長久。

親友是人生的伴侶和歡樂的社會關係。親友的亡故，使人在悲哀之餘，陷入深深的孤淒悲涼之中。陸機在〈愍思賦〉中描寫了親姊亡故後自己的孤獨心境：

> 予屢抱孔懷之痛，而奄復喪同生姊，銜血哀傷，一載之間，而喪制便過，故作此賦，以紓慘惻之感……怨伯姊之已遠，云承宇兮藹藹，風入室兮冷冷。僕從為我悲，孤鳥為我鳴。

他的詩嘆云：

> 容華宿夜零，體澤坐自捐。茲物苟難停，吾壽安得延？（〈長門行〉）
>
> 天道倍崇替，人生安得長，慷慨惟平生，俯仰獨悲傷。（〈門有車馬客行〉）

從物色轉換、四時交替中聯想到人生的富貴瞬間幻滅，因而往往悲不自勝。極度的綺麗繁富和深摯的悲哀之情，揉雜成太康文學的重要特徵。東晉之後，士族文人的相對安逸，以及佛學的興起，類似建安、太康文人那種強烈的憂生之嗟與時不我予的悲情感，雖較為淡化，但東晉士人詩中充斥著天地遼闊、人生短暫、窮達有命的情緒，同樣具有感人的力量。如郭璞〔註13〕身處災禍頻繁、晉室顛盪的混亂時代，他的遊仙之作雖與魏晉玄學之風有關，曲摹神遊仙境之樂，卻又明白自己畢竟生活於現實之中，因而仍有「臨川哀年邁，撫心獨悲吒」之感，其〈遊仙詩〉中云：

> 借問蜉蝣輩，寧知龜鶴年？

詩中的哀嘆是來自現實的內心苦悶的真實流露。鍾嶸《詩品》評郭璞詩云：「詞多慷慨，乖遠玄宗；乃是坎壈詠懷，非列仙之趣。」這正說明郭璞〈遊仙詩〉乃是藉敘寫神仙以發抒其對於社會現實與人生的悲慨。

---

〔註13〕郭璞，字景純，聞喜（今屬山西）人。西晉末年，避亂東南。後任王敦記室參軍。王敦欲反，璞曾勸阻，敦怒，殺之於鄂城的南岡。他好古文奇字，在河東時，曾從郭公受五行、卜筮之術。又注過《穆天子傳》、《山海經》、《易經》，寫過〈九尾孤贊〉、〈白狼傳〉。《晉書》本傳記載他的事蹟，幾乎是記他能未卜先知、神怪離奇的故事，連自己會被殺於雙柏樹下都事先知曉。他的代表作為十餘首的〈遊仙詩〉。

又如王羲之 〔註14〕〈蘭亭集序〉有：

> 死生亦大矣，豈不痛哉。……固知一死生爲虛誕，齊彭殤爲妄作，
> 後之視今，亦猶今之視昔，悲夫！

至晉宋易代之際的陶淵明亦時有此嘆：

> 三皇大聖人，今復在何處？彭祖愛長永年，欲留不得住。老少同一
> 死，賢愚無復數。（〈神釋〉）

> 悲晨曦之易夕，感人生之長勤，同一盡於百年，何歡寡而愁殷。（〈閒
> 情賦〉）

> 世短意常多，斯人樂久生。（〈九日閒居〉）

詩人們唱出的都是這同一哀傷，同一感嘆，同一種思緒，同一種音調。〔註15〕本來，生死亡故是人生必然之規律，當人們將存亡變故視爲天意或命數時，對死亡並不感到畏懼，如東漢王充在《論衡・命祿》中即言：「凡人遇偶及遭累害，皆由命也。」然而魏晉士人拋棄了命定論，將人生和社會變故看成是個體的人和自然相遇時產生的變故，人的死亡是由戰爭、瘟疫和疾病造成的，並非超自然的鬼神力量起作用。而且道家中對生死問題的超脫很難在現實生活中實踐，大多數的人仍是悅生惡死的。於是面對無法逃避的生死大限一日日逼進，怎能不感到憂患悲傷？故對人生無常、生命有限的孤哀感是一種基於自我覺醒的時代情緒。

懷著這種苦悶與憂患，他們努力尋找擺脫苦悶與憂患的途徑與方法，而在當時，低沈、闇弱的時代情緒不可能使這一顆顆壓抑的心靈渴望在有限的生命中建立不朽的功業，使無限與有限得到統一。於是，他們便以服食求仙來增加生命的長度；以及時行樂來增加生命的密度。但士人很快地意識到「服食求神仙，多爲藥多誤」，「仙人王子喬，難可與同期」，更實際的事還是及時行樂。處在如此動蕩的社會中，及帶著一種及欲彌補生命缺憾的心理，他們在作品中便反覆訴說及時行樂的意願：「不如飲美酒，被服紈與素」，「斗酒相娛樂，聊厚不爲薄」，「晝短苦夜長，何不秉燭遊？爲樂當及時，何能待來茲。」此類詩中不僅折射出一種世紀末的心態，而且反映了生命自覺時代所不可避免的躁動。

---

〔註14〕 王羲之，字逸少，會稽（今浙江紹興）人。祖籍琅琊（今山東臨沂）。初爲秘書郎，後爲右軍將軍、會稽內史，世稱王右軍。因與揚州刺史不合，稱病離郡，縱情山水。他以書法著稱，有「墨皇」之號，文以〈蘭亭集序〉著名。

〔註15〕 參見李澤厚：《美的歷程》，台北：古風出版社，1984 年 7 月。頁 110～138。

## 二、易代亂世之憂

文學藝術與政治的關係，在《禮記‧樂記》中早有「聲音之道，與政通矣」的提示，所謂「治世之音，安以樂，其政和；亂世之音，怨以怒，其政乖」，原本論樂，亦可移作對文學的觀察。

魏晉時期是中國歷史上最為漫長的動亂與黑暗的時代，也是戰爭最為頻繁的年代，不僅有漢族統治集團內部的戰爭，軍閥之間的火拚，地方勢力對中央王朝的反叛，更有大規模的北方異族政權對中原地區大肆焚掠、屠殺，造成白骨遍野、赤地千里的慘象。秦漢以來的文化古蹟、圖書典籍也在這些野蠻的屠殺中遭受劫難。從漢末以來的文學思潮中，我們可以窺見動盪歲月中士人「感於哀樂，緣事而發」的孤哀心情。他們對突然而來的大規模戰爭給人民和自己帶來的浩劫表示了極大的悲憤，建安文學便深刻地反映了這一點。蔡琰〔註16〕的〈悲憤詩〉開卷即描寫了一幅漢末動亂的景象：

> 漢季失權柄，董卓亂天常。志欲圖篡弒，先害諸賢良。逼迫遷舊邦，
> 擁主以自強。海內興義師，欲共討不祥。卓眾來東下，金甲耀日光。
> 平土人脆弱，來兵皆胡羌。獵野圍城邑，所向悉破亡。斬截無孑遺，
> 尸骸相撐拒。馬邊懸男頭，馬後載婦女。長驅西入關，道路險且阻。

這是一幅慘絕人寰的戰亂圖。漢末宦官與外戚爭鬥不息，外戚何進召西涼軍閥董卓進京幫助自己消滅宦官集團，結果引狼入室，殘虐的董卓趁機作亂，以袁紹為首的豪強官僚召集各地軍閥討閥董卓。董卓遂焚掠洛陽，裹挾民眾西遷長安，董卓部眾多胡羌少數民族士兵，他們野蠻嗜殺，中原人不堪其虐，慘遭蹂躪。「馬邊懸男頭，馬後載婦女」，刻劃了胡兵屠戮中原人民，擄掠婦女的野蠻情景，也道出了人民所受的深重災難。以下分敘在面對覆巢易代之下，人命如蟻的社會現實中，士人心中的悲傷與孤怨。

### （一）身處險世之憂懼

社會與人的關係，較之自然與人的關係更為密切。因以人群為單位的社

---

〔註16〕 蔡琰，字文姬，蔡邕之女，承繼了蔡邕的四千卷圖書，故而學識淵博，兼曉音律。生平遭遇卻極為委屈淒涼，身嫁三夫。初嫁衛仲道，衛亡無子，因此歸家。漢獻帝興平中，董卓被誅，其父受牽連，下獄而死，宗族殄滅，家破人亡。又在戰亂中被羌胡兵所擄，歷經險阻，受盡侮辱，輾轉至匈奴被迫嫁左賢王，生二子，失節奪志羈沙漠十二年。曹操素與蔡琰父親蔡邕友好，便遣使臣以金幣贖回，子留塞外，重嫁與屯田都尉董祀。後來董祀犯法將被處死，蔡琰蓬首叩頭，為夫請命，曹操為她感動，故赦回董祀。一生慘境，實令人不忍。

會就是人們直接生活的環境。人的思想感情，更多地受社會氣氛的影響，悲情意識的產生與消解，直接取決於社會環境。人與人之間的互動、溝通，是感情建立的基礎，也是社會和諧與分裂的重要因素。中國自殷周以來，就十分重視社會環境與個人的關係，運用血緣及其觀念維繫人際關係。至兩漢時期，更將秦朝建立的封建行政措施與宗法觀念密切結合起來。但至魏晉時期，社會與人的對立與衝突愈益嚴重，士人們敏感地察覺，社會與人分離甚且壓抑人的本性。社會是人們活動的人生舞台，在和諧的社會形態中，人人相安，無有相害之心，可是社會一旦被少數陰謀家所操縱時，就會成為陷阱。人們行路稍有不慎，就會被此陷阱所吞噬，每當社會機詐叢生時，人與社會的扞格不入就會加劇。在如此缺乏安全感的社會中，恐懼焦慮與悲哀是共同的生命意識。為了趨利避害，許多人不得不以異己的人格形象出現於社會上，但內心卻飽受孤獨壓抑之苦。此類心理與精神狀態的變形與折射，便造成了當時士風的任性荒誕。

　　在中國傳統政治中，崇尚道義的士大夫階層和執掌權勢的統治集團之間，存在著既互相依存又彼此矛盾的複雜關係。統治集團需要將代表傳統文化精英的知識份子引入政權，利用其才智謀略，統治天下；而士大夫在此中央集權，官僚本位的國度裡，欲實現濟世的抱負理想，亦不得不在權勢集團裡進退周旋，使道德文章輔之以政治號令，方易奏功。若遇治世，統治者講求仁義，躬行王道，選賢任能，尊師重儒，士大夫尚可望得到信用，得行其道。倘遇亂世，統治者崇尚申韓，倚重刑殺，摧折賢才，翦除異己，士大夫則首先受其宰割，遭其荼毒，無論出處進退，均難免禍患。而在漢末亂世，當名器無主，豪傑並起之時，許多割據一方的軍閥，都奉申商之術為治國要訣，對一時「無枝可依」的士大夫以勢相逼，以詐相待。士大夫則順之者昌，逆之者亡。

　　在漢末動亂中自我覺醒的士人，大都有用世之志，他們在鄙棄兩漢讖諱之學的同時，慨然有澄清天下之志，此在建安文人的早期創作中可見一斑。然而隨著東漢政權的衰亡，曹魏集團的日漸強大，統治者的爭權奪利、骨肉相殘，此一新興的政權內部的腐敗也日益加劇。血腥之氣，使士人們對時局失望。曹丕為爭奪帝位，殘殺曹植的親信丁儀、丁廙兄弟，並排擠壓制曹植，使他的晚年處於失去親人及友人的孤寂心境中。曹植哀嘆楊修及丁氏兄弟在凶險的政治紛爭中被誅，使自己失去了儔侶。在〈野田黃雀行〉一文中他哀嘆：

> 高樹多悲風，海水揚其波。利劍不在掌，結交何須多？

自己處於無權無勢、屢受排擠的處境，以至於好友橫遭斧鉞之誅而竟不能相助，內心的孤苦悲憤是可以想見的。在〈贈白馬王彪〉一詩中，曹植詛咒那些居心叵測的小人挑唆他們兄弟之間的關係：

> 蒼蠅間白黑，讒巧令親疏。

任城王暴死之後，他要求與白馬王同行歸國都不被允許，只好依依相別，詩人將這種孤苦之情寫得淒惻感人：

> 秋風發微涼，寒蟬鳴我側。原野何蕭條，白日忽西匿。歸鳥赴喬林，
> 翩翩屬羽翼。孤獸走索群，銜草不遑食。感物傷我懷，撫心長嘆息。

秋風蕭瑟，白日西墜，原野蒼莽，鳥獸索群，奔走入林，這一派淒涼之景更加重了作者內心的失落、孤涼。是嚴酷的政治鬥爭，凶險的世態，造成了骨肉相殘，兄弟分別。

而一般的士人，遭受無端陷害之事就更多了。如呂安的哥哥呂巽，是依附司馬氏集團的小人，他玷辱了自己的弟媳，反誣呂安為不孝，致使呂安蒙冤下獄，嵇康因曾在呂氏兄弟之間調停過，不料也被牽連下獄，最後雙雙遇害，此事足以說明當時禮法之士的無恥與凶險。面對此種世風，士人常不免有「憂生之嗟」，然而此種憂生之嗟又無法明說。在阮籍的〈詠懷〉中，這種孤苦的心境即十分強烈：

> 多慮令志散，寂寞使人憂。翱翔觀彼澤，撫劍登輕舟。但願長閑暇，
> 後歲復來游。
> 一日復一夕，一夕復一朝。顏色改平常，精神自損消。胸中懷湯火，
> 變化故相招。萬事無窮極，知謀苦不饒。但恐須臾間，魂氣隨風飄。
> 終身履薄冰，誰知我心焦？

誰能知曉，平素志氣豪放、風流放蕩的阮籍，胸中竟如湯沸一般，終日被憂懼所煎熬？凶險的世態，稍不留神，即喪身於斧鉞之下，因此終日戰戰兢兢，如履薄冰，不敢有絲毫懈怠。阮籍總算在險惡的政局下全其天年，而嵇康、呂安都慘死於屠刀之下。

嵇康正道而行，潔身自愛，被時人稱為「人倫之勝業，方中之美範」，可是卻因鍾會、呂巽等小人之構陷而蒙冤下獄，被誣為「不孝」。嵇康作〈幽憤詩〉，詩中對自己的無辜蒙冤深表不平：

> 欲寡其過，謗議沸騰，性不傷物，頗致怨憎。

自己平日未曾傷害他人，何以別人卻不能放過自己？嵇康提出的問題，也正是正直之士在黑暗年代中發出的悲呼。在此物欲橫流，暴虐無道，少數人的成就是以犧牲他人的利益為前提的，此亦決定了他們需傷害無辜的局面。〔註17〕嵇康在〈幽憤詩〉中萬念俱灰，孤苦哀告：

> 理弊患結，卒致囹圄。對答鄙訊，系此幽阻。實恥訟冤，時不我與。
> 雖曰義直，神辱志沮。澡身滄浪，豈云能補。嗈嗈鳴雁，奮翼北游。
> 順時而動，得意忘憂。嗟我憤嘆，曾莫能儔。事與願違，遘茲淹留。
> 窮達有命，亦又何求。

嵇康慨嘆自己遭受不白之冤，內心的憤嘆又無人可以敘說，且恥於申訴。故將之歸於命。然而此「命」並非先天命定的際運，而是在異化的社會中，士人難以避免的噩運。是以此無情凶險的社會現實中，魏晉士人的憂憤是無可避免的。

至西晉時，政局更加險惡殘酷。如陸機、潘岳等，莫不在此政治殘殺中喪生。他們的憂生之嗟更強烈。如陸機常於詩中表現出莫名的憂懼與孤寂，〈君子行〉中所言：

> 天道夷且簡，人道險而難。休咎相乘躡，翻覆若波瀾。去疾苦不遠，
> 疑似實生患。

詩中以天道與人道相比照，慨嘆人生禍福變化多端。由於此種政治鬥爭無法預測，故士人多只能將它歸之於「命」。如陸機臨刑前無可奈何地言：「今日受誅，豈非命也？」而陸機的〈感時賦〉為其代表作，賦中開篇便嘆：

> 悲夫冬之為氣，亦何慆凜以蕭索，天悠悠其彌高，霧鬱鬱而四幕。

出現在詩人的冬日比之宋玉「悲哉秋之為氣也」的蕭瑟秋景更為凜冽索漠。鉛雲密布，陰霾籠罩，晝短夜長，倏忽日落。在陰鬱重壓的冬日下，作者心境鬱悶孤寂：

> 望八極以曠莽，普宇宙而寥廓。伊天時之方慘，曷萬物之能歡。魚
> 微微而求偶，獸岳岳而相攢。猿長嘯於林杪，鳥高鳴於雲端。剡餘
> 情之含瘁，恆睹物而增酸。歷四時之迭感，悲此歲之已寒。撫傷懷
> 以嗚咽，望永路而泫瀾。

---

〔註17〕西漢時，賈誼的〈弔屈原賦〉中即揭櫫了此種普遍性的現象：「嗚呼哀哉！逢時不祥，鸞鳳伏竄兮，鴟梟翱翔，闒茸尊顯兮，讒諛得志，賢聖逆曳兮，方正倒植。」此道出了士人心中的孤憤酸辛。

一個普通的冬日景觀，竟引起詩人如此的悵然傷懷，孤寂哀慟，這顯示出太康文人對天道人事的變遷十分敏感。他們在政治上欲退不能，欲進又懼，故內心時常有風聲鶴唳之感。陸機深知「天道夷且簡，人道險而難，休咎相乘囑，翻復若波瀾」，但他又以為可以在政治鬥爭中預防災禍，結果是自蹈覆轍，成為西晉統治集團鬥爭中的殉葬品，臨刑時慨嘆人生美好的時光瞬息即逝，不可復得。

又如劉琨〔註18〕有報國復仇之志，卻有志未酬，他的〈重贈盧諶〉詩云：

功業未及建，夕陽忽西流，時哉不我與，去忽若雲浮。

明白了太康文人的命運遭際，對其內心的憂懼孤哀便能同情理解。在此人與人之間出於利害關係而不惜互相殘殺的魏晉社會中，士人們深刻地體會到人生的可怕與世態的艱險。

## （二）亡國入仕的孤苦

在改朝換代紛迭的時代中，勢必有一些士人由舊朝入仕新朝，經過時局動亂連番誅戮的政治風暴後，文人屏息斂氣，戰戰兢兢依順新主，不敢表現出知識份子的獨立人格，但心中亦無法擺脫亡國入仕的悲苦。尤其是那些在先朝位望通顯的士人，儘管在新朝受到重用，然而懷戀故國的情思仍十分強烈。他們的作品總是充滿著無奈與掙扎，如陸機。

陸機是一位由吳入晉的貴冑子弟，他有顯赫的家世和教養，決定了他的故國之思和積極向上的人生觀。陸機出身東吳的士族重臣家庭中，祖父陸遜，曾為東吳丞相，猇亭一戰，火燒劉備大軍，挽東吳於危亡之中，為吳國立下大功。父親陸抗又是東吳的大司馬，功勳卓著。從父陸凱和陸喜，皆為朝廷重臣。而且陸家又與孫權一族聯姻。家族的榮耀，使陸機深覺家族的利益與吳國的生死存亡息息相關。天紀四年（西元 280 年）晉武帝司馬炎發兵二十萬攻打吳國，晉將王濬率水軍自武昌順流而下，勢如破竹，吳兵大潰，陸機的兩位兄長陸晏、陸景為王濬軍所害。吳國覆亡，陸氏家族轉瞬間從朝廷重

---

〔註18〕劉琨，字越石，魏昌（今河北無極東北）人。曾為并州刺史，但「善於懷撫，而短於控御，一日之中，雖歸者數千，去者亦以相繼」（《晉書》本傳）。後為司空，敗於石勒，敗後投奔幽州刺史段匹磾，相約共扶晉室。匹磾部下末波暗通石勒，俘虜琨子劉群，並迫劉群作書約琨為內應襲擊匹磾，事洩，劉琨遂被害。他年輕時負意氣而頗浮誇，聞好友祖逖被任用，便言：「常恐祖生著吾先鞭」。又愛慕老莊之學，及至國破家亡（琨父母皆被前趙所殺），親友凋零，乃知老莊為虛誕，欲以才能施展於亂世。故其詩中常存有志難伸、唯恐棄置的壯士末路之感。

臣淪爲異國子民的慘痛遭際，給陸機心靈留下深重的創傷和遺恨。他回到故鄉華亭，閉門讀書，自省吳亡歷史。另一方面，從感情和道義上而言，他也不可能去投靠晉朝。在十年的閉門讀書過程中，他寫了許多讚美故鄉的詩文。如在〈吳趨行〉中，他讚美吳國的風土人情、歷史地理：

> 山澤多藏育，土風清且嘉。泰伯異仁風，仲雍揚其波。穆穆延陵子，
> 灼灼光諸華。王跡隤陽九，帝功興四遐。大皇自富青，矯手頓世羅。
> 邦彥應運興，粲若春林葩。

字裏行間浸透著對吳國的深摯情感。陸機的故國情思，滲入了他對家族的血緣追憶。因爲吳國的興盛衰亡，與他一家的歷史緊密相關。其亡國之痛甚於他人。《晉書・陸機傳》載：

> 以孫氏在吳，而祖、父世爲將相，有大勳於江表，深慨孫皓舉而棄
> 之，乃論權所得，皓所以亡，又欲述其祖、父功業，遂作〈辯亡論〉
> 二篇。

吳亡後十年讀書反省的歷史，並未消弭陸機的亡國之痛，反而將更爲強烈的故國情思深化至心中。然而大批吳中之士應徵入洛，爲西晉王朝所用，此爲大勢所趨，且因陸機出身於東吳將相之後，強烈的進取之心，用世之念，決定了他的性格中不能安於閉門讀書，隱居終身。晉武帝太康九年（西元 228 年），詔舉全國推選清能，拔寒素。第二年，陸機、陸雲兄弟一同赴洛求宦。在赴洛就任的途中，陸機的心境極爲矛盾。既有十年寒窗、一朝展志的喜悅，又有前途渺茫、命運難測的感覺，更有飄泊異地、屈仕敵國的羞愧心情。在〈赴洛道中作〉二首中呈現了他離開故國去敵國求仕的凄涼之情：

> 攬轡登長路，嗚咽辭密親。借問子何之，世網纓我心。永嘆遵北渚，
> 遺思結南津。行行遂已遠，野途曠無人。山澤紛紆餘，林薄杳阡眠。
> 虎嘯深谷底，雞鳴高樹巔。哀風中夜流，孤獸更我前。悲情觸物感，
> 沈思鬱纏綿。佇立望故鄉，顧影凄自憐。

在北上的途中，思鄉之情卻緊繫在南方的家鄉。他自問何以作此選擇，實因塵世間的大網纏繞著，故只好身不由己地北上求仕。對此行的徬徨不安，更加深了他對故國的思戀，懷著如此忐忑不安的孤苦心境，故所觸之物皆興起他的悲思。

> 遠遊越山川，山川修且廣。振策陟崇丘，按轡遵平莽。夕息抱景寐，
> 朝徂銜思往。頓轡倚嵩岩，側聽悲風響。清露墮素輝，明月一何朗。

撫枕不能寐，振衣獨長想。

第二首詩承接著第一首飄泊異地的掙扎，亡國入仕的路途如此遙遠艱險，內心如此不安，故撫枕久久不能成眠，只好披衣坐起，在「清露墮素輝，明月一何朗」的潔淨明亮夜色中，發出深沈的悲慨。

雖然西晉統一天下，然而中原與江東長久的分立，形成南北各自發展的不同環境，北方世族與南方世族間的予盾歧見根深蒂固，隔閡甚深。晉室掌握政權之後，對南人並不重用，對於亡國入洛的東吳人士，多採冷漠與歧視的態度。《世說新語‧簡傲》中載：

> 陸士衡初入洛，咨張公所宣詣。劉道眞是其一。陸既往，劉尚在哀
> 制中。性嗜酒，禮畢，初無他言，唯問：「東吳有長柄壺盧，卿得種
> 來不？」陸兄弟殊失望，乃悔往。

劉道眞的任誕無禮，固然是南北相輕的表現，但亦使陸機兄弟感到寄人籬下、飄零他鄉的淒苦。又如《世說新語‧方正》記載：

> 盧志於眾坐問陸士衡：「陸遜、陸抗，是君何物？」答曰：「如卿於
> 盧毓、盧珽。」士龍失色。既出戶，謂兄曰：「何至如此，彼容不相
> 知也？」士衡正色曰：「我父祖名播海內，寧有不知？鬼子敢爾！」

正因北方士人對其父祖的不敬以及種種蔑視，使他內心更加孤苦。吳中的山水草木和歷史興亡時時繚繞胸中。在〈於承明作與士龍〉詩中，他對情同手足的弟弟陸雲傾訴了自己的孤獨與思鄉之情：

> 牽世嬰時網，駕言遠祖征。飲餞豈異族，紆鬱遊子情。明發遺安寐，
> 晤言涕交纓。分途長林側，揮袂萬始亭。佇眄要遐景，傾耳玩餘聲。
> 南歸憩求安，北邁頓承明。永安有昨軌，承明子棄予。俯仰悲林薄，
> 慷慨含辛楚。懷往歡絕端，悼來憂成緒。感別慘舒翮，思歸樂春渚。

詩中承認自己出仕是因爲難逃王命和時世的牽拘，並非完全自願。故在洛陽中時常盼望南歸。在〈贈從兄東騎〉詩中，陸機更以「孤獸」、「離鳥」自況：

> 孤獸思故藪，離鳥悲舊林。翩翩遊宦子，辛苦誰爲心。彷彿容承陽，
> 婉孌昆山陽。營魄懷茲土，精爽若飛沈。寤寐靡安豫，願言思所欽。
> 感彼歸途艱，使我怨慕深。安得忘歸草，言樹背與襟。斯言豈虛作，
> 思鳥有悲音。

當時入洛的士人中，有見機於早而不願羈宦者，如張季鷹。《世說新語‧識鑒》載：

> 張季鷹辟齊王東曹掾，在洛見秋風起，因思吳中菰菜羹、鱸魚膾，
> 曰：「人生貴得適意爾，何能羈宦數千里以要名爵！」遂命駕便歸。
> 俄而齊王敗，時人皆謂見機。

張季鷹縱任不拘，不願爲仕宦所羈，且知在亂世中，唯有遠離政治圈，方有全身而退的可能。文廷式在《純常子枝語》〔註19〕卷五中即指出陸機的不明智：

> 張季鷹眞可謂明智矣。當亂世，唯名爲大忌。既有四海之名而不知
> 退，則雖善於防慮，亦無益也。季鷹、彥先皆吳中之大族。彥先知
> 退，僅而獲免。季鷹則鴻飛冥冥，豈世所能測其淺深哉？陸氏兄弟
> 不知此義，而乾沒粗已，其淪胥以喪，非不幸也！

陸機的出身及從小所受的儒家教育，使他欲在亂世中有所作爲以耀祖光宗，揚名後世，故他不顧一切地投入了當時的政治鬥爭漩渦中，最後爲成都王司馬穎聽信讒言所殺。《晉書》本傳中載：

> 時中國多難，顧榮、戴若思等咸勸機還吳，機負其才望，而志匡世
> 難，故不從。

終在八王之亂中，成爲他們互相傾軋的犧牲品。

### （三）念亂憂生之悲憤

宗白華先生在《美學散步》中言：「晉人向外發現了自然，向內發現了自己的深情」，「深於情者，不僅對宇宙人生體會到至深的無名的哀感，擴而充之，可以成爲耶穌、釋迦的悲天憫人」。〔註20〕漢末動亂中士人的自我覺醒，始終挾裹在血腥的現實中，面對當時天下喪亂，城市爲墟，母不保子，妻失其夫，遍地饑荒，民人相食的浩劫，它構成了士人念亂憂生的悲憤。

如蔡琰被擄到漠北，身陷匈奴達十二年，生二子。在仇恨、恥辱與孤苦中度過這漫長歲月。她的〈悲憤詩〉悲嘆自己與被擄百姓在沿途中所受的非人待遇：

> 平土人脆弱，來兵皆胡羌。獵野圍城邑，所向悉破亡。斬截無孑遺，
> 尸骸相撐拒。馬邊懸男頭，馬後載婦女。長驅西入關，迴路險且阻。
> 還顧邈冥冥，肝脾爲爛腐。所略有萬計，不得令屯聚。或有骨肉俱，
> 欲言不敢語。失意幾微間，輒言「斃降虜，要當以亭刃，我曹不活

---

〔註19〕見余嘉錫《世說新語箋疏》下卷第二十四，箋疏第四所引，頁394。
〔註20〕見《美學散步》，頁182～183，上海人民出版社，1981年版。

> 汝。」豈敢惜性命，不堪其詈罵。或便加棰杖，毒痛參并下。旦則
> 號泣行，夜則悲吟坐。欲死不能得，欲生無一可。彼蒼者何辜，乃
> 遭此厄禍？

詩中記載著一幅慘絕人寰的難民被擄圖。董卓隊伍中多是西涼的胡羌之兵，他們見男就殺，見女就搶，無數的中原難民被劫掠前往邊地，沿途遭受毒打詈罵，遷人之間不得相語。家破人亡，苦海餘生的人們遠離家鄉，內心的悲苦絕望難以忍受。這種深重的民族創傷，使出身儒學世家、深受傳統文化熏陶的蔡琰，與異地異族的不能相容，縱使生活了十二年，與匈奴人育有二子，也沒有打消她的歸鄉之情。十二年中，她經受了難耐的思鄉之情與孤獨煎熬：

> 感時念父母，哀嘆無終已。有客從外來，聞之常歡喜。迎問其消息，
> 輒復非鄉里。（〈悲憤詩〉）

然而一旦可以踏上歸途時，又面臨著與兒子訣別的悲痛，這真是命運的殘酷折磨：

> 已得自解免，當復棄兒子。天屬綴人心，念別無會期。存亡永乖隔，
> 不忍與之辭。兒前抱我頭，問「母欲何之？人言母當去，豈復有還
> 時？阿母常仁惻，念何更不慈？我尚未成人，奈何不顧思！」見此
> 崩五內，恍惚生狂癡。兼有同時輩，相送告離別。慕我獨得歸，哀
> 叫聲摧裂。馬為立踟躕，車為不轉轍。觀者皆歔欷，行路亦嗚咽。

在此，母子之情與思歸之心產生衝突，於是造成了那生離死別、催人流淚的悲劇。可是回到中原，家鄉早已面目全非了。

> 既至家人盡，又復無中外。城郭為山林，庭宇生荊艾。白骨不知誰，
> 縱橫莫覆蓋。出門無人聲，豺狼嗥且吠。煢煢對孤景，怛吒靡肝肺。
> 登高遠眺望，魂神忽飛逝。

蔡琰在異域飄泊了十二年，艱難地回到故鄉，可是卻只見一片殘破，面目全非，於是她又再一次處於飄泊無著的孤苦情景之中，真是「人生幾何時，懷憂終年歲」了。

曹氏父子在他們的作品中也真實地反映了這種情景，如曹操的〈蒿里行〉：

> 鎧甲生蟣蝨，萬姓以死亡，白骨露於野，千里無雞鳴。生民百遺一，
> 念之斷人腸。

曹植的〈送應氏〉則寫出了洛陽被焚後的殘破情景：

> 游子久不歸，不識陌與阡，中野何蕭條，千里無人煙。……念我平

生親，氣結不能言。

建安七子之一的王粲〔註21〕在〈七哀詩〉中，也敘述了自己在董卓
死後，卓將李傕、郭汜在長安作亂，詩人離開長安，前往荊州時的
所見所聞：

出門無所見，白骨蔽平原，路有饑婦人，抱子棄草間。……悟彼下
泉人，喟然傷心肝。

孔子從顏回不幸早亡中，痛感天地無情，悲呼：「天喪予，天喪予！」陷入難以
自拔的凄苦心境。同樣，漢末士人在生命紛滅、戰火肆虐的年代中，身經喪亂，
劫後餘生，內心的孤哀必是強烈眞摯而梗概多氣的。且與此而來的是對人與天
道的重新思索。在兩漢儒學中，天人一體是宇宙至美至善的系統。天道任德不
任刑，天意任生不重殺，人是宇宙的精華，萬物的靈長，可是大規模戰亂造成
的死亡又是令人對此論感到懷疑。既然人可以與天地並存，爲什麼性命如蟻，
說死就死？既然天道重生不重殺，爲什麼眾多無辜生命都死於非命。故在嚴酷
的死亡面前，人們很自然地對兩漢的天人感應說發出了詰問：

欲死不能得，欲生無一可，彼蒼者何辜，乃遭此厄禍？（蔡琰〈悲
憤詩〉）

大規模戰爭給當時城市、農村這些人民賴以生存的環境造成的破壞令人怵目
驚心。在永恆的天地之間，人類創造的一切物質文明成果那麼脆弱不堪，頃
刻之間就成了廢墟一片。曹植的〈送應氏〉一詩中描寫昔日繁榮富庶的東都
洛陽這座曾被班固、張衡等文人極盡頌美的帝都，經董卓作亂後一片荒蕪：

洛陽何寂寞，宮室盡燒焚，垣牆皆頓擗，荊棘上參天。

昔日的洛陽城巍峨壯麗，通衢四達，商賈雲集，王公貴族的宅第聳入雲天。
他們在其中盡情的享受。東漢梁鴻曾憤慨地在〈五噫歌〉中鞭笞宮室的豪華
是以刻剝百姓爲前提的：

陟彼北芒兮，噫！遼遼未央兮，噫！宮闕崔巍兮，噫！民之劬勞兮，
噫！

〔註21〕王粲，字仲宣，高平（今山東今縣）人。初依劉表，住荊州十六年，因貌陋
體弱，未被重用。此期流寓荊州，身經喪亂，耳聞目見，激發身世上的眞實
感傷，故此時文學成就較高。其後歸曹操，任侍中，賜爵關內侯，建安七子
中唯有他封侯。曾隨曹操征吳，卒於回鄴途中。當時曹氏兄弟骨肉傾軋，有
些文士因此而獲禍，王粲卻能善處於二曹之間。生前以善效驢鳴著名，曹丕
弔喪時，便要同行弔客作一聲驢鳴送之。

《古詩十九首》中的作者則以企羨的目光仰視這座宮闕壯麗的京城；

> 洛中何鬱鬱，冠帶自相索。長衢夾羅巷，王侯多第宅。兩宮遙相望，
> 雙闕百餘尺。極宴娛心意，戚戚何所迫。

但羨慕也好，憤慨也好，隨著董卓撤離後的一把大火，統統被燒得精光。人類既可以建造燦爛的物質文明，也可以將它毀於一旦，惟有天地是無為無造、亙古長存的。天道無情，滄海桑田，人生短促，飲恨無窮。龐大的都市繁華瞬息即逝，個人的生命就更加微不足道，這其中有低沈晦暗的感慨！

（四）動盪歲月的飄零

從孔子開始，中國古代的士人就一直以政治理想的實現與王權結合起來。春秋戰國時期，忠臣不事二君的觀念尚未形成。當時各國自由地選擇、任用客卿，戰國的著名政治家如吳起、李斯、商鞅、張儀均是客卿。有的士人歷事數主也沒有被人視為不忠。當時之士只有未能施展才華的潦倒感，而很少有飄泊栖遲感，更無道德上的恥辱感。但至漢代，因獨尊儒術，講究禮教，提倡忠孝節義，故如蘇武般忠貞不渝、矢志報國之士出現在當時並非偶然。而李陵投降匈奴後，不僅全家被禍，連故里宗族均引以為恥。而東漢之時，更重節操，光武帝親訪高士嚴子陵，即是為了表彰名節，鼓吹忠君。故心繫皇室、事君以忠在兩漢成為道德律令，士人將自己的理想寄託在王室上，即使批判、諷諫，亦不忘懷漢室。久而久之，遂積澱成一重依賴與安全感，使士人的思想感情失去了自我。故兩漢時期屈騷忠貞精神宏揚，屈原心繫懷王、眷顧王命，一篇之中三致意的哀怨悱惻風格，為許多文人所景仰。因此，當漢末大一統帝國轟然瓦解，軍閥混戰、社會動亂之時，士人的心理遂頓失依靠，飄泊孤獨之感彌漫在漢末魏晉以來的社會思潮中，再加上世道衰頹，王朝如走馬燈般迭代，更使士人像驚弓之鳥，哀嘆無枝可棲，充滿了淒遑孤哀之情。

東漢末年黃巾之亂爆發後，許多士人流離失所，散在各方。《三國志・魏志・荀彧傳》中言其「獨將親族至冀州」。〈管寧傳〉說管寧「避時亂，乘桴越海」，逃到遼東。董卓之亂使文人聚集的洛陽、長安之地一片狼藉。文人們不得不四處流散，開始了投靠各地軍閥、寄人籬下的悲慘生涯。當時，洛陽、長安是政治文化的中心，在中國古代士人心中，它們正是皇權正宗的象徵。從先秦儒家開始，本土文化觀念成為士人根深蒂固的觀念。人們對忍痛地流散到各地，常有一種棲徨、孤獨之感。劉勰《文心雕龍・時序》云：「自獻帝播遷，文學蓬轉」，說的便是這種文士紛紛離散，各找出路的淒苦生涯。

對於魏晉以來的士人而言，統一的王權崩潰後，他們在各個地方政權間飄泊，飽嚐了寄人籬下的滋味。有的地方軍閥昏庸無道，不能接納賢才，有的統治集團雖然號稱納賢，但也只是容納順從自己的人。故漢末之後，許多士人陷入理想與現實的衝突的困境。時俗險惡，風雲變化，加劇了他們的憂懼與孤憤。這些文弱的士人需要地方政權保護，可是偏偏此類地方軍閥野心勃勃，在以武力相拚的年代中，文士少有能真正受到重用的。如孔融曾向曹操推薦名士盛孝章，當時孫策占領吳會，深忌盛孝章。孔融代好友盛孝章向曹操求救。但詔命未至，盛孝章已為孫策之弟孫權所害。不久，孔融自身亦因屢忤曹操之意而被誅。只此一斑，也可見時俗險惡和士人擇主而仕的艱難。

對有識見的統治者而言，他們需招納賢才，為自己效命。如曹操後在著名的「庚申三令」中，一再提出不拘名跡，唯才是舉的思想。曹操確實也網羅了許多人才，如王粲不為劉表所用，投奔曹操後受到重用。陳琳原為袁紹的書記官，曾作檄汙衊曹操，曹操獲陳後不計前嫌，予以重用。曹丕、曹植也以招納賢才著稱。《魏志·王粲傳》稱：

> 始文帝為五官將，廣陵陳琳字孔璋，陳留阮瑀字元瑜，汝南應瑒字
> 德璉，東平劉楨字公幹，並見友善。

「建安七子」與曹氏父子一起，成為建安文學的主體，曹植曾對他們投奔曹操的狀況作了生動的描寫：

> 若仲宣獨步於漢南，孔璋鷹揚於河朔，偉長擅名於青土，公幹振藻
> 於海隅，德璉發跡於此魏，足下高視於上京。當此之時，人人自謂
> 握靈蛇之珠，家家自謂抱荊山之玉。吾王於是設天網以該之，頓八
> 紘以掩之，今悉集茲國矣。（〈與楊德祖書〉）

「建安七子」大多是從東漢政權飄零出來的落魄士人，他們有的隱逸，有的效命於曹營中，他們也不能縱任才性，曹操需要的是順應自己的人才，而絕不容忍那些忤逆自己的才士。楊修〔註22〕因為才高氣傲，冒犯了曹操，為其所誅；孔融桀驁不馴，屢屢觸犯曹操，最後也死於非命。曹操宣示孔融的罪

---

〔註22〕楊修（西元 175～219 年），字德祖，弘農（河南靈寶）人。建安中，舉孝廉，官至曹屬主簿，曾受到曹操的器重。後參與曹丕、曹植爭奪太子的鬥爭，曹植失敗後，仍與曹植往來不絕。引起曹操疑忌。且因楊修出身於一門四世三公的士族大家，建安二年曹操即欲鎮壓其父楊彪，且楊修又為曹操政敵袁術之甥。曹操為消除隱患，故在建安二十四年秋，以「漏洩言教，交關諸侯」的罪狀殺之。

狀，也還是政教名跡：

> 融違天反道，敗倫亂理，雖肆市朝，猶恨其晚！更以此事列上，宣
> 示諸軍校掾屬，皆使聞見。（《魏志·崔琰傳》注引《魏氏春秋》）

可見曹操所言的「不拘名跡，唯才是舉」也只是籠絡士人的幌子。對士人而言，無論是在哪位軍閥門下，都逃脫不了寄人籬下，性命無常的悲劇。

又如漢末文人彌衡〔註23〕本是齊魯之地的平原郡縣（今山東臨縣東北）人，後遊於許昌，旋又到荊州、江夏等地流寓。自古以來，齊魯之地的人就在文化上與地理上蔑視荊州一帶的楚地人，彌衡為謀生展志而不得不流落到此地，且又飽受壓抑，內心是十分孤苦的。而他才高氣傲，以才辯知名於當世，又以「氣尚剛傲，好矯時慢物」而招來殺身之禍。建安初年，遊於許都，不願接受曹操的徵辟。彌衡善擊鼓，曹操召他為鼓吏，想當眾辱他，反被他所辱。曹操本想殺他，又顧慮其才名，怕別人說他不能容賢，於是採用更為險詐的借刀殺人計，將彌橫遣送荊州劉表處。不久，劉表又因彌衡傲慢無禮轉送江夏太守黃祖。黃祖性情暴燥，其始慕其文才，對彌衡優禮有加，但彌衡狂傲如故，竟辱罵黃祖，建安三年，終被戮殺。上舉如孔融、彌衡等狂狷之士恃才傲物，侮慢他人，從某種意義而言，是咎由自取。然而他們的遭遇又確實說明，在動亂中，士人飄泊流離，被人以物視之的悲慘境遇。就此而言，他們的身世飄零，內心淒苦。彌衡在〈鸚鵡賦〉中就寫出了士人的這種境遇。鸚鵡在禽類中以聰明伶俐、善於學舌著稱。可是他僅僅是主人豢養用來解悶的籠中之物，一旦離開自然，圈進金絲籠中，生活再優越，也還是玩物而已。賦中一開始即寫出了鸚鵡的靈秀和高潔：

> 唯西域之靈鳥兮，挺自然之奇姿。體金體之妙質兮，合火德之明輝。
> 性辯慧而能言兮，才聰明以識機。故其嬉游高峻，栖峙幽深。飛不
> 妄集，翔必擇林。紺趾丹嘴，綠衣翠衿。采采麗容，咬咬好音。雖
> 同族於羽毛，固殊智而異心。配鸞皇而等美，焉比德於眾禽。

---

〔註23〕彌衡（西元173～198年），字正平，平原（山東平原）人，只活了二十六歲，是建安作家中死得最早的一位。他性格剛烈，疾惡如仇，不屑奔走權貴，對於當時的官場名流，如陳群、荀彧、司馬朗等人，皆不願往來，一概投以輕蔑的眼光；唯獨和他性格相近的孔融、楊修相友善，常言：「大兒孔文舉，小兒楊德祖；餘子皆碌碌，莫足數也。」（《後漢書·彌衡傳》）彌衡作品流傳下來的極少，《後漢書》已言「文章多亡」。現僅見於《昭明文選》、《藝文類聚》和《太平御覽》中數篇。

鸚鵡體性高潔，可是一旦落入網羅中就只有受人擺佈，它遠離故鄉，離群喪侶，神態沮喪，飽受孤獨飄泊之苦，以及對生命安危的疑懼：

> 爾來歸窮委命，離群喪侶。閉以雕籠，剪其翅羽。流飄萬里，崎嶇重阻。逾岷越嶂，載罹寒暑。女辭家而適人，臣出身而事主：彼賢哲之逢患，猶栖遲以羈旅。矧禽鳥之微物，能馴擾以安處！眷西路而長懷，望故鄉而延佇。忖陋體之腥臊，亦何勞於鼎俎？嗟祿命之衰薄，奚遭時之險巇？豈言語以階亂，將不密以致危？痛母子之永隔，哀伉儷之生離。匪余年之足惜，憫眾雛之無知。

鸚鵡一旦為人捕捉，身不由己地「流飄萬里，崎嶇重阻。逾岷越嶂，載罹寒暑」。賦中哀嘆聖哲如孔子、周文王等遭受困厄時，也要寄人籬下，更何況區區寒士？他們惟有任人擺佈了，就像砧板上的肉一般，可惜這肉腥臊不堪，別人也未見得願意食用。這可以說寫盡了當時士人飄泊孤獨、自輕自賤的心境。他們一旦為主人所豢養，喪失了自由自在的天性，竭盡全力地討主人的歡心，侍奉主人，結果還是不討好。他們內心的孤苦是無法泯絕的。賦中以鸚鵡自況，寫出了文人的這種遭際：

> 若乃少昊司辰，蓐收整轡，嚴霜初降。涼風蕭瑟。長吟遠慕，哀鳴感類。音聲淒以激揚，容貌慘以憔悴。聞之者悲傷，見之者隕淚。放臣為之屢嘆，棄妻為之歔欷。……順籠檻以俯仰，窺戶牖以踟躕。……顧六翮之殘毀，雖奮迅其焉如。

寫鸚鵡身處樊籠的哀怨，亦是有感於自己的身世而作，它假物抒情，寄託哀切。是作者被曹操、劉表輾轉遣送，失卻自由的不幸遭遇的沈痛自訴。

與彌衡相比，建安七子的際遇較微好些，他們大致能為曹魏集團效命，成為文學侍從。但他們之中亦有在幾經波折的投奔中飽受磨難，如王粲。《三國志‧魏志‧王粲傳》中載：

> （王粲）曾祖父龔、祖父暢，皆為漢三公。父謙為大將軍何進長史。……粲徙長安，左中郎將蔡邕見而奇之，時邕才學顯著，貴重朝廷，常車騎填巷，賓客盈坐。聞粲在門，倒屣迎之。

可知他家族顯貴，又受如蔡邕等顯貴所重，若非漢末動亂，他有大好的前程。豈料：

> 司徒辟，詔除黃門侍郎，以西京擾亂，皆不就，乃之荊州依劉表。

他從關中避亂至荊州，寄居劉表門下，實非得已，故鬱鬱不得志，如謝靈運

〈擬魏太子鄴中集序〉言王粲「遭亂流寓，自傷情多」。他在〈七哀詩〉中自敘亂離：

> 西京亂無像，豺狼方遘患，復棄中國去，委身適荊蠻。親戚對我悲，
> 朋友相追攀。

詩中直言自己去荊州辟亂是「委身適荊蠻」，不得已而屈就劉表。詩中將「中國」與「荊蠻」相對照，儼然以中原本土之人自居自豪。然而至荊州後，劉表卻以他長相猥瑣瘦弱不予重用，以至於王粲在該地幽居了十五年。可以體會王粲的失落、孤寂有多深重！

又如魏晉名士向秀與嵇康、呂安友善，無意出仕，可是眼見二人被害，只好身不由己地出仕，司馬昭卻還不善罷甘休，在洛陽見到向秀時當面譏刺他：「聞有箕山之志，何以在此？」向秀只好答以：「以爲巢、許狷介之士，未必繞心，豈足多慕。」司馬昭才釋懷。今觀向秀作〈思舊賦〉，內心充滿飄泊無著之感。這種無從把握自己命運，被險惡時局捲著走的命運遭際，正是魏晉士人的一大悲劇。

推動士人擇主而事的，是他們的政治理想。魏晉士人及其他中國古代的士人一樣，均是希望能在動盪歲月中實現自己的政治宏圖。阮籍、嵇康之所以不願與司馬氏合作，也正因此政權與他們的政治理想不符。阮籍的〈大人先生傳〉言：

> 汝君子之亂法，誠天下殘賊亂危死亡之術也。

嵇康的〈太師箴〉道：

> 季世陵遲，繼體承資，憑尊恃勢，不友不師。宰割天下，以奉其私。
> 故君位益侈，臣路生心。

他們痛斥司馬氏政權的虛僞殘虐。當找不到自己的理想時，則產生飄泊孤苦感：

> 北臨太行道，失路收如何？黃鵠游四海，中路將安歸？

然而現實中，並不可能存在他們所憧憬的理想模式。於是阮籍、嵇康遂以佯狂獨居來反抗時俗。但對大多數士人而言，很難忍耐寂寞和政治上的高壓，只好屈志出仕，甚至躋身權宦之中。西晉太康年間的陸機、潘岳〔註24〕即屬

---

〔註24〕 字安仁，中牟（今屬河南）人。美姿儀，有擲果盈車之譽。曾由河陽令轉懷令。當時旅舍爲謀財取利，淫亂亡命之徒皆寄跡其間，潘岳陳文請整治之。外戚楊駿擅權，以岳爲太傅主簿。駿被誅，岳因公孫宏之救而得免罪。不久

此類。潘岳年少才高，早年仕途騫滯，在〈秋興賦序〉中抒發了個人的理想與感受：

> 攝官承乏，猥側朝列；夙興晏寢，匪遑祗寧。譬猶池魚籠鳥，有江
> 湖山藪之思。

這些話表明他對官場生活已厭倦，希冀退隱自娛。在屢經仕途坎坷之後，潘岳為權臣楊峻所重用，從而大大刺激了他的功名利祿之心。不久，楊峻在賈氏爭鬥中被誅，潘岳在洛陽城外下，避免了這場兵禍，又靠了友人公孫宏的援救，才免被當成楊氏黨羽追究。經此一次事變，他才深深體會到政爭的可怕：

> 悟山潛之逸士，卓長往而不反；陋吾人之拘攣，飄萍浮而轉蓬。(〈西
> 征賦〉)

在心有餘悸的同時，他深深為自己的飄零生涯而自傷。元康二年，潘岳又被任命為長安令，在離京赴任的途中，他在〈西征賦〉中撫今思昔，感慨萬千。賦的開首對上次禍亂猶有餘悸，「危素卵之累亮，甚玄燕之巢幕。心戰懼而兢悚，如臨海而屢薄」。雖然躲過了這場動亂。但是潘岳卻深深感到一種飄零之苦。他借途中的歷史文物古蹟，寄寓了深沈的歷史興廢之感：

> 眡山川以懷古，悵攬轡於中途。虐項氏之肆暴，坑降卒之無辜。激
> 秦人以歸德，成劉后之來蘇。事回沈而好還，卒宗滅而身屠。
> 掩細柳而扶劍，快孝文之命帥，周受命以忘身，明戎政之果毅。距
> 華蓋於壘和，案乘輿之尊轡，肅天威之臨顏，率軍禮以長壹，輕棘
> 霸之兒戲，重條侯之據貴。

潘岳痛恨項羽坑殺降卒的殘暴行徑，頌揚漢文帝這樣仁厚之君，可見他心裡對當時的任何一方殘虐無道的統治者都是心懷不滿的。但是他畢竟要為官來滿足自己的功名利祿之心，所以儘管是飄零，周旋於各個主子之間，也還是不肯抽身退出。這是這個時代詩人的悲苦之處。潘岳通過上次的賈揚之爭，

---

與石崇等諂事賈謐，謐亦外戚。石崇每侯謐出，即望塵而拜。謐有「二十四友」，二陸、左思、劉琨皆在其列。潘岳居其首，常宴飲於石崇金谷園。孫秀為小史時，岳惡其為人，屢加撻辱。其後趙王倫執政，孫秀為中書令，遂誣告岳與石崇等欲奉淮南王司馬允、齊王司馬同作亂，乃被殺。兄弟子侄、已嫁之女，無論老少，一齊喪命。他在早年失意時，曾作〈閒居賦〉，只望伏遊養拙，以享天倫之樂，卻因熱衷勢利，不能保其三族。元好問〈論詩〉所謂：「高情千古〈閒居賦〉，爭信安仁拜路塵」。他的品性雖躁進，但死非其罪，家族尤為無辜，一半也因時當亂世，政出權門，文士為求利祿，往往身陷於政治漩渦中。個人素質之外，時代的因素更是主因。

悟出了一個道理：

> 匪擇木以栖集，鮮林焚而鳥存。

如果不能遇得良君，很少能避免覆巢之禍的。故他們在各個統治者間奔走，尋找靠山，最後終不免被禍。他們的孤獨飄泊，是動盪變遷的時局所造成的無所適從的必然心態。

## 第二節　悲情意識表現的意象

### 一、飛鳥失群，羅網之懼

自莊子〈逍遙遊〉以來，渴望擺脫黑暗社會的士人，每在主觀精神上希望能有如鵬鳥，「負青天，絕雲氣」，逍遙萬里，超越現實。而在世網嚴密的魏晉時期，人追求自由的精神與社會的桎梏間衝突尤劇，人們對於像飛鳥一樣高飛遠舉，衝決網羅，「鴻飛冥冥，弋人何篡焉」的超邁之舉更為嚮往。所以，鳥及鳥的生活，是漢末以來詩人所吟詠的共同題材之一。在曹植的詩文中，已有許多關於「窮鳥」、「孤鳥」及機網之類的意象，而以後的嵇康、阮籍、郭璞等人的詩中，更屢有「嘯傲遺世羅」式的希望。在這些描寫的後面，隱含了一個「越名教而任自然」的精神追求過程，而曹植的有關作品是此過程的一個朦朧開端。

精神和形體受到現實世界束縛壓抑的人，常對飛鳥懷有企羨，寄有同情。由於移情作用，當天清日朗，群鳥飛鳴之時，詩人心中亦為之喜悅，生出翱翔四宇的遐思；而當寒風慘烈，孤雁垂翅之時，詩人哀憐之餘，亦聯想到自身命運的悲苦。曹植的身世遭際，使他對鳥之孤獨失群，常罹羅網之不幸，感觸尤深。雖然，在他意氣飛揚的青年時期，其詩中鳥的形象，曾充滿「好鳥鳴高枝」、「施翮起高翔」的浪漫色彩；以後，在他身歷憂患，災禍屢至之時，也一度幻想若效仿飛鳥，或能躲避痛苦之人生，在〈遊仙〉中有「意欲奮六翮，排霧凌紫虛」的高蹈之想，並且每為「仰無翼以翻飛」而悵惘。但是，在外來的傷害面前，鳥雖有翼，仍然是孤弱無助的。由於共同的悲劇，曹植詩裏一再為鳥懷感，也以鳥自傷。建安末年曹丕繼王位後，欲殺曹植摯友丁氏兄弟，曹植自悲友朋有難，卻無力援救，在〈野田黃雀行〉〔註25〕中

---

〔註25〕黃節注此詩（《曹子建集評》卷二，頁329）引《魏略》云：「太子立，欲治丁

寫下了哀鳥復哀人的感傷：

> 高樹多悲風，海水揚其波。利劍不在掌，結友何須多。不見籬間雀，
> 見鷂自投羅。羅家多雀喜，少年見雀悲，拔劍捎羅網，黃雀得飛飛。
> 飛飛摩蒼天，來下謝少年。

後來所作的〈白鶴賦〉，更用托喻的手法，在敘述鶴的悲劇中寓含了人的
命運：

> 嗟皓麗之素鳥兮，含奇氣之淑祥。薄幽林以屏處兮，蔭重景之餘光。
> 狹單巢於弱條兮，懼衝風之難當。無沙棠之逸志兮，欣六翮之不傷。
> 承邂逅之僥倖兮，得接翼於鸞皇。同毛衣之氣類兮，信休息之同行。
> 痛美惠之中絕兮，遘嚴災而逢殃。共太息而祗懼兮，抑舌聲而不揚。
> 傷本規之違忤，悵離群而獨處。恆竄伏以窮栖，獨哀鳴而戢羽。冀
> 大綱之解結，得奮翅而遠遊。聆雅琴之清韻，記六翮之末流。

曹植前榮後悴的人生遭際在其中有所體現，黃節注此詩云：「傷本離群，皆自
喻也」，可見此賦亦是他詠鶴以自傷之作。

曹植對飛鳥的描寫，表現出了對自由境界的嚮往，同時也流露出很深的
孤獨和失落。他的孤獨失落主要來自他內心對失群的憂懼不安。他在詩中，
寫了很多離群孤飛的孤鳥形象，以譬喻自己被摒棄於政治生活和統治中心之
外的孤寂。如〈雜詩〉中：

> 高臺多悲風，朝日照北林。之子在萬里，江湖迥且深。方舟安可極，
> 離思故難任。孤雁飛南遊，過庭長哀吟。翹思慕遠人，願欲托遺音。
> 形景忽不見，翩翩傷我心。（其一）

此詩為登高懷遠之作，所懷的對象可能是曹植的異母弟曹彪。約寫於黃初三
年（西元 222 年）秋。在此之前，曹丕加緊了對曹植的政治迫害，藉故將他
治罪，曹植幾遭殺害。後來雖因卞太后的回護而僅貶爵，但處境已非常孤危。
曹植與曹彪年歲相仿，又都愛好文學，情誼原就深篤。此時曹植為鄄城王，
曹彪為吳王，相隔遙遠。相似的政治處境，使他們在阻隔中更增深切的懷念
之情。詩中失群的孤雁，就如他孤子淒傷的境遇。而雁雖失群哀鳴，畢竟還

---

> 儀罪，轉儀為右刺奸掾，欲儀自救。而儀不能，乃對中領軍夏侯尚叩頭求哀，
> 尚為涕泣，而不能救。後遂因職事，收付獄殺之。詩中籬間雀，疑即指儀，
> 少年疑即指尚。當儀之求哀於尚，而尚涕泣，猶少年之悲雀也。植為此篇，
> 當在收儀付獄之前，深望尚之能救儀，如少年之救雀也。」又引朱乾曰：「自
> 悲友朋在難，無力援救而作。風波以喻險惡，利劍以喻濟難之權。」

能南翔覓侶，自己與親人卻江海阻隔，欲去不能，即使託雁傳音，也無從實現。面對孤鴻翩然遠逝的寥廓高天，不免更增孤獨與傷感。而另一首〈雜詩〉「攬衣出中閨」中，有「空穴自生風，百鳥翔南征」句，黃節注云：〔註26〕

> 空穴生風，喻讒人之乘間而入，「百鳥翔南征」，則喻隨陽之鳥自謀
> 稻粱也。

實際上，此詩也是曹植曲折表述他被棄於朝，難與百鳥爭南征之列感受。因為孤獨，曹植詩中一再發出「哀鳴求匹儔」的嘆息。在〈贈白馬王彪〉中，更愴然寫下：

> 踟躕亦可留，相思無終極。秋風發微涼，寒蟬鳴我側。原野何蕭條，
> 白日忽西匿。歸鳥赴喬林，翩翩厲羽翼，孤獸走索群，銜草不遑食。
> 感物傷我懷，撫心長太息。（其四）

表現出煢煢孑立不知歸宿何方的淒迷與失落。

在孤獨痛苦中，曹植也確實有擺脫網羅，飛往理想境界的渴望。在〈白鶴賦〉中「冀大網之解結，得奮翅而遠遊」之語，表現了曹植內心中的此一追求。而且，曹植還在〈離繳雁賦〉中，通過哀惜一隻中劍鎩羽的孤雁，顯示了他在「頹落而離群」之際，欲「縱軀委命，無慮無求，飢食稻粱，渴飲清流」，達到某種哲學上的超然境界。

然而，無論就主客觀條件而言，曹植都不可能擺脫羅網，實現超脫。不僅在他心中，深藏著如上文所述的對失群的惡懼，現實生活中對他身心的嚴重限制，也導致他「欲高飛而遙憩兮，憚天網之遠經」。在他一首描寫雙鶴的詩中，可以看出他內心的惶惑：

> 雙鶴俱遨遊，相失東海旁。雄飛竄北朔，雌驚赴南湘。棄我交頸歡，
> 離別各異方。不惜萬里道，但恐天網張。（失題）

已驚離散，復懼天網，足見曹植不具超脫的特質，更遑論超脫的條件。他在實際中所能做到的，恐至多只是以「鷃雛遠害，不羞卑棲」（〈矯志詩〉）自慰而已。這種矛盾惶惶然的心態，說明他在魏晉士人中是一位過渡性的人物。其借飛鳥形象所傳達出的精神追求，在以後嵇康、阮籍、郭璞等人的思想和詩作中得到發展，並最終要在陶淵明時，才達到較高的境界。

魏晉之際世路的黑暗與生存環境的艱難，給士人的生命和人生信念造成嚴重的威脅，堅守名節的仁德君子，或遭遇禍患；弒逆之徒，反而成為忠臣。

---

〔註26〕同上註，頁 282。

尚道義者喪失了立身行事的準則，執權勢者卻把持了是非善惡的標準。這一切都在士人傳統的人生觀、價值觀、道德觀上留下陰影，引起了他們心理上的焦慮、緊張、憂鬱等等變態情緒，有的只能通過服食、飲酒等矯性違理的方式來發洩。其不良影響，甚至還逐漸滲透於整個社會和時代的風尚之中。所謂「天下多故」，除了指人們在生命方面面臨的禍患，尤其還包括士人在精神方面出現的思想信念的嚴重危機。

處在政治鬥爭漩渦中心的何晏曾作了一首五言詩，其中頗可看出當時士大夫惶然困惑，憂患重重，巨大的危機感隨時籠罩的心態：

> 鴻鵠比翼遊，群飛戲太清。常畏大網羅，憂禍一旦併。豈若集五湖，
> 從流唼浮萍。逍遙放志意，何爲怵惕驚。（〈言志詩〉其一）〔註27〕

何晏是漢末大臣何進之孫。何進父子爲宦官所殺害，曹操收晏母爲夫人，晏爲假子，對晏甚加鍾愛，尚以公主。晏雖歷任高官，而喜道家清靜無爲之學。因追隨曹爽，爲司馬懿所殺。〈言志詩〉中所流露的希望潔身遠禍而又不能急流勇退的情緒，正是何晏特殊處境及痛苦矛盾的心理反映。曹爽爲曹操養子曹眞之孫，明帝時受到特殊「寵愛」，並受遺命詔輔助少主，因而權重一時。何晏等八人依附曹爽，共同專政，出任「尚書」，頗爲得意。詩中開篇言「鴻鵠比翼遊，群飛戲太清」，正是此時政治情勢的寫照，他以鴻鵠群飛暗喻自己及追隨曹爽的同黨。「戲太清」顯示了此時身居高位的得意之狀。而「常畏大網羅，憂禍一旦併」，點出「鴻鵠」在天空自由自在地嬉戲，只是表面現象，而內心懷著身陷「網羅」的憂慮。他擔心曹爽一夥被司馬懿一網打盡，他深知曹與司馬雙方的衝突一旦激化，自己必然陷於羅網，死無葬身之地。鴻鵠飛翔太空，目標顯著，容易遭到獵人的捕殺，正如自己高踞尚書位置，容易招忌。故不如棲息在太湖的汪洋水國之中，「唼」那水中的浮萍，任意逍遙，免得怵怵惕惕地心驚膽顫。何晏詩中雖然暗示了他該急流勇退，然而身在政治漩渦中，他最終是身不由己地在其中載浮載沈，無從抽身，終至滅頂。

至正始年間，出現如嵇康與阮籍這等胸襟高邁，才志雋異，博學該覽，曠逸不羈之士。他們雅好《莊》《老》，流連山水隱逸之樂。這樣的精神宗尚，

---

〔註27〕《世說新語‧規箴》注引《名士傳》言此詩云：「是時曹爽輔政，識者慮有危機。晏有重名，與魏姻戚。內雖憂懷，無復退也。」（見余嘉錫撰《世說新語箋疏》，頁553）由於何晏與政治牽連太深，所以儘管面臨殺機，他卻已無從抽身，無以補救。一般士人則目睹殷鑑，開始謹慎地選擇處世之方。

曲折反映出了他們在當時社會中的思想追求，政治態度和人格層次。但他們或隱或顯地涉入了當時的世變，以至於他們很難以避開政治迫害的陰影；而他們在社會上的名望和處世態度，更使他們無法擺脫價值衝突的牽擾。嵇康和阮籍的爲人行事在魏晉社會有很大的影響，士人爭相與之交往。但如此的聲望，無形中使嵇阮置於與社會權力衝突的漩渦之中。因爲嵇阮高邁不羈，我行我素，無視禮法的生活方式，不僅有違權勢者欽定的價值標準，也威脅到鄉愿之士所矻矻持守的處世之道。所以儘管嵇康和阮籍心中常抱默跡晦名，遺世獨立之想，小心處世，或口不臧否人物，或面不見喜慍之色，但他們的客觀社會影響，卻使他們無計逃名遁世，正如唐代牛僧儒評論嵇康〈養生論〉中所說，是「能忘名利之名，而不能使人忘其名」。〔註28〕這樣的處境，使嵇、阮陷入很深的苦悶之中。

和曹植一樣，嵇、阮在他們的詩中，也借用飛鳥和網羅的形象，表現出對自由的強烈渴望。追求自由，本身就是不自由環境的產物，而在政治鬥爭異常的激烈的魏晉年間，它更表達了人們在外在威脅下喪失自由的恐懼。前面所提到的何晏那首〈言志詩〉「鴻鵠比翼遊」的詩中，已通過鳥對「大網羅」的驚恐，寫出了士人濃重的危機感，而嵇阮詩中描寫飛鳥的翱翔，更包含了對理想的追求及對黑暗現實的遠避之意。在這些詩裏，嵇康和阮籍常以鸞鳳、鴻鵠、焦鵬等神鳥作爲自身人格的象徵，以羅網等物作爲對個體自由存在的扼殺因素。像嵇康〈述志詩〉中有：

> 焦鵬振六翮，羅者安所羈？（其一）

〈答二郭〉中有：

> 鸞鳳避矰羅，遠托昆侖墟。（其三）

又其佚詩中有：

> 翩翩鳳轄，逢此羅網。〔註29〕

而阮籍〈詠懷〉其四十一中有：

> 天網彌四野，六翮掩不舒。

這樣的詩句，都充滿了渴望自由但又深懼於毀滅自由之陰影的焦慮與掙扎。而他們更加促成了詩人爲獲得心理之平衡，去追求某種可超越自身和環境的逍遙。

---

〔註28〕見《嵇康集校注》卷三〈養生論〉篇後。
〔註29〕見《嵇康集校注》卷十。

在魏晉黑暗之世，人性的覺醒隨時受到壓制，而嵇阮內心，又每被傳統所牽制。故他們詩中隨處可見的羈羅網罟，也透露了他們精神上的重負。像嵇康裏的羅網，就本有二重含義，其一指統治者的刑殺之網，或云「法網」；其二指世俗禮法之網，或云「世網」。前者由外來壓力構成，後者則在很大程度上是因知識分子心中對傳統的潛在服從所致。嵇康〈答二郭〉之二：

> 坎壈趣世教，常恐嬰網羅。

或如〈酒會〉中：

> 人生譬晨露，世變多百羅。

等詩句，都或多少涉及世網對他的束縛，也表明了嵇康思想中尚存在某些自蔽之物，令他難於逸出羅網的情況。

和嵇康相比，阮籍內心的超越程度要高一些，在其追求自由的翱翔中，更多地顯示出一種傲然不群的人格力量。〈詠懷〉詩中：

> 荊棘被原野，群鳥飛翩翩，鸞鷖特棲宿，性命有自然。（其二六）
> 鳴鳩嬉庭樹，焦明遊浮雲，焉見孤翔鳥，翩翩無匹群。死生自然理，
> 消散何繽紛。（其四八）

都在吟詠中顯出超然自拔的精神。這自然與他哲學上有較高造詣，於世俗傳統有較深刻的反省有關。黃節先生評論其〈詠懷〉四十八首言：

> 言鳴鳩棲於庭樹，相與群嬉，焦明之遊於浮雲，一孤鳥耳。……然
> 鳩以群而被害，如焦明孤而得匹矣。雖死生乃自然常理，惟鳩爲狗
> 殺，何以變易之亂如此。此《離騷》所謂「時繽紛以變易兮，又何
> 可以淹留也。」〔註30〕

從這首詩的感情中，我們不僅可以看到阮籍對李豐、夏侯玄〔註31〕等悲劇的眞誠哀感，同時更能覺察到阮籍自己對當時政治集團的權力角逐抱有一種比較超然的「匹而不群」的態度。但由於其客觀處境，阮籍最終未能超越社會

---

〔註30〕 見《阮步兵詠懷詩注》。

〔註31〕 司馬懿繼誅殺曹爽、何晏之後，在朝中繼續鏟除異己。嘉平六年，殺李豐、
夏侯玄、許允等曹爽餘黨。此次屠殺使得天下震動。李豐、夏侯玄等人在朝
中頗有聲望，不僅素懷高遠政治理想，人品識度亦爲世所重，玄向稱「廊廟之
器」，豐則清名遠播境外。他們被害的眞正原因，不過是忠於魏室，不附司馬
而已。對他們的遭遇，阮籍抱有眞切的哀痛與同情。在這一年，阮籍作〈鳩
賦〉，文前有一短序云：「嘉平中得兩鳩子，常食以黍稷之旨。後辛爲狗所殺，
故爲作賦。」此年爲二亡鳩作賦，使人聯想是爲豐、玄等人的傷悼。而與此
同時，阮籍又作〈詠懷〉第四十八首，不無影射之意。

的羅網，但他的努力，卻爲百餘年後的陶淵明所接續。

東晉末年，主暗臣昏，朝政腐敗，社會動盪。出身低微士族的劉裕憑藉數十年中積累的武功德業，出而代晉，由於士人階層對社會責任感的淡化等種種因素，劉裕並沒有遇到來自士人階層的強烈反抗，晉宋禪代，在一種相對的平靜氣氛中完成，但劉裕在篡晉的過程中仍使用了殘暴的篡逆手段。陶淵明是整個晉宋交替紛擾時代的親歷者，他自幼有很高的理想追求，一生於隱仕出處上毫不苟且，表現出特立獨行的人格精神。面對黑暗現實，能謹守先師遺訓，以時進退，不與現實同流合污，選舉隱居躬耕的人生道路。

陶淵明齎志於隱居躬耕，其理想追求趨於人間化，現實化，由此使他在紛擾多故的社會裏，身心得到一定安慰，感受到了某種寧靜的歸宿感。這種歸宿感，在他吟詠飛鳥的幾首詩中，有充分的體現。前文已提及，從曹植起，許多詩人就在飛鳥翔止及對羅網遠避的描寫中，寄託了他們擺脫塵世，追求理想與歸宿的心願，而這個過程中，實包含了一個「越名教而任自然」的超越過程。在歷經嵇康、阮籍等詩人對這一主題的發展深化後，這類形象在陶淵明作品中表現出來的情緒，已經從以前那種不安的惶惶追索，過渡到一種形神有寄的自適。

陶淵明詩中的情感，與魏晉詩人每將鳥與羅網的形象聯繫在一起，藉以表現他們深重的時代憂患的心態不盡相同。儘管他也有「密網羅而魚駭，宏羅制而鳥驚」的感慨，但總的說來，陶淵明在他詩中所表現出來的鳥與羅網的衝突並不十分強烈。〔註32〕他更多地表現出來一種斂翼獨歸，不與眾鳥的高邁孤寂。這樣的思想情感，也與陶淵明在那一時代對人生價值的理解與追求方式有關。

陶淵明深知黑暗社會對士人生存的威脅，在〈歲暮和張常侍〉〔註33〕中，借「向夕長風起，寒雲沒西山，歷歷氣遂嚴，紛紛飛鳥還。」表達了士人對社

〔註32〕近人賴漢平賞析陶詩時云：「『鳥』在陶詩中是一個含有多種比興意義的意象。在詩人筆下，有『戀舊林』的『羈鳥』，『欣有托』的『眾鳥』，有『相與還』的『飛鳥』，有『望雲』而令人興『慚』的『高鳥』；有『翩翩飛鳥』、『翼翼歸鳥』；有『倦飛知還』的鳥；也有這裡的『棲棲失群』的鳥。爲什麼他愛用鳥作爲詩中意象？主要在於：鳥是逸放、自由的象徵；追求精神逸放、欣慕解脫自由（陶詩中稱爲『適性』），正是陶淵明人品與詩心的結穴。」（見《中國文學總欣賞》十，台北，地球出版社，八十六年版，頁132）。

〔註33〕見楊勇著《陶淵明集校箋》卷二，頁104，台北，正文書局，民國71年1月版。以下所引陶詩皆引自此，故不另加注。

會中瞬息可發的危機的沈重不安和對歸宿的關切。在晉宋之交，這種危機也是士人們所共感的，但對此能做出明智抉擇的，卻甚爲寥寥。陶淵明所選擇的，是極其獨特的並與同時代大多數士人迥異的人生道路，而其徹底堅守初衷的勇氣與決心，更爲時人所不及。然而，他的高潔志向卻並不見得能被人理解。相反，他因「性剛才拙，與物多忤」，難免遭世人之謗議，沈約作《宋書》，對陶淵明即有「弱年薄宦，不潔去就之跡」之微詞。陶淵明對這些世路悠悠之談，不以爲懷，反於詩中用傲然高飛的孤鳥孤雲，表達了自己的貞剛之性。

〈飲酒〉第四首中，詩人描寫了栖栖失群之鳥對託身之所的尋找，用象徵的手法，表現了他對人生歸宿的追求過程：

> 栖栖失群鳥，日暮猶獨飛。徘徊無定止，夜夜聲轉悲。厲響思清晨，
> 遠去何所依，因值孤生松，斂翮遙來歸。勁風無榮木，此蔭獨不衰。
> 託身已得所，千載不相違。

此詩以「栖栖失群鳥」開篇，然詩旨並不在寫其失群之悲，而在寫其「託身已得所」之樂。孤鳥徘徊無依的彷徨反襯出其後終能託身孤松的自適之樂。在〈詠貧士〉又表現了詩人得到歸宿後的安寧之感：

> 萬族各有托，孤雲獨無依，曖曖空中滅，何時見餘暉。朝霞開宿霧，
> 衆鳥相與飛；遲遲出林歸，未夕復來歸。量力守故轍，豈不寒與飢，
> 知音苟不存，已矣何所悲。

在這兩首詩中，陶淵明一再以「衆鳥」、「萬族」等象徵群體的詞語與「孤鳥」、「孤雲」、「孤生松」、「出林翮」等代表個體與自我的詞語相對，顯示出詩人在當時士林中獨具的屹然孤直的個性人格。由於他特立獨行的精神，很難求得眞正知賞。而此點，也可能是淵明在生前一直蕭瑟，身後亦長久寂寞的一大原因。然而，陶淵明內心是坦蕩而堅定的，儘管「奚覺無一人，親職豈相思」（〈形影神〉），但「知音苟不存，已矣何所悲」，其所感受的，正是一種「偉大的孤獨」。對自己的人生選擇，他有足夠的驕傲和自信，「衆鳥欣有托，吾亦愛吾廬」，「托身已得所，千載不相逢」，從中所獲得的，不僅是「矰繳奚施，已卷安勞」（〈歸鳥〉）這樣一種逸出塵羅，遠離危機的安全感，更有「日夕氣清，悠然其懷」（同上）的寧靜歸巢的超脫感。陶淵明集中那些靜穆、高遠、曠逸、閒適的詩篇，大多出自這種心境。

陶淵明藉歸鳥孤雲的描寫，表現了他在人生之道方面體會的歸宿感。而魏晉士人在精神上追求理想、人格、自由、逍遙的實現及個體對黑暗現實的

超越歷程，自此亦告終結。

## 二、孤臣棄婦，幽怨傷別

怨女思婦的離別和孤獨，本是人類社會中一種普遍的悲情，尤其是在古代，交通不便，山高路險，音訊難達，分別往往使人憂心忡忡，坐待之中易於焦躁不安，孤獨難耐。由離別帶來的苦苦思念和深深的孤獨感，則比分別本身更為摧心裂肺。離愁別恨在魏晉時期成為社會心理現象，並作為文學藝術吟詠表現對象，這是由當時動盪分裂的社會現實所決定的。兵燹和戰亂，造成了漢末以來廣大人民的流離失所、妻離子散，種種痛苦悲慟，難以勝數。在離散中又有多少情侶、夫婦在忍受孤獨、思念的心理折磨。

魏晉以後，儒學衰微，玄學興起，「人當道情」成為時代風尚，從曹氏父子和建安文人起，開始在作品中出現眾多幽怨哀婉的女性形象以及對男女之情的大膽描寫。如曹丕的〈燕歌行〉寫出了一位思婦的纏綿孤獨的情思：

秋風蕭瑟天氣涼，草木搖落露為霜。群雁辭歸鵠南翔，念君客遊思斷腸。慊慊思歸戀故鄉，君何淹留客他方？賤妾煢煢守空房，憂來思君不敢忘。不覺淚下沾衣裳。援琴鳴弦發清商，短歌微吟不能長。明月皎皎照我床，星漢西流夜未央。牽牛織女遙相望，爾獨何辜限河梁？

詩中婦女感情細膩，她目睹草木搖落，群雁南飛，想到自身孤苦一人，不覺一絲幽怨油然而生，明月中溶進入不盡的憂思。

在無限憂鬱的思念中，怨女思婦的孤獨難以排解。清風明月，春草叢生，秋露為霜，繁花盛開，都引起她們的惆悵和遐思，他們惟有以秋風明月、蘭草梅花作為寄情之物。在詠物興嘆中，溶入綿綿不盡的思念，聊以排遣心中的孤獨。這種以自然界事物作為象徵物的心理，在魏晉的征夫思婦詩中得到充分的表現。其中出現得最多的是秋月。秋風蕭瑟，萬物索漠，人們在孤寒中自然想到親人和夫婦這些最基本的情感。而一輪皓皓明月，是遠隔萬里的情人間的共同信使，他們彼此共有一輪明月，於是月似乎也有了脈脈深情。此類以秋月作為背景的思婦詩甚多，如陸機的〈擬明月何皎皎〉：

安寢北堂上，明月入我牖。照之有餘輝，攬之不盈手。涼風繞曲房，寒蟬鳴高柳。踟躕感節物，我行永已久。游宦會無成，離思難常守。

這位深閨念遠的思婦在北堂上因思念無法成眠，皎皎月華，給她無限的美感，不禁隨手把玩。然則月光雖有餘華，卻又無法攬取，正如自己雖有愛侶，卻

又相望千里，獨守空閨，至此對月光的愛憐瞬息轉化爲綿綿的惆悵。於是披衣出戶以遣懷，然而所感所聞無非悵觸心緒的清秋風物，更引起她的感傷，久久徘徊在屋外。如此踟躕無奈，全由於丈夫遊宦在外，故愁結不解，難以忍受長期分離的苦痛折磨。

又如魏明帝〈樂府詩〉中描寫的亦是思婦在秋月中惆悵自傷、孤寂難耐的心境：

> 昭昭素明月，輝光獨我床。憂人不能寐，耿耿夜何長。微風衝閨闥，
> 羅幃自飄颻。挽衣曳長帶，縱履下高堂。東西安所之，徘徊以彷徨。

離別後的歲月是如此孤獨難挨，它意味著過去美好辰光的一去不復還；也標誌著漫漫長夜的開始，思婦在苦苦煎熬中，等待相逢的一天。正是這種希望，使她們能在孤寂中度過漫長的分離日子。而對那些因離異、喪偶而失去昔日伴侶的人而言，她們面臨的卻是永遠的孤獨。這種孤獨是絕望、無盡的，因此，它更具有悲情的色彩。

對於婦女而言，她們在禮教森嚴的社會中，所受的愛情摧折經常來自夫權的欺凌。丈夫擁有遺棄妻子的權力，而這種負心的行爲在當時又受到社會的保護。女性在被男方拋棄後，還要受到社會的嘲笑並且難以見容於娘家。故棄婦的孤苦伶仃是可以想像的。曹丕的〈出婦賦〉中刻劃了棄婦的悲慘境遇：

> 念在昔之恩好，侶比翼之相親。惟方今之疏絕，若驚風之吹塵。夫
> 色衰而愛絕，信古今其有之。傷煢獨之無恃，恨胤嗣之不滋。甘沒
> 身而同穴，終百年之常期。信無子而應出，自典禮之常度。悲谷風
> 之不答，怨昔人之忽故。被入門之初服，出登車而就路。遭長涂而
> 南邁，馬躊躇而回顧。野馬翩而高飛，愴哀鳴而相慕。撫騑服而願
> 望，心鬱結其不平。

這位出婦是傳統禮教下的犧牲品，她本來與丈夫感情甚篤，可是僅僅因爲不能生育，遭到拋棄，而法律卻是支持這一切的。當她被遣送登車出東門時，內心孤苦絕望，在茫茫曠野中徘徊。

還有一些男子純粹是喜新厭舊，無情無義地拋棄舊好，使出婦遭受難以忍受的痛苦。王粲的〈出婦賦〉就譴責了這種薄倖的男子，深深同情那些不幸的女子：

> 即僥倖兮非望，逢君子兮弦仁。當隆署兮翕赫，猶蒙眷兮見親。更
> 盛兮成敗，思情固兮日新。竦余身兮敬事，理中饋兮恪勤。君不篤

> 兮終始，樂莫萬兮一時。心搖蕩兮變易，忘舊姻兮棄之。馬已駕兮
> 在門，身當去兮不疑。攬衣帶兮出戶，顧堂室兮長辭。

這位負情郎開始信誓旦旦，可是一旦另有新歡，馬上就將原來的妻子拋棄。這些女子只好攬衣出戶，登車離去，忍受那被休棄的恥辱與孤寂。

我國古代詩歌，自《詩》、《騷》以來，不僅以芳草美人喻賢人君子，還常用夫婦間親疏離合的怨慕關係來托喻君臣間的政治關係。儒家理想的君臣關係，是「君使臣以禮，臣事君以忠」，君臣之間，洽以恩義，上下同心、禍福與共。由於夫婦間的琴瑟好合，恩愛同心，正可作為忠信和諧的君臣關係的象徵。而用世不遂或志不獲騁的政治遭遇也與女子盛年不嫁或中道被棄的生活悲劇在性質上頗為接近，故可以知道這些思女怨婦之作，其實是從側面反映了士人的政治失意，以及寄託對君臣遇合的期待。朱鶴齡《箋注李義山詩集・序》中言：

> 《離騷》托芳草以怨王孫，借美人以喻君子，……古人之不得志於
> 君臣朋友者，往往寄遙情於婉孌，結深怨於寒修，以序其忠憤無聊
> 纏綿宕往之致。

曾國藩還言：

> 古人以不遇為不偶，《詩》、《騷》之稱美人，皆求君、求友也。〔註34〕

可知在家國同構的中國文化中，詩人常藉夫婦男女之離合，寄寓君臣人我的離合。文學中的夫棄之怨，往往就隱含著君棄之怨，或世棄之怨。〔註35〕有德有才之志士，盼望君王的器重寵用，卻不明說顯言，只用文學的比興手法，託言紅顏薄命，美人遲暮，或美女妙齡而婚姻失時；見棄空閨，而徒懷殷望，這些都形成了孤臣棄婦，幽怨傷別的悲情。如曹植詩中眾多幽怨哀婉的女性形象，正由於他本人用世不遂的政治遭遇有關。他詩中這類不幸女子的描寫，又大致有兩種，一種較為寫實，敘述女子與其良人昔曾歡娛，中道仳離，與曹植早年一度曾有機會施展才志，以後卻被其兄侄排擠於朝廷政治之外的經歷相似。另一種則較為抽象，僅以女子的盛年獨處遭遇抒發感慨，其中每含年光易逝，韶華不再的人生哲理，寓義更為深刻。第一類詩因具有隱喻現實的特質，故即使詩中描寫已經藝術之加工，但細加推考，亦常有本事可稽。以情感言，這些詩中濃厚的懷人之情，多為曹植對王室深懷眷顧的一種表現。如〈雜詩〉：

---

〔註34〕見《阮步兵詠懷詩注》其三七注引。
〔註35〕參見第二章《儒家思想與悲情意識》中〈君棄之怨〉一節。

攬衣出中閨，逍遙步兩楹，閒房何寂寞，綠草被階庭。空穴自生風，
百鳥翔南征。春思安可忘，憂戚與君并。佳人在遠道，妾身獨單煢，
歡會難再遇，蘭芝不重榮。人皆棄舊愛，君豈若平生。寄松爲女蘿，
依水如浮萍。束身奉衿帶，朝夕不墮傾。儻終顧眄恩，永副我中情。

他寫出女子雖與其夫「歡會難再遇」，卻依然眷戀不捨，從一而終的忠誠。黃
節先生注此詩言此詩意和曹植〈求自試疏〉中「與國分形同氣，憂患共之」
及〈陳審舉表〉中「存共其榮，沒共其禍，臣與陛下踐冰履炭，登山浮澗，
寒溫燥濕，高下共之」之語相同。又另一首〈雜詩〉：

西北有織婦，綺縞何繽紛。明晨秉機杼，日昃不成文。太息終長夜，
悲嘯入青雲。妾身守空閨，良人行從軍。自期三年歸，今已歷九春。
飛鳥遶樹翔，嗷嗷鳴索群。願爲南流景，馳光見我君。

詩中「願爲南流景，馳光見我君」，也是曹植在失意之初，每冀望君恩重顧，
復得進用的期待反映。而「妾身守空閨」四句，亦是暗喻自曹操死後即被廢
置，於今已歷九年的寂寞了。〔註36〕

與此相關的另一首情調上更爲哀痛的〈七哀〉，〔註37〕詩中云：

明月照高樓，流光正徘徊，上有愁思婦，悲嘆有餘哀。借問嘆者誰？
言是蕩子妻。君行逾十年，孤妾常獨棲。君若清路塵，妾若濁水泥，
浮沈更異勢，會合何時諧！願爲西南風，長逝入君懷！君懷良不開，
賤妾當何依！

黃節注此詩云：

清路塵與濁水泥是一物，浮爲塵，沈爲泥，故下云浮沈異勢，指塵
泥也。亦喻兄弟骨肉一體，而榮枯不同也。……君懷不開，則雖欲

〔註36〕「妾身守空閨，良人行從軍。自期三年歸，今已歷九春」之句，李善以來
的許多注者，都以「九春」爲三年之意。因「一歲三春，故以三年爲九春」。
然近代學者景蜀慧在《魏晉詩人與政治》中考證，認爲「九春」即爲九年，
參考當日史事，或許可作此解：「曹魏太和二年，明帝新立，國中多故，征
鼓頻興。正月，蜀軍攻魏；8月，魏軍大敗於吳。是年，復萌強烈進取之心
的曹植作《喜雨》，詩中隱含希望霑被政治上之雨露恩澤之意；在曹休敗後，
曹植又上《求自試表》，並作《雜詩》『僕夫早嚴駕』，殷切求用，望能爲
國立功報仇。按魏武卒於延康元年正月即公元二二０年，至此太和二年即
二二八年，恰歷九個春天。」（頁67，台北，文津出版社，民國80年11
月版）。
〔註37〕見《曹子建詩注》卷一，頁234。

入君懷不可得矣。誠如是，則何依也？此逆料必然之詞，其哀極深
矣。

又引劉履曰：

子建與文帝同母骨肉，今乃浮沈異勢，不相親與，故以孤妾自喻。

曹植之所哀極深，在很大的程度上則可能與「十年」的時間有關，曹植在太
和二年的求用，用心誠懇，陳辭懇切，又作詩、作誅，希望它們能打動朝廷，
得到立功機會。但明帝的反應深令曹植失望，猜防一如往昔，不讓曹植過問
政治的態度毫無鬆動，僅在太和三年將他徒封東阿。此時，曹植廢頓十年，
內心哀苦已極，發之於詩，遂有「君行逾十年，孤妾常獨栖」句。

　　無數之變難使曹植在實現理想方面一再地陷於絕望之後，在他描寫怨女
思婦的詩中，亦將個人不遇之悲憤，擴展為對社會人生悲劇的更深理解。〈美
女篇〉中寫出了美女的不幸命運：

容華耀朝日，誰不希令顏。媒氏何所營，玉帛不時安。佳人慕高義，
求賢良獨難。眾人徒嗷嗷，安知彼所觀。盛年處房室，中夜起長嘆。

這種良媒不至，求賢獨難，盛年不嫁，知遇難逢的空閨寂寞之悲哀，也正是
曹植和他所在時代許多知識份子政治悲劇的寫照。劉履論此詩云：〔註38〕

子建志在輔君匡濟，策功垂名，乃不克遂，雖受爵封而心猶為不仕，
故托處女以寓怨慕之情焉。……子建以魏室宗親，義當與國同其休
戚，雖欲他求，其可得乎？其所以為求賢獨難，而其所見豈眾所能
知哉？盛年不嫁，將恐失時，故惟中夜長嘆而已。

朱乾論此詩亦云：〔註39〕

以子建之才，而親不見用，此詩所謂「盛年處房室，中夜起長嘆」
者也。

故曹植心中懷著極深的哀怨。在另一首〈雜詩〉中，他亦以佳人自比，言時
光流逝，佳人的容華難以久恃，寄寓了自己盛年時無法施展才幹的深沈慨嘆：

南國有佳人，容華若桃李。朝遊江北岸，夕宿瀟湘沚。時俗薄朱顏，
誰為發皓齒？俯仰歲將暮，榮耀難久恃。

時俗不賞，韶華易逝，來自社會與自然兩方面的桎梏，扼制了無數有志之士
生命價值的實現，而古今多少賢人君子，又在此外在壓抑和內心痛苦的雙重

---

〔註38〕見《曹子建詩注》卷一注中所引，頁308。
〔註39〕同上註。

摧殘下，沈淪塵世，壯志空消而年華老去，徒與草木同朽，理想的遇合終不可見。顯然，在孤臣棄婦的感嘆中，凝結著沈重而深刻的社會政治內容。

## 三、遊子遷流，思鄉念故

　　家國同構，爲中國文化的特質之一，小我與家國的關係，或遇合、或疏離乃影響了文人的心態。由於疏離而遠遊，自屈原《九章・遠遊》即發其端，疏遠與游離，遂形成悲情意識的內涵。雖游離在外，疏遠家園，然對家鄉而懷念，卻一往情深；對故國的眷戀，亦生死以之。這是詩人在自我實現受阻，功名不遂，人生失意的情況下，所形成的悲情折射。

　　當代學者張法研究中國文化中游離的悲情意識指出：〔註40〕

> 中國文化的三個基本點（倫理中心，家國同構，天人合一）都有一
> 個統一的思想：和合。這個統一的思想也是中國文化的理想。然而
> 中國士人要達到這個理想，要得到完全的自我實現，卻必須經過一
> 個從家到國的游的過程。這是由家與國之間的距離決定的。在家國
> 之間的游，正好處在家與國兩邊都未和的離的狀態。倫理中心培養
> 出的中國人深厚的情感，使得遊子之情顯出一種兩面性，一方面是
> 對家這個層次的諸二人關係的眷戀。當一旦投入國這個層次，建立
> 了穩定的新的二人關係，就由離入合，順利地實現了自我。另一方
> 面如果總是進不去，總是處於一種「離」的狀態，其悲傷就是一種
> 雙重的悲傷。一是入國不得，不能完全實現自我的失落的悲傷，一
> 是離家飄泊天涯的悲傷。對中國的士人來說，升不到國這個層次上
> 去，是大多數人、包括最有才能的人的命運。

由此可以說，遊子飄泊的悲情主題具有二層意義：一是家的意義，表現爲對失去了家的溫暖的無限嚮往；二是國的意義，表現爲對自我實現的受阻、功名不得的人生失意。深受傳統文化薰陶的士人們，其人生追求是修身、齊家、治國、平天下，由家而國，投入政治，以天下興亡爲己任是士人自我實現的必經之路。然而絕大多數人是「負志而往，受阻而悲」。進，既不能在政治上實踐自我；歸，又意謂著人生價值的失落，故在不甘的心境下，欲歸而難歸。家國的雙雙失落，導致精神上的矛盾痛苦，於是情感與理智，願望與責任交

---

〔註40〕參見張法《中國文化與悲劇意識》，第二章第二節〈「游」的悲劇意識模式系
　　　　列〉，頁45～68。北京，中國人民出版社，1989年11月版。

匯成一份深沈的鄉愁。〔註41〕

　　遊子思婦的悲吟在東漢末已非常普遍，此乃因爲東漢末年的大量學子離開家園，來到洛陽求仕所造成的。東漢末年，政治昏暗，田園荒廢，許多士人爲了謀求出路，不得不遠離家鄉，到州郡和京城求學求仕，結交顯貴，游說官府。爲此許多士人忍受與父母妻兒的離別之苦。徐幹的《中論‧遣交》描寫當時宦遊之盛帶來的社會問題：

　　　　且夫交遊者出也，或身殞於他邦，或長幼而不歸，父母懷煢獨之思，
　　　　思人抱東山之哀。親戚隔絕，閨門分離。無罪無辜，而亡命是效，……
　　　　非仁人之情也。

這些「蕩子」、「遊子」爲了博取功名利祿，別家去鄉，拋妻離子，內心也忍受著強烈的孤苦寂寞。他們大多數的遊子在京城和州郡過著飄泊落魄的生活，飽受世態炎涼之苦，甚至衣食無著，客死異鄉。在此情況下，他們倍加思念故鄉，想念自己的親人，只是仕進無著，無顏歸鄉，處於進退兩難之中。

　　對於魏晉以來的士人而言，統一的王權崩潰後，他們在各個地方政權間飄泊，飽嚐了寄人籬下的滋味。有的地方軍閥昏庸無道，不能接納賢才，有的統治集團雖然號稱納賢，但也只是容納順從自己的人。時俗險惡，風雲變化，加劇了他們的憂懼與孤憤。因戰亂、饑荒以及軍閥割據帶來流離失所，使文人「繞樹三匝，何枝可依？」（曹操〈短歌行〉），現實給人深重的憂患感，使人更加思念家鄉故人，士人透過對征夫行役的描寫，傳達出遊子飄泊、人生如寄、命如轉蓬的悲慨。如曹操的〈卻東西門行〉：

　　　　鴻雁出塞北，乃在無人鄉。舉翅萬餘里，行止自成行。冬節食南稻，
　　　　春日復北翔。田中有轉蓬，隨風遠飄揚。長與故根絕，萬歲不相當。
　　　　奈何此征夫，安得去四方。戎馬不解鞍，鎧甲不離傍。冉冉老將至，
　　　　何時反故鄉？神龍藏深淵，猛獸步高崗。狐死歸首丘，故鄉安可忘？

此詩以沈鬱悲涼之筆寫出征夫思鄉之情。鴻雁有信，依節候歲歲而回；轉蓬無節，隨輕風飄盪不止。然而它們都不得不轉徒千里之外，不能歸於故土。其辛勞困苦與無所歸止，一如征夫行役。詩中並以此刻劃了征夫艱險苦難的生活，一爲出征之遙，遠赴萬里，鎮守四方；二爲出征之苦，馬不解鞍，甲不離身；三爲年歲飛逝，老之將至；四爲故鄉之思，返還無期，徒作渴念。這種種憂思的根本原因，在於思鄉不得歸。而神龍藏於深泉，猛獸步於高崗，

_____

〔註41〕參見第二章《儒家思想與悲情意識》中〈思鄉之愁〉一節。

各有各的定所，各遂其願，真令有家不得歸的征夫羨慕。動物至死尚且不忘故土，又何況遠離家所的征夫呢？詩中充滿悲涼的淒切情調。

又如曹丕的〈雜詩〉二首，亦均為遊子滯留思鄉之作：

> 漫漫秋夜長，烈烈北風涼。展轉不能寐，披衣起徬徨。徬徨忽已久，
> 白露沾我裳。俯視清水波，仰看明月光。天漢回西流，三五正縱橫。
> 草蟲鳴何悲，孤雁獨南翔。鬱鬱多悲思，綿綿思故鄉。願飛安得翼，
> 欲寄河無梁。向風長嘆息，斷絕我中腸。

在外日久之人，對時序遷換最為敏感，故開篇即從「秋夜長」、「北風短」落筆。秋臨歲暮，易感歲月的流逝。而「悲哉秋之為氣，蕭瑟兮草木搖落而變衰」（宋玉〈九辯〉）又是中國文人長期積澱的心理感受。悲思困擾，愈覺秋夜漫漫無盡；鄉情綿綿滋生，更感北風烈烈襲人。夜露初降則不覺，久則成「沾」，寒氣逼人中，才驚覺夜已深，徬徨已久。然心中思鄉之苦念仍不得化解。舉首見明月中天，低頭則清光似水，人影在地，上下天光，溶溶一片。但月明天清，則人心愈悲，「一葉且或迎意，蟲聲有足引心」（《文心雕龍·物色》），雁雖孤而獨飛，但還是南翔，反襯出雁歸而人不歸、遊子子身一人的苦況。詩中所有的感受視聽與意念全由「鬱鬱多悲思，綿綿思故鄉」而來，而更苦的則是欲歸不能的悲哀。又如〈雜詩〉其二中的：

> 西北有浮雲，亭亭如車蓋。惜哉時不遇，適與飄風會。吹我東南
> 行，行行至吳會。吳會非我鄉，安得久留滯？棄置勿復陳，客子常
> 畏人。

藉浮雲比喻遊子的飄泊不定，進而抒發久客異鄉的抑鬱之情。其他如〈善哉行〉、〈陌上桑〉亦是曹丕的遊子思鄉之作。

又如前文提及的王粲，其在〈七哀詩〉之二中描寫了長期羈旅留異地的愁悶與孤苦：

> 荊蠻非吾鄉，何為久滯淫？方舟遡大江，日暮愁我心。山岡有餘映，
> 岩阿增重陰。孤狸馳赴穴，飛鳥翔故林。流波激清響，猴猿臨岸吟。
> 迅風拂裳袂，白露沾衣衿。獨夜不能寐，攝衣起撫琴。絲桐感人情，
> 為我發悲音。羈旅無終極，憂思壯難任。

詩人遭逢董卓之亂，專赴荊州依附劉表，何以又為自己久留荊州提出反詰？原來劉表是個胸無大志、佔山為王，且用人只重外表，不重實才之人。《後漢書·劉表傳》言他「雖外貌儒雅，而心多猜忌」，心胸既不大，目光也短淺，

只不過是一個「欲保江漢間，觀天下之變」的凡庸之主而已。劉表見王粲相貌平庸，便不讓他參與軍國大計。故王粲深覺懷才不遇、明珠暗投的感慨，而家鄉又久經動亂，欲歸不得。是以他常至郊外遊覽，排遣胸中的鬱悶孤獨。日暮泛舟，踽踽獨行，反而更激起他驅之不去的鄉愁。又見傍晚時分，孤狸跑向居穴，鳥兒飛往自己築巢的樹林，不禁為自己寄身異域的處境自傷自憐。而欲建功立業的志向泯沒在飄泊異鄉，歸期無望的歲月中，全詩籠罩著悽愴的傷感。

　　建安十年（西元 205 年），王粲登當陽縣城樓，觀覽四野景色，因異鄉風物之美而觸發的鄉關之思，寫下了身處亂世、壯志難酬的哀嘆：

> 登茲樓以四望兮，聊暇日以銷憂。覽斯宇之所處兮，實顯敞而寡仇。
> 挾清漳之通浦兮，倚曲沮之長洲；背墳衍之廣陸兮，臨皋隰之沃流。
> 北彌陶牧，西接昭丘；華實蔽野，黍稷盈疇。雖信美而非吾土兮，
> 曾何足以少留？
> 遭紛濁而遷逝兮，漫逾紀以迄今。情眷眷而懷歸兮，孰憂思之可任？
> 憑軒檻以遙望兮，向北風而開襟。平原遠而極目兮，蔽荊山之高岑。
> 路逶迤而修迴兮，川既漾而濟深。悲舊鄉之壅隔兮，涕橫墜而弗禁。
> 昔尼父之在陳兮，有「歸歟」之嘆音。鍾儀幽而楚奏兮，莊舄顯而
> 越吟。人情同於懷土兮，豈窮達而異心？
> 惟日月之逾邁兮，俟河清其未極。冀王道之一平兮，假高衢而騁力。
> 懼匏瓜之徒懸兮，畏井渫之莫食。步棲遲以徒倚兮，白日忽其將匿。
> 風蕭瑟而並興兮，天慘慘而無色。獸狂顧以求群兮，鳥相鳴而舉翼。
> 原野闃其無人兮，征夫行而未息。心悽愴以感發兮，意忉怛而慘惻。
> 循階除而下降兮，氣交憤於胸臆。夜參半而不寐兮，悵盤桓以反側。
> （〈登樓賦〉）

作者登樓後慨嘆荊州此地河川縱橫、山巒起伏，花果繁盛，遮蔽原野，穀物充滿田間，一片豐饒盛美的景象。然而，此處再美，終不是吾鄉，怎能為之久留。作者怨恨眼前的重重荊山，擋住了自己的視線，不能遠眺故鄉的平原；河水蕩漾，阻隔了自己與故鄉的聯繫。「鍾儀幽而楚奏兮，莊舄顯而越吟」，作者把自己的懷歸之心與歷史上的鍾儀〔註 42〕、莊舄〔註 43〕這些著名的羈囚

---

〔註 42〕據《左傳》成公九年所載，鍾儀是楚國的樂官，被鄭國所俘，解獻晉國。晉
　　　　侯令他操琴，他彈奏的仍是南方楚國的曲調。因此晉范文子稱曰：「楚囚，君

之人相比擬，指出人情懷土，無論窮達都是一樣的。自己決不會久留此地。在戰亂中，士人飄泊無極，看不到一點政治清明的希望，再加上光陰荏苒，年歲漸增，這就更使有志之士憂悶難消。可是這一切又能向誰訴說呢？作者在暮色中徐徐降階下樓，在孤寂中返回寓所，夜半輾轉反側，夜不能寐。王粲的羈旅他鄉、異域孤客之感，寫盡了那個時代士人的孤悲。特別是他對故土的懷念，和壯志未酬的愁悶，成為後世許多失意士人自我排遣的精神依據。

　　前文曾論及中國傳統士人的異域孤客、遊子飄泊之感，從來就是和政治遇合、人生理想分不開，而不僅是簡單的故土之思。換言之，鄉愁所指向的家，不是物質的家，也不是充滿倫理溫情的家，而是精神的家。是生命的意義，也是人在文化中的意義。是陷入困境下的個人對歸宿的詢問。清人張玉穀評曹丕的〈雜詩〉（見前引）時即言：

　　　　離間之懼，不可明言，只借思鄉作影，其實非轉指思鄉也。〔註44〕

此種鄉愁的深層意義在曹植的作品中體現得最為明顯。清人吳淇評他的〈情詩〉言：

　　　　大抵子建平生，只為不得於文帝，常有憂生之嗟，因借遙役思歸之
　　　　情，以喻其憂讒畏譏，進退維谷之意。〔註45〕

曹植一生的政治遭遇，是為臣難，為弟亦難。進不能建功立業，退亦無家可歸，真如他〈雜詩〉中所言「轉蓬離本根，飄颻隨長風」。〔註46〕這種失去本根的飄泊感正好使他揭示了鄉愁的深層含意：

　　　　悠悠遠行客，去家千餘里，出亦無所之，入亦無所之，浮雲翳日光，
　　　　悲風動地起。（〈雜詩〉）

浮雲翳日是政治失意的典型比喻。曹植的鄉愁亦是政治失意的鄉愁，情感尋求的是故土親人，更主要的是精神之家，是人的精神歸宿。故曹植詩中反覆悲吟的正是家國雙雙失落下人生如寄、命如轉蓬的哀歌，如〈盤石篇〉中的：

---

　　　　子也。」
〔註43〕《史記・張儀列傳》中記載，莊舃為越人，在楚國為官，有次生病，楚王派
　　　　人探視，發現他仍用越國的方言說話呻吟。
〔註44〕見《三曹資料彙編》〈曹丕卷〉台北，木鐸出版社，民國70年10月版，頁86。
〔註45〕同前註，頁154。
〔註46〕在建安詩歌中，轉蓬（蓬草秋枯，遇風而起）是一個新鮮而富於時代特徵的
　　　　象徵性意象，由於「世積亂離」，征戰頻繁，廣大人民流離轉徙、飄泊異鄉，
　　　　這遇風拔離本根、到處飄轉的飛蓬，就成了遊子、征夫和一切不能掌握自己，
　　　　命運的飄泊者絕好的象徵。

中夜指參辰，欲師當何從。仰天長嘆息，思想懷故邦。乘桴何所志，
吁嗟我孔公。

在進退無據、不知何去何從中，是以仰天嘆息，懷想故鄉，而興起桴海之嘆
也。又如〈雜詩〉：

轉蓬離本根，飄颻隨長風。何意迴飆舉，吹我入雲中；高高上無極，
天路安可窮。類此遊客子，捐驅遠從戎。氏褐不掩形，薇藿常不充。
去去莫復道，沈憂令人老。（其二）

劉履論此詩曰：「久在遠外，政如蓬離本根。一得入朝京都，如遇迴飆吹入雲
中，自謂天路之可窮矣。及乎終不見用，轉致零落，乃知高高無極，不可企
及也。」〔註47〕其他如：

浮萍寄清水，隨風東西流。（〈浮萍篇〉）

流轉無恆處，誰知我苦艱。（〈吁嗟篇〉）

崑崙本吾宅，中州非我家。（〈遠遊篇〉）

今日同堂，出門異鄉。別易會難，各盡杯觴。（〈當來日大難〉）

這些詩中，都傳達了遲遲吾行，浪跡天涯之慨，漂泊之淚與播遷之苦。是自
身的遭遇，也是時代的共同哀調。〔註48〕

　　東晉後北國雖失，而南朝偏安一隅，南遷士族心境的悲淒，又反映在懷
土之作上，如湛方生〈歸懷謠〉：〔註49〕

感羈旅兮苦心，懷桑梓兮增慕；胡馬兮戀北，越鳥兮依陽；彼禽獸
兮尚然，況君子兮故鄉。（見《全晉文》）。

遊子思鄉與出仕的心理矛盾衝突，要步入官場不免要離開鄉土；而官場與鄉
土的對立，又成為促使人回歸自然懷抱，尋找新的「鄉土」的原因之一。思
鄉情感轉化為對自然山水的景慕，在自然美中尋找心靈寄託，此可謂山水詩
繁盛的原因之一。

---

〔註47〕劉履論詩見於黃節注《曹子建詩注》卷一，頁241。

〔註48〕《藝文類聚》卷二十七載此間思鄉之作甚多，賦即有班彪〈北征賦〉，班昭〈東
征賦〉，蔡邕〈述行賦〉等，直至陸機〈行思賦〉、〈思歸賦〉，鮑照〈遊思賦〉，
謝朓〈思歸賦〉。

〔註49〕湛方生，為東晉衛軍諮議參軍，其生平不詳，有集十卷。此詩見逯欽立輯校
《先秦漢魏南北朝詩》〈晉詩卷十五〉，頁943。